汽车发动机
活塞、轴瓦间隙
及选配大全

QICHE FADONGJI HUOSAI ZHOUWA JIANXI
JI XUANPEI DAQUAN

李土军 主编

化学工业出版社

·北京·

内容简介

本书主要介绍了汽车发动机重要磨损部件（活塞、气缸、曲轴主轴瓦、连杆轴瓦）的规格数据、配合间隙、选配方法。 活塞和气缸常年承受高温高压，随着发动机工作时间的增加逐渐磨损。 曲轴主轴瓦（轴承）、连杆轴瓦承受燃烧室燃烧产生的压力和飞轮传递回来的力矩，磨损不可避免。 这些部件在发动机出现机械故障时经常会进行更换。 书中列举了这些部件的分组参数、配合间隙和选配方法，使汽车维修工可以简单、快速地选择新配件进行更换，省时省力。

本书适合汽车机修工特别是发动机维修工使用，也可作为汽车保养、汽车检修和汽车配件采购员的参考用书。

图书在版编目（CIP）数据

汽车发动机活塞、轴瓦间隙及选配大全/李土军主编 . —北京：化学工业出版社，2024.4

ISBN 978-7-122-44939-9

Ⅰ.①汽…　Ⅱ.①李…　Ⅲ.①汽车-发动机-研究　Ⅳ.①U472.43

中国国家版本馆 CIP 数据核字（2024）第 051706 号

责任编辑：周　红　　　　　　　　文字编辑：郑云海
责任校对：李雨晴　　　　　　　　装帧设计：王晓宇

出版发行　化学工业出版社
　　　　　（北京市东城区青年湖南街 13 号　邮政编码 100011）
印　　装　河北鑫兆源印刷有限公司
787mm×1092mm　1/16　印张 16¾　字数 433 千字
2024 年 6 月北京第 1 版第 1 次印刷

购书咨询：010-64518888　　　　　售后服务：010-64518899
网　　址：http://www.cip.com.cn
凡购买本书，如有缺损质量问题，本社销售中心负责调换。

定　　价：128.00 元

　　汽油机内部的运转部件（如活塞、连杆、曲轴），以及承受输出压力和回转力矩的部件（如曲轴轴瓦），在发动机长时间、高温、高负荷运行时，不可避免地产生磨损，如再加上润滑不良，这些部件将会更早损坏。当这些部件磨损严重时，它们的配合精度就会大打折扣，这时就需要进行检修和更换超过标准范围数值的部件，并对它们进行正确的匹配。如果没有进行正确的选配，发动机将难以正常运行，甚至损坏发动机。

　　由于发动机型号多，各机型运动磨损部件的选配方法有所区别，分组尺寸参数也不一样，这给发动机的维修和配件采购带来较大的难度。为解决这一问题，特编写了此书。

　　本书详细介绍了众多合资车型、国产汽车的发动机活塞、轴瓦间隙及相关部件的选配方法。书中配备了直观的零部件检测图片、简明的操作步骤，查找方便，实用性强。并以表格的形式归纳了这些运动部件和轴瓦的分组参数、配合间隙及选配方法。这些数据都是进行发动机维修（机修）时的重要依据。

　　本书依据车型地域共分为四章，分别介绍了日韩车系、国产车型、欧洲车系和美洲车系常见车型发动机活塞、曲轴连杆轴瓦的选配方法及检测数据。介绍的内容除了最近车型，还有正处于使用和维护/维修高峰期的车型。书中标题不但简明列举了各车型发动机的排量，还标出了发动机的型号，便于准确查找。

　　本书由李土军主编，参加本书编写工作的还有李春、颜雪飞、颜复湘、欧阳汝平、朱莲芳、陈庆吉、李桂林、周家祥、颜雪凤、李玲玲。

　　由于车型众多，加之时间有限，书中难免有不妥之处，恳请广大读者批评指正。

编者

目录

第一章

日韩车系

第一节　本田车系

一、飞度/锋范/理念（1.5L L15A/1.3L L13A/1.3L L13Z）

1. 检查气缸直径与活塞间隙

（1）在离活塞裙部底端 B 点处测量活塞裙部直径 A，如图 1-1-1 所示。

B 点：L15A7、L13Z1 为 16mm，L15A1 为 16mm，L13A3 为 13mm。

L15A7/L15A1/L13A3 活塞直径标准：72.980～72.990mm。维修极限：72.970mm。

L13Z1 活塞直径标准：72.972～72.982mm。维修极限：72.970mm。

（2）如图 1-1-2 所示，在三个水平面的 Y 轴方向测量各个气缸直径。如果任一气缸的测量结果超过加大缸径（73.250～73.265mm）的维修极限，则更换发动机气缸体。

气缸直径标准：73.000～73.015mm。

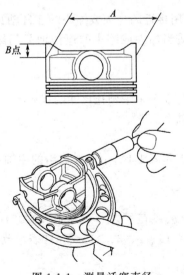

图 1-1-1　测量活塞直径

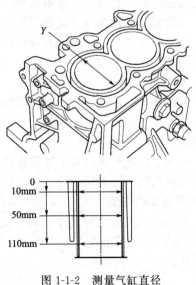

图 1-1-2　测量气缸直径

（3）计算气缸孔直径和活塞直径的差值。如果间隙接近或超出维修极限，则检查活塞和发动机气缸体是否过度磨损。

标准：0.010～0.035mm。维修极限：0.05mm。

2. 主轴瓦间隙的检查

（1）拆下轴承盖座、轴承盖和主轴瓦。

（2）用一块干净的抹布清洁每个主轴颈和主轴瓦。

（3）在每个主轴颈上放一条塑料间隙规。

（4）重新安装主轴瓦、主轴瓦盖和轴承盖座，然后按正确的顺序将螺栓紧固至25N·m。

注意：检查时不要转动曲轴。

（5）再紧固轴承盖螺栓40°。

（6）再次拆下轴承盖座、主轴瓦盖和主轴瓦，然后测量塑料间隙规的最宽部位。

主轴瓦油膜间隙标准：0.018～0.036mm。维修极限：0.050mm。

（7）如果塑料间隙规测量结果太宽或太窄，拆下曲轴并拆下主轴瓦上瓦。安装一个带相同颜色代码的新的完整的主轴瓦，并重新检查间隙。

（8）如果塑料间隙规显示间隙仍然不正确，尝试用接近的加大或缩小的主轴瓦（颜色列在这个之上或之下），并再次检查间隙。如果使用适当加大或缩小的主轴瓦仍然不能得到正确的间隙，则更换曲轴。

3. 连杆轴瓦间隙的检查

（1）拆下轴承盖座。

（2）拆下连杆盖和连杆轴瓦。

（3）用一块干净的抹布清洁连杆轴颈和连杆轴瓦。

（4）在连杆轴颈上放置塑料间隙规。

（5）重新安装连杆轴瓦和连杆盖，并将连杆螺栓紧固至10N·m＋90°。

（6）拆下连杆盖和连杆轴瓦，并测量塑料间隙规的最宽部位。

连杆轴瓦油膜间隙标准：0.020～0.038mm。维修极限：0.050mm。

（7）如果塑料间隙规测量结果太宽或太窄，拆下连杆轴瓦上轴瓦。安装一个带相同颜色代码的新的完整的连杆轴瓦，并重新检查间隙。

（8）如果塑料间隙规显示间隙仍然不正确，尝试用接近的加大或缩小的连杆轴瓦（颜色列在这个之上或之下），并再次检查间隙。如果使用适当加大或缩小的连杆轴瓦仍然不能得到正确的间隙，则更换曲轴。

4. 主轴瓦的选配

（1）如图 1-1-3 所示，在气缸体端部压印字母作为 5 个主轴颈孔尺寸的代码。

（2）如图 1-1-4 所示，主轴颈尺寸代码压印在曲轴上。

主轴颈直径：45.976～46.000mm。

（3）使用主轴颈孔代码和主轴颈代码，从表 1-1-1 和表 1-1-2 中选择适当的主轴承。

注意：颜色代码位于轴承的边缘。

5. 连杆轴瓦的选配

（1）根据连杆大端孔的尺寸，每个连杆属于四个公差范围之一（从 0～0.024mm，以 0.006mm 递增）。然后在图 1-1-5 所示位置压印上数字（1、2、3、4）或竖杠表示范围。

标准孔尺寸：43.0mm。

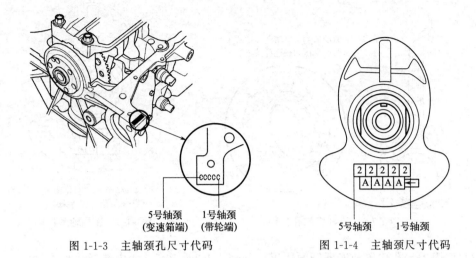

图 1-1-3　主轴颈孔尺寸代码　　　　　　图 1-1-4　主轴颈尺寸代码

表 1-1-1　主轴瓦选配表（L15A）

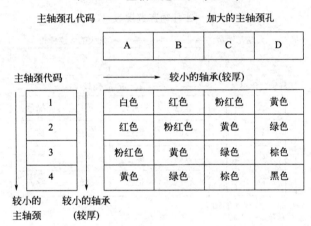

主轴颈孔代码 ————————→ 加大的主轴颈孔

	A	B	C	D

主轴颈代码 ————————→ 较小的轴承(较厚)

	A	B	C	D
1	白色	红色	粉红色	黄色
2	红色	粉红色	黄色	绿色
3	粉红色	黄色	绿色	棕色
4	黄色	绿色	棕色	黑色

较小的　　较小的轴承
主轴颈　　（较厚）

表 1-1-2　主轴瓦选配表（L13A/L13Z）

主轴颈孔代码 ————————→ 加大的主轴颈孔

	A	B	C	D

主轴颈代码 ————————→ 较小的轴承(较厚)

	A	B	C	D
1	红色	粉红色	黄色	绿色
2	粉红色	黄色	绿色	棕色
3	黄色	绿色	棕色	黑色
4	绿色	棕色	黑色	蓝色

较小的　　较小的轴承
主轴颈　　（较厚）

（2）如图 1-1-6 所示，连杆轴颈代码压印在曲轴上。

连杆轴颈直径：39.976～40.000mm。

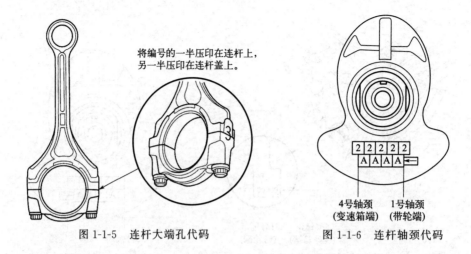

将编号的一半压印在连杆上，另一半压印在连杆盖上。

图 1-1-5　连杆大端孔代码

图 1-1-6　连杆轴颈代码

4号轴颈（变速箱端）　　1号轴颈（带轮端）

（3）使用大端孔代码和连杆轴颈代码，从表 1-1-3 和表 1-1-4 中选择适当连杆轴承。

注意： 颜色代码位于轴承的边缘。

表 1-1-3　连杆轴瓦选配表（L15A）

大端孔代码 ——→		加大的大连杆孔		
	1	2	3	4
连杆轴颈代码 ——→		较小的轴承(较厚)		
A	红色	粉红色	黄色	绿色
B	粉红色	黄色	绿色	棕色
C	黄色	绿色	棕色	黑色
D	绿色	棕色	黑色	蓝色

较小的连杆轴颈　　较小的轴承（较厚）

表 1-1-4　连杆轴瓦选配表（L13Z）

大端孔代码 ——→		加大的大连杆孔		
	1	2	3	4
连杆轴颈代码 ——→		较小的轴承(较厚)		
A	白色	红色	粉红色	黄色
B	红色	粉红色	黄色	绿色
C	粉红色	黄色	绿色	棕色
D	黄色	绿色	棕色	黑色

较小的连杆轴颈　　较小的轴承（较厚）

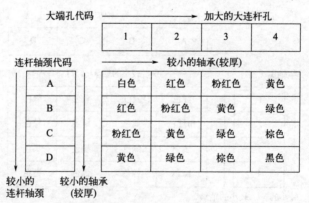

二、雅阁/思铂睿/CR-V（2.0L R20）

1. 检查气缸直径与活塞间隙

（1）在离活塞裙部底端 B 点（14mm）处测量活塞裙部直径 A，如图 1-1-7 所示。

标准（新）：80.980～80.990mm。维修极限：80.930mm。

加大0.25mm的活塞裙部直径：81.230～81.240mm。

（2）如图1-1-8所示，在三个水平面的Y轴方向测量各个气缸直径。如果任一气缸的测量结果超过加大缸径的维修极限，则更换发动机气缸体。

标准（新）：81.000～81.015mm。维修极限：81.070mm。

加大0.25mm的气缸直径：81.250～81.265mm。

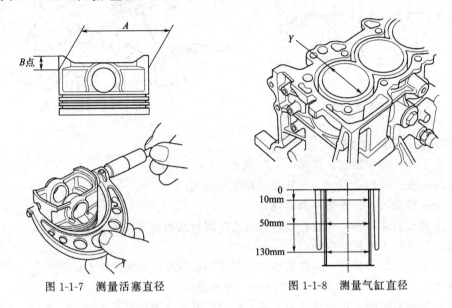

图1-1-7 测量活塞直径　　　　　　　　图1-1-8 测量气缸直径

（3）计算气缸孔直径和活塞直径的差值。如果间隙接近或超出维修极限，则检查活塞和发动机气缸体是否过度磨损。

标准：0.010～0.035mm。维修极限：0.05mm。

2. 主轴瓦间隙的检查

（1）拆下下气缸体和主轴瓦。

（2）用一块干净的抹布清洁每个主轴颈和主轴瓦。

（3）在每个主轴颈上放一条塑料间隙规。

（4）重新安装主轴瓦和下气缸体，然后按图1-1-9所示的顺序将螺栓紧固至25N·m。

注意：检查时不要转动曲轴。

（5）再紧固轴承盖螺栓57°。

（6）再次拆下下气缸体和主轴瓦，然后测量塑料间隙规的最宽部位，如图1-1-10所示。

1、5号轴颈主轴瓦油膜间隙标准：0.017～0.033mm。维修极限：0.048mm。

2、3、4号轴颈主轴瓦油膜间隙标准：0.018～0.034mm。维修极限：0.040mm。

（7）如果塑料间隙规测量结果太宽或太窄，拆下曲轴并拆下主轴瓦上轴瓦。安装一个带相同颜色代码的新的完整的主轴瓦，并重新检查间隙。

（8）如果塑料间隙规显示间隙仍然不正确，尝试用接近的加大或缩小的主轴瓦（颜色列在这个之上或之下），并再次检查间隙。如果使用适当加大或缩小的主轴瓦仍然不能得到正确的间隙，则更换曲轴并重新开始。

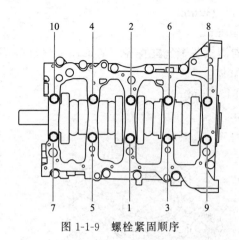

图 1-1-9　螺栓紧固顺序

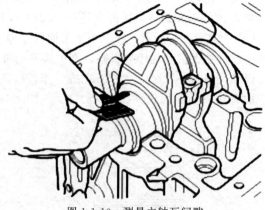

图 1-1-10　测量主轴瓦间隙

3. 连杆轴瓦间隙的检查

（1）拆下连杆盖和轴瓦，如图 1-1-11 所示。

（2）用一块干净的抹布清洁连杆轴颈和连杆轴瓦。

（3）在连杆轴颈上放置塑料间隙规。

（4）重新安装连杆轴瓦和连杆盖，并将连杆螺栓紧固至 $20N \cdot m + 90°$。

注意：检查时不要转动曲轴。

（5）拆下连杆盖和轴瓦，并测量塑料间隙规的最宽部位，如图 1-1-12 所示。

连杆轴瓦间隙标准：0.024～0.042mm。维修极限：0.055mm。

（6）如果塑料间隙规测量结果太宽或太窄，拆下连杆盖和轴承上轴瓦。安装一个带适当颜色代码的完整的新轴承并重新检查间隙。不要锉削、加垫片或刮削轴承、轴承盖以调节间隙。

（7）如果塑料间隙规显示间隙仍然不正确，尝试用接近的加大或缩小的连杆轴瓦（颜色列在这个之上或之下），并再次检查间隙。如果使用适当加大或缩小的连杆轴瓦仍然不能得到正确的间隙，则更换曲轴并重新开始。

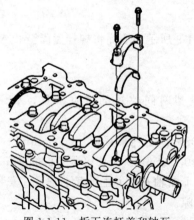

图 1-1-11　拆下连杆盖和轴瓦

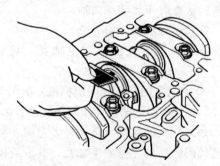

图 1-1-12　放置塑料间隙规

4. 主轴瓦的选配

（1）如图 1-1-13 所示，下气缸体任一端的压印编码、字母或竖杠作为 5 个主轴颈孔每个尺寸的代码。记下缸孔代码。

（2）如图 1-1-14 所示，主轴颈代码压印在曲轴上。

1、5 号主轴颈直径：54.980～55.004mm。

2、3、4 号主轴颈直径：54.976～55.000mm。

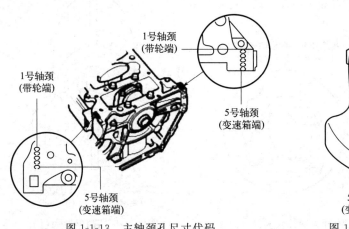

图 1-1-13　主轴颈孔尺寸代码

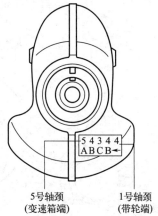

图 1-1-14　主轴颈尺寸代码

（3）使用主轴颈孔代码和主轴颈代码，从表 1-1-5 和表 1-1-6 中选择适当的主轴承。

注意：

① 颜色代码位于轴承的边缘。

② 使用不同颜色的轴瓦时，哪种颜色用在顶部或底部无关紧要。

表 1-1-5　主轴瓦选配表（1、5 号轴颈）

主轴颈代码	曲柄孔代码 加大缸孔			
	1或 A或Ⅰ	2或 B或Ⅱ	3或 C或Ⅲ	4或 D或Ⅳ
	较小的轴承(较厚)			
1	紫色/粉红色	粉红色	粉红色/黄色	黄色
2	粉红色/黄色	黄色	黄色/绿色	绿色
3	黄色	黄色/绿色	绿色	绿色/棕色
4	黄色/绿色	绿色	绿色/棕色	棕色
5	绿色/棕色	棕色	棕色/黑色	黑色
6	棕色	棕色/黑色	黑色	黑色/蓝色

较小的主轴颈　　较小的轴承(较厚)

表 1-1-6　主轴瓦选配表（2、3、4 号轴颈）

主轴颈代码	曲柄孔代码 加大缸孔			
	1或 A或Ⅰ	2或 B或Ⅱ	3或 C或Ⅲ	4或 D或Ⅳ
	较小的轴承(较厚)			
1	粉红色	粉红色/黄色	黄色	黄色/绿色
2	黄色	黄色/绿色	绿色	绿色/棕色
3	黄色/绿色	绿色	绿色/棕色	棕色
4	绿色	绿色/棕色	棕色	棕色/黑色
5	棕色	棕色/黑色	黑色	黑色/蓝色
6	棕色/黑色	黑色	黑色/蓝色	蓝色

较小的主轴颈　　较小的轴承(较厚)

5. 连杆轴瓦的选配

（1）根据连杆大端孔的尺寸，每个连杆属于四个公差范围之一（从 0～0.024mm，以 0.006mm 递增）。然后在图 1-1-15 所示位置压印上数字或竖杠（1、2、3、4 或Ⅰ、Ⅱ、Ⅲ、Ⅳ）表示范围。

标准连杆大端孔尺寸：48.0mm。

（2）如图 1-1-16 所示，连杆轴颈代码压印在曲轴上。

连杆轴颈直径：44.976~45.000mm。

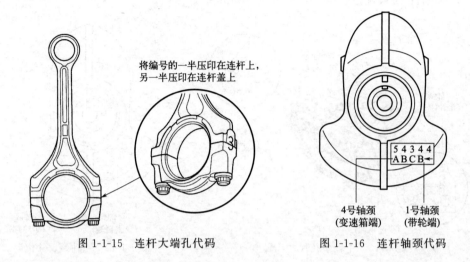

图 1-1-15 连杆大端孔代码   图 1-1-16 连杆轴颈代码

（3）使用大端孔代码和连杆轴颈代码，从表 1-1-7 中选择适当连杆轴承。

注意：

① 颜色代码位于轴承的边缘。

② 使用不同颜色的轴瓦时，哪种颜色用在顶部或底部无关紧要。

表 1-1-7 连杆轴瓦选配表

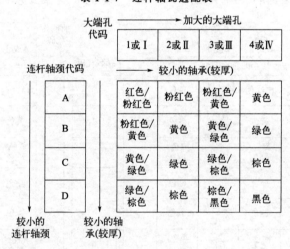

大端孔代码 连杆轴颈代码	1或Ⅰ	2或Ⅱ	3或Ⅲ	4或Ⅳ
A	红色/粉红色	粉红色	粉红色/黄色	黄色
B	粉红色/黄色	黄色	黄色/绿色	绿色
C	黄色/绿色	绿色	绿色/棕色	棕色
D	绿色/棕色	棕色	棕色/黑色	黑色

三、雅阁/思铂睿/CR-V/艾力绅（2.4L K24）

1. 检查气缸直径与活塞间隙

（1）在离裙部底端 10mm 处测量活塞直径，如图 1-1-17 所示。有两种标准尺寸的活塞（无字母或 A 和 B）。字母压印在活塞的顶部。字母也压印在气缸体上作为气缸孔尺寸。

活塞裙部直径标准（新）：

无字母（A）：86.980～86.990mm。

B：86.970～86.980mm。

维修极限：

无字母（A）：86.930mm。

B：86.920mm。

（2）如图1-1-18所示，在三个水平面的X和Y轴方向测量各个气缸直径。

如果任一气缸的测量结果超出加大尺寸气缸孔的维修极限，则更换发动机气缸体。

如果发动机气缸体重新镗孔，则检查活塞至气缸孔的间隙。

气缸孔尺寸标准（新）：

A或Ⅰ：87.010～87.020mm。

B或Ⅱ：87.000～87.010mm。

维修极限：87.070mm。

加大尺寸0.25：87.250～87.260mm。

（3）计算气缸孔直径和活塞直径的差值。如果间隙接近或超出了维修极限，则检查活塞和缸孔是否过度磨损。

标准（新）：0.020～0.040mm，维修极限：0.05mm。

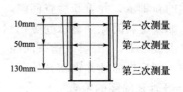

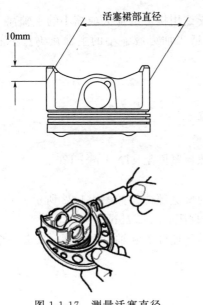

图 1-1-17　测量活塞直径

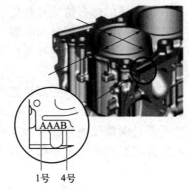

图 1-1-18　测量气缸直径

2. 主轴瓦间隙的检查

（1）拆下下气缸体和主轴瓦。

（2）用一块干净的抹布清洁每个主轴颈和主轴瓦。

（3）在每个主轴颈上放一条塑料间隙规。

（4）重新安装主轴瓦和下气缸体，然后按图1-1-19所示的顺序将螺栓紧固至35N·m。

注意：检查时不要转动曲轴。

（5）再紧固轴承盖螺栓55°。

（6）再次拆下下气缸体和主轴瓦，然后测量塑料间隙规的最宽部位，如图1-1-20所示。

1、2、4、5 号轴颈主轴瓦油膜间隙标准：0.017～0.041mm。维修极限：0.050mm。

3 号轴颈主轴瓦油膜间隙标准：0.025～0.049mm。维修极限：0.055mm。

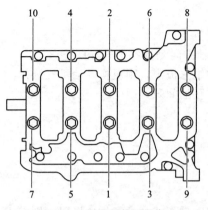

图 1-1-19　螺栓紧固顺序

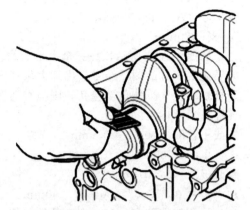

图 1-1-20　测量主轴瓦间隙

（7）如果塑料间隙规测量结果太宽或太窄，拆下曲轴和上轴瓦。安装一个带适当颜色代码的完整的新轴承，并重新检查间隙。

（8）如果塑料间隙规显示间隙仍然不正确，尝试用接近的加大或缩小的主轴瓦（颜色列在这个之上或之下），并再次检查间隙。如果使用适当加大或缩小的主轴瓦仍然不能得到正确的间隙，则更换曲轴并重新开始。

3. 连杆轴瓦间隙的检查

（1）拆下连杆盖和轴瓦，如图 1-1-21 所示。

（2）用一块干净的抹布清洁连杆轴颈和连杆轴瓦。

（3）在连杆轴颈上放置塑料间隙规。

（4）重新安装连杆轴瓦和连杆盖，并将连杆螺栓紧固至 41N·m＋120°。

注意：检查时不要转动曲轴。

（5）拆下连杆盖和轴瓦，并测量塑料间隙规的最宽部位，如图 1-1-22 所示。

连杆轴瓦间隙标准：0.032～0.066mm。维修极限：0.077mm。

（6）如果塑料间隙规测量结果太宽或太窄，拆下连杆盖和轴承上轴瓦。安装一个带适当颜色代码的完整的新轴承并重新检查间隙。

图 1-1-21　拆下连杆盖和轴瓦

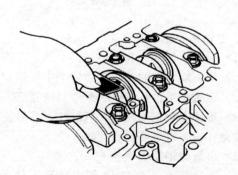

图 1-1-22　放置塑料间隙规

（7）如果塑料间隙规显示间隙仍然不正确，尝试用接近的加大或缩小的连杆轴瓦（颜色列在这个之上或之下），并再次检查间隙。如果使用适当加大或缩小的连杆轴瓦仍然不能得到正确的间隙，则更换曲轴并重新开始。

4. 主轴瓦的选配

（1）如图 1-1-23 所示，下气缸体任一端的压印编码、字母或竖杠作为 5 个主轴颈孔每个尺寸的代码。记下缸孔代码。

（2）如图 1-1-24 所示，主轴颈代码压印在曲轴上。

1、2、4、5 号主轴颈直径：54.984～55.008mm。

3 号主轴颈直径：54.976～55.000mm。

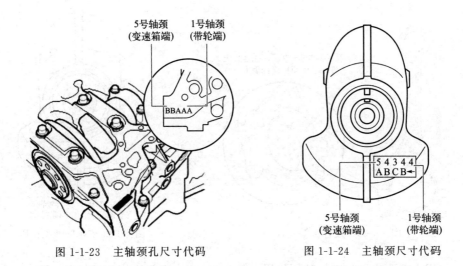

图 1-1-23　主轴颈孔尺寸代码　　　　图 1-1-24　主轴颈尺寸代码

（3）使用主轴颈孔代码和主轴颈代码，从表 1-1-8 中选择适当的主轴承。

表 1-1-8　主轴瓦选配表

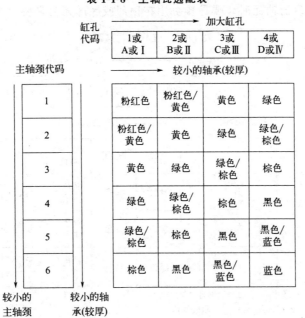

缸孔代码	1或 A或Ⅰ	2或 B或Ⅱ	3或 C或Ⅲ	4或 D或Ⅳ
主轴颈代码				
1	粉红色	粉红色/ 黄色	黄色	绿色
2	粉红色/ 黄色	黄色	绿色	绿色/ 棕色
3	黄色	绿色	绿色/ 棕色	棕色
4	绿色	绿色/ 棕色	棕色	黑色
5	绿色/ 棕色	棕色	黑色	黑色/ 蓝色
6	棕色	黑色	黑色/ 蓝色	蓝色

注意：

① 颜色代码位于轴承的边缘。

② 使用不同颜色的轴瓦时，哪种颜色用在顶部或底部无关紧要。

5. 连杆轴瓦的选配

（1）根据连杆大端孔的尺寸，每个连杆属于四个公差范围之一（从 0～0.024mm，以 0.006mm 递增）。然后在图 1-1-25 所示位置压印上数字或竖杠（1、2、3、4 或 Ⅰ、Ⅱ、Ⅲ、Ⅳ）表示范围。

（2）如图 1-1-26 所示，连杆轴颈代码压印在曲轴上。

连杆轴颈直径：47.976～48.000mm。

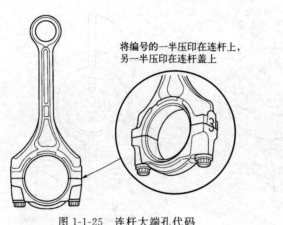

图 1-1-25　连杆大端孔代码

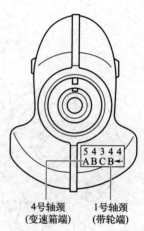

4号轴颈
（变速箱端）　　1号轴颈
（带轮端）

图 1-1-26　连杆轴颈代码

（3）使用大端孔代码和连杆轴颈代码，从表 1-1-9 中选择适当连杆轴承。

注意：

① 颜色代码位于轴承的边缘。

② 使用不同颜色的轴瓦时，哪种颜色用在顶部或底部无关紧要。

表 1-1-9　连杆轴瓦选配表

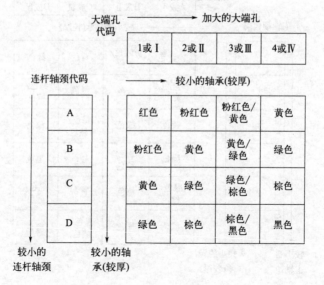

大端孔代码 → 加大的大端孔			
1或Ⅰ	2或Ⅱ	3或Ⅲ	4或Ⅳ

连杆轴颈代码 → 较小的轴承（较厚）

	1或Ⅰ	2或Ⅱ	3或Ⅲ	4或Ⅳ
A	红色	粉红色	粉红色/黄色	黄色
B	粉红色	黄色	黄色/绿色	绿色
C	黄色	绿色	绿色/棕色	棕色
D	绿色	棕色	棕色/黑色	黑色

较小的连杆轴颈　　较小的轴承（较厚）

四、 XR-V/竞瑞/飞度/锋范/缤智/哥瑞（1.5L L15B）

1. 检查气缸直径与活塞间隙

（1）在离活塞裙部底端 B 点（16mm）处测量活塞裙部直径 A，如图 1-1-27 所示。

标准（新）：72.980～72.990mm。维修极限：72.970mm。

加大 0.25 的活塞直径：73.23～73.24mm。

（2）如图 1-1-28 所示，在三个水平面的 Y 轴方向测量各个气缸直径。如果任一气缸的测量结果超过加大缸径（73.250～73.265mm）的维修极限，则更换发动机气缸体。

气缸直径标准：73.000～73.015mm。维修极限：73.065mm。

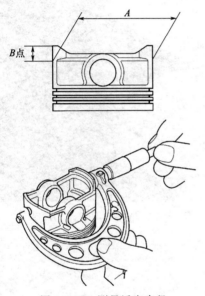

图 1-1-27　测量活塞直径

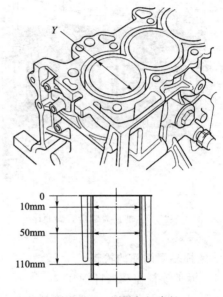

图 1-1-28　测量气缸直径

（3）计算气缸孔直径和活塞直径的差值。如果间隙接近或超出维修极限，则检查活塞和发动机气缸体是否过度磨损。

标准：0.010～0.035mm。维修极限：0.05mm。

2. 主轴瓦间隙的检查

（1）拆下轴承盖和主轴瓦。

（2）用一块干净的抹布清洁每个主轴颈和主轴瓦。

（3）在每个主轴颈上放一条塑料间隙规。

（4）重新安装主轴瓦和主轴瓦盖，然后按正确的顺序（图 1-1-29）将主轴瓦盖螺栓紧固到 30N·m。

注意：检查时不要转动曲轴。

（5）按下面所示力矩拧紧轴承盖螺栓。

1 号、2 号、4 号和 5 号轴颈：22°。3 号轴颈：32°。

（6）再次拆下主轴瓦盖和主轴瓦，然后测量塑料间隙规的最宽部位，如图 1-1-30 所示。

主轴瓦油膜间隙标准：0.018～0.036mm。维修极限：0.050mm。

（7）如果塑料间隙规测量结果太宽或太窄，拆下曲轴并拆下主轴承上轴瓦。安装一个带相同颜色代码的新的完整的主轴瓦，并重新检查间隙。

（8）如果塑料间隙规显示间隙仍然不正确，尝试用接近的加大或缩小的主轴瓦（颜色列在这个之上或之下），并再次检查间隙。如果使用适当加大或缩小的主轴瓦仍然不能得到正确的间隙，则更换曲轴并重新开始。

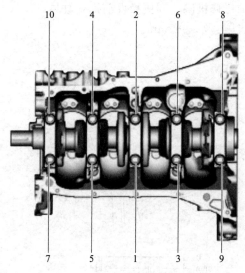

图 1-1-29　主轴瓦盖螺栓紧固顺序

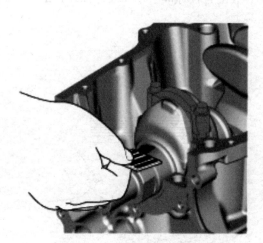

图 1-1-30　测量主轴瓦油膜间隙

3. 连杆轴瓦间隙的检查

（1）拆下连杆盖和连杆轴瓦。

（2）用一块干净的抹布清洁连杆轴颈和连杆轴瓦。

（3）在连杆轴颈上放置塑料间隙规。

（4）重新安装连杆轴瓦和连杆盖，并将连杆螺栓紧固至 10N·m＋90°。

（5）拆下连杆盖和连杆轴瓦，并测量塑料间隙规的最宽部位。

连杆轴瓦油膜间隙标准：0.020～0.038mm。维修极限：0.050mm。

（6）如果塑料间隙规测量结果太宽或太窄，拆下连杆轴瓦上轴瓦。安装一个带相同颜色代码的新的完整的连杆轴瓦，并重新检查间隙。

（7）如果塑料间隙规显示间隙仍然不正确，尝试用接近的加大或缩小的连杆轴瓦（颜色列在这个之上或之下），并再次检查间隙。如果使用适当加大或缩小的连杆轴瓦仍然不能得到正确的间隙，则更换曲轴并重新开始。

4. 主轴瓦的选配

（1）如图 1-1-31 所示，在气缸体端部压印字母作为 5 个主轴颈孔尺寸的代码。

（2）如图 1-1-32 所示，主轴颈尺寸代码压印在曲轴上。

主轴颈直径：45.976～46.000mm。

（3）使用主轴颈孔代码和主轴颈代码，从表 1-1-10 中选择适当的主轴承。

注意：颜色代码位于轴承的边缘。

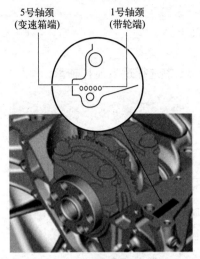

图 1-1-31　主轴颈孔尺寸代码

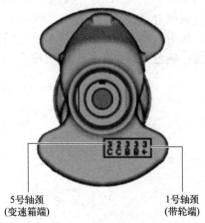

图 1-1-32　主轴颈尺寸代码

表 1-1-10　主轴瓦选配表

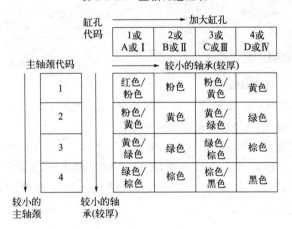

5. 连杆轴瓦的选配

（1）根据连杆大端孔的尺寸，每个连杆属于四个公差范围之一（从 0～0.024mm，以 0.006mm 递增）。然后在图 1-1-33 所示位置压印上数字或竖杠（1、2、3、4）表示范围。

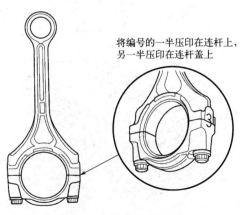

图 1-1-33　连杆大端孔代码

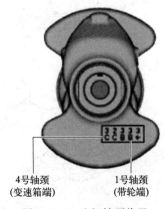

图 1-1-34　连杆轴颈代码

标准孔尺寸：43.0mm。

（2）如图 1-1-34 所示，连杆轴颈代码压印在曲轴上。

连杆轴颈直径：39.976～40.000mm。

（3）使用大端孔代码和连杆轴颈代码，从表 1-1-11 中选择适当连杆轴承。

注意：颜色代码位于轴承的边缘。

表 1-1-11　连杆轴瓦选配表（L15A）

大端孔代码	→ 加大的大连杆孔			
	1	2	3	4
连杆轴颈代码	→ 较小的轴承（较厚）			
A	红色	粉红色	黄色	绿色
B	粉红色	黄色	绿色	棕色
C	黄色	绿色	棕色	黑色
D	绿色	棕色	黑色	蓝色

较小的连杆轴颈　　较小的轴承（较厚）

五、缤智/XR-V/杰德/思域（1.8L R18Z）

1. 检查气缸直径与活塞间隙

（1）在离裙部底端 14mm 处测量活塞裙部直径 A，如图 1-1-35 所示。

标准（新）：80.980～80.990mm。维修极限：80.930mm。

加大 0.25 的活塞直径：81.230～81.240mm。

（2）如图 1-1-36 所示，在三个水平面的 X 轴和 Y 轴方向测量各个气缸直径。如果任一气缸的测量结果超过加大缸径（81.250～81.265mm）的维修极限，则更换发动机气缸体。

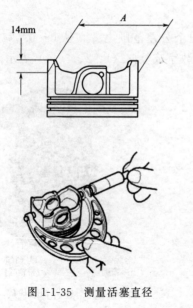

图 1-1-35　测量活塞直径

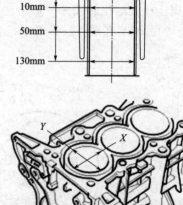

图 1-1-36　测量气缸直径

气缸孔尺寸标准（新）：

X 方向：81.000～81.020mm。

Y 方向：81.000～81.015mm。

维修极限：81.070mm。

（3）计算气缸孔直径和活塞直径的差值。如果间隙接近或超出维修极限，则检查活塞和发动机气缸体是否过度磨损。

标准：0.010～0.035mm。维修极限：0.05mm。

2. 主轴瓦间隙的检查

（1）拆下下气缸体和主轴瓦。

（2）用一块干净的抹布清洁每个主轴颈和主轴瓦。

（3）在每个主轴颈上放一条塑料间隙规。

（4）重新安装主轴瓦和下气缸体。分三步拧紧螺栓：拧紧螺栓直至螺栓固定在下气缸体上，拧紧螺栓直至密封胶已压紧，按图 1-1-37 所示顺序拧紧螺栓至规定扭矩。

注意：检查时不要转动曲轴。

（5）再紧固轴承盖螺栓 57°。

（6）再次拆下下气缸体和主轴瓦，然后测量塑料间隙规的最宽部位，如图 1-1-38 所示。

主轴瓦油膜间隙标准：0.018～0.034mm。维修极限：0.045mm。

（7）如果塑料间隙规测量结果太宽或太窄，拆下曲轴并拆下主轴承上轴瓦。安装一个带相同颜色代码的新的完整的主轴瓦，并重新检查间隙。

（8）如果塑料间隙规显示间隙仍然不正确，尝试用接近的加大或缩小的主轴瓦（颜色列在这个之上或之下），并再次检查间隙。如果使用适当加大或缩小的主轴瓦仍然不能得到正确的间隙，则更换曲轴并重新开始。

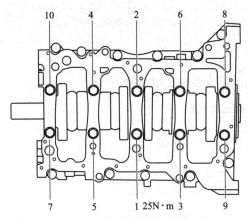

图 1-1-37 主轴瓦盖螺栓紧固顺序

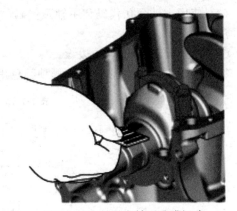

图 1-1-38 测量主轴瓦油膜间隙

3. 连杆轴瓦间隙的检查

（1）拆下连杆盖和连杆轴瓦。

（2）用一块干净的抹布清洁连杆轴颈和连杆轴瓦。

（3）在连杆轴颈上放置塑料间隙规。

（4）对齐连杆和连杆盖上的标记，然后重新安装连杆轴瓦和连杆盖，并用手拧紧连杆螺栓。

（5）重新安装连杆轴瓦和连杆盖，并将连杆螺栓紧固至 20N·m＋90°。

（6）拆下连杆盖和连杆轴瓦，并测量塑料间隙规的最宽部位。

连杆轴瓦油膜间隙标准：0.024～0.042mm。维修极限：0.055mm。

（7）如果塑料间隙规测量结果太宽或太窄，拆下连杆轴瓦上轴瓦。安装一个带相同颜色代码的新的完整的连杆轴瓦，并重新检查间隙。

（8）如果塑料间隙规显示间隙仍然不正确，尝试用接近的加大或缩小的连杆轴瓦（颜色列在这个之上或之下），并再次检查间隙。如果使用适当加大或缩小的连杆轴瓦仍然不能得到正确的间隙，则更换曲轴。

4. 主轴瓦的选配

（1）如图 1-1-39 所示，下气缸体任一端的压印编码、字母或竖杠作为 5 个主轴颈孔每个尺寸的代码。记下缸孔代码。

（2）如图 1-1-40 所示，主轴颈代码压印在曲轴上。

主轴颈直径：54.976～55.000mm。

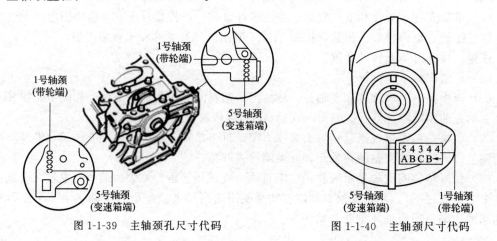

图 1-1-39　主轴颈孔尺寸代码　　　　　　图 1-1-40　主轴颈尺寸代码

（3）使用主轴颈孔代码和主轴颈代码，从表 1-1-12 中选择适当的主轴承。

注意：

① 颜色代码位于轴承的边缘。

② 使用不同颜色的轴瓦时，哪种颜色用在顶部或底部无关紧要。

表 1-1-12　主轴瓦选配表

缸孔代码 主轴颈代码	1或 A或Ⅰ	2或 B或Ⅱ	3或 C或Ⅲ	4或 D或Ⅳ
1	粉红色	粉红色/黄色	黄色	黄色/绿色
2	粉红色/黄色	黄色	黄色/绿色	绿色
3	黄色/绿色	绿色	绿色/棕色	棕色
4	绿色	绿色/棕色	棕色	棕色/黑色
5	绿色/棕色	棕色	棕色/黑色	黑色
6	棕色/黑色	黑色	黑色/蓝色	蓝色

加大缸孔 →（缸孔代码）
较小的轴承（较厚）→（主轴颈代码）

较小的主轴颈　　较小的轴承（较厚）

5. 连杆轴瓦的选配

（1）根据连杆大端孔的尺寸，每个连杆属于四个公差范围之一（从 0～0.024mm，以 0.006mm 递增）。然后在图 1-1-41 所示位置压印上数字或竖杠（1、2、3、4 或Ⅰ、Ⅱ、Ⅲ、Ⅳ）表示范围。

标准连杆大端孔尺寸：48.0mm。

（2）如图 1-1-42 所示，连杆轴颈代码压印在曲轴上。

连杆轴颈直径：44.976～45.000mm

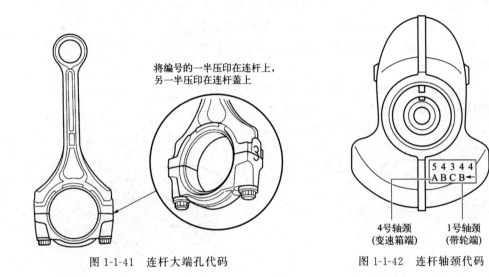

图 1-1-41 连杆大端孔代码

图 1-1-42 连杆轴颈代码

（3）使用大端孔代码和连杆轴颈代码，从表 1-1-13 中选择适当连杆轴承。

注意：

① 颜色代码位于轴承的边缘。

② 使用不同颜色的轴瓦时，哪种颜色用在顶部或底部无关紧要。

表 1-1-13 连杆轴瓦选配表

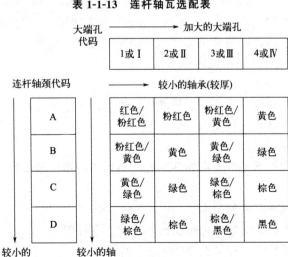

连杆轴颈代码	1或Ⅰ	2或Ⅱ	3或Ⅲ	4或Ⅳ
A	红色/粉红色	粉红色	粉红色/黄色	黄色
B	粉红色/黄色	黄色	黄色/绿色	绿色
C	黄色/绿色	绿色	绿色/棕色	棕色
D	绿色/棕色	棕色	棕色/黑色	黑色

第二节　丰田车系

一、卡罗拉/逸致/雷凌/雅力士（1.6L 1ZR-FE/4ZR-FE/1.8L 2ZR-FE）

1. 检查气缸直径与活塞间隙

（1）如图 1-2-1 所示，用量缸表在止推方向和轴向两个位置测量缸孔直径 A、B。

标准直径：80.500～80.513mm。最大直径：80.633mm。

如果 4 个位置的平均直径大于最大值，则更换气缸体。

（2）如图 1-2-2 所示，用测微计在与活塞销孔成直角的方向上，距活塞底部 12.6mm 处测量活塞直径。

1ZR-FE/4ZR-FE 的标准活塞直径：80.461～80.471mm。

2ZR-FE 的标准活塞直径：80.471～80.491mm。

如果直径不符合规定，则更换带销的活塞。

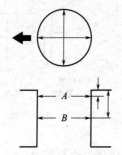

图 1-2-1　测量缸孔直径

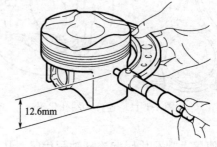

图 1-2-2　测量活塞直径

A—距顶部边缘 10mm；B—距顶部边缘 50mm

（3）用缸孔直径测量值减去活塞直径测量值得出活塞间隙。

1ZR-FE 的标准活塞间隙：0.029～0.052mm。最大间隙：0.090mm。

2ZR-FE 的标准活塞间隙：0.009～0.042mm。最大间隙：0.090mm。

如果油隙大于最大值，则更换所有活塞，必要时更换气缸体。

2. 检查连杆轴颈油隙及更换连杆轴承

（1）均匀松开并拆下 2 个连杆盖螺栓。

（2）用 2 个拆下的连杆盖螺栓左右摇动连杆盖，拆下连杆盖和下轴承。

提示： 让下轴承仍嵌在连杆盖内。

（3）清洁曲柄销和轴承。

（4）检查曲柄销和轴承是否有点蚀和刮痕。如果曲轴销或轴承损坏，则更换轴承。必要时更换曲轴。

（5）将塑料间隙规放在曲柄销上。

（6）检查并确认连杆盖的朝前标记朝前，并安装连杆盖。

（7）安装连杆盖螺栓，并拧紧至 20N·m＋90°。

（8）拆下 2 个螺栓和连杆盖。

（9）测量塑料间隙规的最大宽点。

标准油隙：0.030～0.062mm。最大油隙：0.070mm。

如果油隙大于最大值，则更换连杆轴承。必要时检查曲轴。

（10）如果更换轴承，则用与其相应的连杆盖具有相同型号的轴承更换（参见表 1-2-1 和表 1-2-2）。在轴承表面上，用标记 1、2 或 3 表示每个轴承的标准厚度。

标准曲轴销直径：43.992～44.000mm。

表 1-2-1　标准连杆大头孔直径

标记	直径/mm
1	47.000～47.008
2	47.009～47.016
3	47.017～47.024

表 1-2-2　标准连杆轴承厚度

标记	厚度/mm
1	1.489～1.493
2	1.494～1.497
3	1.498～1.501

3. 检查主轴颈油隙及更换主轴承

（1）清洁各主轴颈和轴承。

（2）将曲轴放置在气缸体上。

（3）将塑料间隙规横跨放置在每个轴颈上。

（4）检查朝前标记和号码，并将轴承盖放置到气缸体上。

（5）安装曲轴轴承盖。

（6）拆下曲轴轴承盖。

（7）测量塑料间隙规的最大宽点。

标准油隙：0.016～0.039mm。最大油隙：0.050mm。

如果油隙大于最大值，则更换曲轴轴承。必要时更换曲轴。

（8）如果更换轴承，须选择相同号码的新轴承。如果不能确定轴承号码，可将印在气缸体和曲轴上的标记号码相加，然后按表 1-2-3 选择新轴承。

示例： 气缸体标记 3＋曲轴标记 5＝总号码 8（选用轴承 3）。

表 1-2-3　主轴承选配表

气缸体＋曲轴	0～2	3～5	6～8	9～11
要使用的轴承	1	2	3	4

（9）主轴颈孔和主轴颈直径标记的位置如图 1-2-3 所示。

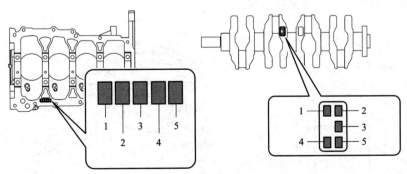

图 1-2-3　主轴颈孔和主轴颈直径标记

（10）气缸体主轴颈孔直径分级如表 1-2-4 所示。

表 1-2-4　标准缸体主轴颈孔直径

标记	直径/mm	标记	直径/mm
0	52.000～52.003	4	52.010～52.012
1	52.003～52.005	5	52.012～52.014
2	52.005～52.007	6	52.014～52.016
3	52.007～52.010		

（11）曲轴主轴颈直径分级如表 1-2-5 所示。

表 1-2-5　标准主轴颈直径

标记	直径/mm	标记	直径/mm
0	47.999～48.000	3	47.993～47.994
1	47.997～47.998	4	47.991～47.992
2	47.995～47.996	5	47.988～47.990

（12）主轴承中间壁厚度分级如表 1-2-6 所示。

表 1-2-6　标准主轴承中间壁厚度

标记	厚度/mm	标记	厚度/mm
1	1.994～1.997	3	2.001～2.003
2	1.998～2.000	4	2.004～2.006

二、凯美瑞/RAV4（2.0L 1AZ-FE）

1. 检查气缸直径与活塞间隙

（1）如图 1-2-4 所示，用量缸表在止推方向和轴向的两个位置测量缸孔直径 A、B。

标准直径：86.000～86.013mm。最大直径：86.133mm。

如果 4 个位置的平均直径大于最大值，则更换气缸体。

（2）如图 1-2-5 所示，用测微计在与活塞销孔成直角的方向上，距活塞顶部 44.4mm 处测量活塞直径。

标准活塞直径：85.967～85.977mm。

如果直径不符合规定，则更换活塞。

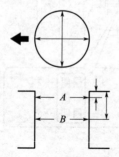

图 1-2-4　测量缸孔直径

A—距顶部边缘 10mm；B—中间位置

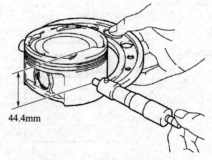

44.4mm

图 1-2-5　测量活塞直径

（3）用缸孔直径测量值减去活塞直径测量值得出活塞间隙。

标准活塞间隙：0.023～0.046mm。最大间隙：0.10mm。

如果油隙大于最大值，则更换所有活塞。必要时更换气缸体。

2. 检查连杆轴颈油隙及更换连杆轴承

（1）清洁曲柄销和轴承。

（2）检查曲柄销和轴承是否有点蚀和刮痕。

（3）将塑料间隙规放在曲柄销上。

（4）检查并确认连杆盖的朝前标记朝前。

（5）安装连杆盖。

（6）拆下 2 个螺栓和连杆盖。

（7）测量塑料间隙规的最大宽点。

标准油隙：0.024～0.048mm。最大油隙：0.080mm。

如果油隙大于最大值，则更换连杆轴承。必要时更换曲轴。

（8）如果更换轴承，则用与其相应的连杆盖具有相同型号的轴承更换（参见表 1-2-7 和表 1-2-8）。在轴承表面上，用标记 1、2 或 3 表示每个轴承的标准厚度。

标准曲轴销直径：47.990～48.000mm。

表 1-2-7 标准连杆大头孔径

标记	直径/mm
1	51.000～51.007
2	51.008～51.013
3	51.014～51.020

表 1-2-8 标准连杆轴承厚度

标记	厚度/mm
1	1.485～1.488
2	1.489～1.491
3	1.492～1.494

3. 检查主轴颈油隙及更换主轴承

（1）清洁各主轴颈和轴承。

（2）将曲轴放置在气缸体上。

（3）将塑料间隙规横跨放置在每个轴颈上。

（4）检查朝前标记和号码，并将轴承盖放置到气缸体上。

（5）安装曲轴轴承盖。

（6）拆下曲轴轴承盖。

（7）测量塑料间隙规的最大宽点。

标准油隙：0.008～0.024mm。最大油隙：0.050mm。

如果油隙大于最大值，则更换曲轴轴承。必要时更换曲轴。

（8）如果更换轴承，须选择相同号码的新轴承。如果不能确定轴承号码，可将印在气缸体和曲轴上的标记号码相加，然后按表 1-2-9 选择新轴承。

示例：气缸体标记 3＋曲轴标记 5＝总号码 8（选用轴承 3）。

表 1-2-9 主轴承选配表

气缸体＋曲轴	0～2	3～5	6～8	9～11
要使用的轴承	1	2	3	4

（9）主轴颈孔和主轴颈直径标记的位置如图 1-2-6 所示。

（10）气缸体主轴颈孔直径分级如表 1-2-10 所示。

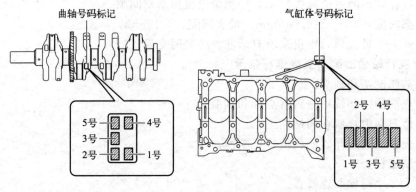

图 1-2-6 主轴颈孔和主轴颈直径标记

表 1-2-10 标准缸体主轴颈孔直径

标记	直径/mm	标记	直径/mm
0	59.000～59.002	4	59.010～59.011
1	59.003～59.004	5	59.012～59.013
2	59.005～59.006	6	59.014～59.016
3	59.007～59.009		

（11）曲轴主轴颈直径分级如表 1-2-11 所示。

表 1-2-11 标准主轴颈直径

标记	直径/mm	标记	直径/mm
0	54.999～55.000	3	54.993～54.994
1	54.997～54.998	4	54.991～54.992
2	54.995～54.996	5	54.988～54.990

（12）主轴承中间壁厚度分级如表 1-2-12 所示。

表 1-2-12 标准主轴承中间壁厚度

标记	厚度/mm	标记	厚度/mm
1	1.993～1.996	3	2.000～2.002
2	1.997～1.999	4	2.003～2.005

三、凯美瑞/RAV4（2.5L 5AR-FE）/汉兰达（2.7L 1AR-FE）

1. 检查气缸直径与活塞间隙

（1）如图 1-2-7 所示，用量缸表在止推方向和轴向两个位置测量缸孔直径 A、B。

标准直径：90.000～90.013mm。最大直径：90.13mm。

如果 4 个位置的平均直径大于最大值，则更换气缸体。

（2）如图 1-2-8 所示，用测微计测量距活塞底部 10.5mm 位置的活塞直径。

5AR-FE 标准活塞直径：89.985～89.995mm。

1AR-FE 标准活塞直径：89.980～89.990mm。

如果直径小于最小值，则更换带销的活塞。

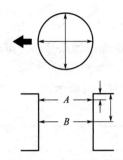

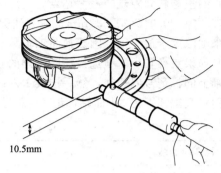

10.5mm

图 1-2-7 测量缸孔直径   图 1-2-8 测量活塞直径

A—距顶部边缘 10mm；B—中间位置

（3）用缸孔直径测量值减去活塞直径测量值得出活塞间隙。

标准活塞间隙：0.010～0.033mm。最大间隙：0.10mm。

如果油隙大于最大值，则更换所有活塞。必要时更换气缸体。

2. 检查连杆轴颈油隙及更换连杆轴承

（1）清洁曲柄销和轴承。

（2）检查曲柄销和轴承是否有点蚀和刮痕。

（3）将塑料间隙规放在曲柄销上。

（4）检查并确认连杆盖的朝前标记朝前，并安装连杆盖。

（5）在螺纹上和连杆螺栓头部下方涂抹一薄层发动机机油。

（6）安装连杆盖螺栓，并拧紧至 40N·m+90°。

（7）拆下 2 个螺栓和连杆盖。

（8）测量塑料间隙规的最大宽点。

标准油隙：0.030～0.063mm。最大油隙：0.070mm。

如果油隙大于最大值，则更换连杆轴承。必要时更换曲轴。

（9）如果更换轴承，则选择与连杆标记号码相同的新轴承（参见表 1-2-13 和表 1-2-14）。
在轴承表面上，用标记 1、2 或 3 表示每个轴承的标准厚度。

标准曲轴销直径：51.492～51.500mm。

表 1-2-13	标准连杆大头孔径
标记	直径/mm
1	54.500～54.508
2	54.509～54.516
3	54.517～54.524

表 1-2-14	标准连杆轴承厚度
标记	厚度/mm
1	1.483～1.487
2	1.488～1.491
3	1.492～1.495

3. 检查主轴颈油隙及更换主轴承

（1）清洁各主轴颈和轴承。

（2）将曲轴放置在气缸体上。

（3）将塑料间隙规横跨放置在每个轴颈上。

（4）检查朝前标记和号码，并将轴承盖放置到气缸体上。

（5）安装曲轴轴承盖。

（6）拆下曲轴轴承盖。

（7）测量塑料间隙规的最大宽点。

标准油隙：0.016～0.039mm。最大油隙：0.050mm。

如果油隙大于最大值，则更换曲轴轴承。必要时更换曲轴。

（8）如果更换轴承，须选择相同号码的新轴承。如果不能确定轴承号码，可将印在气缸体和曲轴上的标记号码相加，然后按表1-2-15选择新轴承。

示例：气缸体标记3＋曲轴标记4＝总号码7（选用标记为3的轴承）。

表 1-2-15　主轴承选配表

气缸体＋曲轴	0～2	3～5	6～8	9～11
要使用的轴承	1	2	3	4

（9）主轴颈孔和主轴颈直径标记的位置如图1-2-9所示。

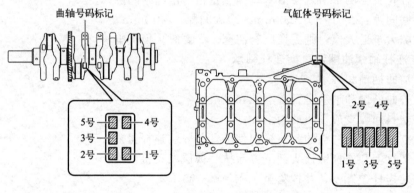

图 1-2-9　主轴颈孔和主轴颈直径标记

（10）气缸体主轴颈孔直径分级如表1-2-16所示。

表 1-2-16　标准缸体主轴颈孔直径

标记	直径/mm	标记	直径/mm
0	59.000～59.002	4	59.010～59.011
1	59.003～59.004	5	59.012～59.013
2	59.005～59.006	6	59.014～59.016
3	59.007～59.009		

（11）曲轴主轴颈直径分级如表1-2-17所示。

表 1-2-17　标准主轴颈直径

标记	直径/mm	标记	直径/mm
0	54.999～55.000	3	54.993～54.994
1	54.997～54.998	4	54.991～54.992
2	54.995～54.996	5	54.988～54.990

（12）主轴承中间壁厚度分级如表1-2-18所示。

表 1-2-18　标准主轴承中间壁厚度

标记	厚度/mm	标记	厚度/mm
1	1.991～1.994	3	1.998～2.000
2	1.995～1.997	4	2.001～2.003

四、汉兰达/雷克萨斯 RX（3.5L 2GR-FE）

1. 检查气缸直径与活塞间隙

（1）如图 1-2-10 所示，用量缸表在止推方向和轴向两个位置测量缸孔直径 A、B。

标准直径：94.000～94.012mm。最大直径：94.200mm。

如果 4 个位置的平均缸径值大于最大值，则更换气缸体。

（2）如图 1-2-11 所示，用测微计测量距活塞底部 8.9mm 位置的活塞直径。

标准活塞直径：93.960～93.980mm。最小直径：93.830mm。

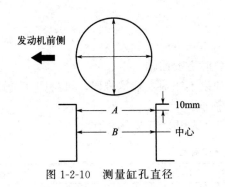

图 1-2-10　测量缸孔直径　　　图 1-2-11　测量活塞直径

（3）用缸孔直径测量值减去活塞直径测量值得出活塞间隙。

标准活塞间隙：0.020～0.052mm。最大间隙：0.060mm。

如果油隙大于最大值，则更换所有活塞，必要时更换气缸体。

2. 检查连杆轴颈油隙及更换连杆轴承

（1）清洁曲柄销和轴承。

（2）检查曲柄销和轴承是否有点蚀和刮痕。

（3）将塑料间隙规放在曲柄销上。

（4）检查并确认连杆盖的朝前标记朝前。

（5）安装连杆盖。

（6）拆下 2 个螺栓和连杆盖。

（7）测量塑料间隙规最宽处。

标准油隙：0.045～0.067mm。最大油隙：0.070mm。

如果油隙大于最大值，则更换连杆轴承。必要时检查曲轴。

（8）如果更换轴承，则新轴承的编号应与各连杆盖的号一致（见图 1-2-12 和表 1-2-19、表 1-2-20）。通过各轴承表面的数字（1、2、3 或 4）指示其标准厚度。

标准曲轴销直径：52.992～53.000mm。

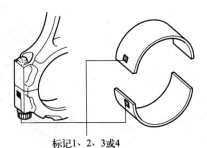

标记1、2、3或4

图 1-2-12　连杆轴承标记

表 1-2-19　标准连杆大头孔径

标记	直径/mm
1	56.000～56.006
2	56.007～56.012
3	56.013～56.018
4	56.019～56.024

表 1-2-20　标准连杆轴承厚度

标记	厚度/mm
1	1.481～1.484
2	1.484～1.487
3	1.487～1.490
4	1.490～1.493

3. 检查主轴颈油隙及更换主轴承

（1）清洁各主轴颈和轴承。

（2）将曲轴放置在气缸体上。

（3）将塑料间隙规横跨放置在每个轴颈上。

（4）检查朝前标记和号码，并将轴承盖放置到气缸体上。

（5）安装曲轴轴承盖。

（6）拆下曲轴轴承盖。

（7）测量塑料间隙规最宽处。

标准油隙：0.026～0.047mm。最大油隙：0.050mm。

如果油隙大于最大值，则更换曲轴轴承。必要时更换曲轴。

（8）如果更换轴承，则用同号的轴承更换。如果不能确定轴承号码，可将印在气缸体和曲轴上的标记号码相加，然后按表 1-2-21 选择新轴承。

示例：气缸体标记 11＋曲轴标记 06＝总数 17（选用标记为 3 的轴承）。

表 1-2-21　主轴承选配表

气缸体＋曲轴	0～5	6～11	12～17	18～23	24～28
要使用的轴承	1	2	3	4	5

（9）主轴颈孔和主轴颈直径标记的位置如图 1-2-13 所示。

（10）曲轴主轴颈直径分级如表 1-2-22 所示。

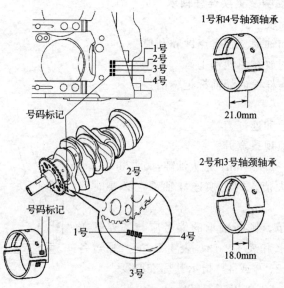

图 1-2-13　主轴颈孔和主轴颈直径标记

表 1-2-22　曲轴主轴颈直径

标记	直径/mm	标记	直径/mm
00	60.999~61.000	06	60.993~60.994
01	60.998~60.999	07	60.992~60.993
02	60.997~60.998	08	60.991~60.992
03	60.996~60.997	09	60.990~60.991
04	60.995~60.996	10	60.989~60.990
05	60.994~60.995	11	60.988~60.989

（11）主轴承中间壁厚度分级如表 1-2-23～表 1-2-26 所示。

表 1-2-23　标准上轴承中间壁厚（1、4 号轴颈）

标记	厚度/mm
1	2.500~2.503
2	2.503~2.506
3	2.506~2.509
4	2.509~2.512
5	2.512~2.515

表 1-2-24　标准下轴承中间壁厚（1、4 号轴颈）

标记	厚度/mm
1	2.478~2.481
2	2.481~2.484
3	2.484~2.487
4	2.487~2.490
5	2.490~2.493

表 1-2-25　标准上轴承中间壁厚（2、3 号轴颈）

标记	厚度/mm
1	2.478~2.481
2	2.481~2.484
3	2.484~2.487
4	2.487~2.490
5	2.490~2.493

表 1-2-26　标准下轴承中间壁厚（2、3 号轴颈）

标记	厚度/mm
1	2.500~2.503
2	2.503~2.506
3	2.506~2.509
4	2.509~2.512
5	2.512~2.515

五、丰田 C-HR/奕泽/凯美瑞/锋兰达/威兰达/威飒（2.0L M20A/M20C）

1. 检查气缸直径与活塞间隙

（1）如图 1-2-14 所示，用量缸表在止推方向和轴向两个位置测量缸孔直径 A、B。

标准直径：80.500~80.513mm。最大直径：80.633mm。

如果 4 个位置的平均直径大于最大值，则更换气缸体。

（2）如图 1-2-15 所示，用测微计在与活塞销孔成直角的方向上，距活塞底部 10mm 处测量活塞直径。

标准活塞直径：80.472~80.502mm。

如果直径小于最小值，则成套更换活塞和活塞销。

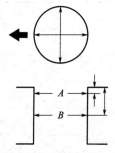

图 1-2-14　测量缸孔直径

A—距顶部边缘 10mm；*B*—中间位置

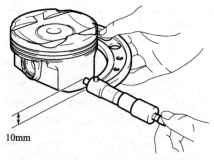

图 1-2-15　测量活塞直径

（3）用缸孔直径测量值减去活塞直径测量值得出活塞间隙。

标准活塞间隙：0.002～0.041mm。最大间隙：0.081mm。

如果油隙大于最大值，则更换所有活塞，必要时更换气缸体。

2. 检查连杆轴颈油隙及更换连杆轴承

（1）清洁曲柄销和轴承。

（2）检查曲柄销和轴承是否有点蚀和刮痕。

（3）将塑料间隙规放在曲柄销上。

（4）检查并确认连杆盖的朝前标记朝前，并安装连杆盖。

（5）在螺纹上和连杆螺栓头部下方涂抹一薄层发动机机油。

（6）安装连杆盖螺栓，并拧紧至 38N·m＋90°。

（7）拆下 2 个连杆螺栓和连杆盖。

（8）测量塑料间隙规最宽处。

标准油隙：0.032～0.065mm。最大油隙：0.065mm。

如果油隙大于最大值，则更换连杆轴承。必要时更换曲轴。

（9）如果更换轴承，则用与其相应的连杆盖具有相同型号的轴承更换（参见表 1-2-27 和表 1-2-28）。在轴承表面上，用标记 1、2 或 3 表示每个轴承的标准厚度。

标准曲轴销直径：47.992～48.000mm。

表 1-2-27　标准连杆大头孔径

标记	直径/mm
1	51.000～51.008
2	51.009～51.016
3	51.017～51.024

表 1-2-28　标准连杆轴承厚度

标记	厚度/mm
1	1.483～1.486
2	1.487～1.491
3	1.492～1.495

3. 检查主轴颈油隙及更换主轴承

（1）清洁各主轴颈和轴承。

（2）将曲轴放置在气缸体上。

（3）将塑料间隙规横跨放置在每个轴颈上。

（4）检查朝前标记和号码，并将轴承盖放置到气缸体上。

（5）安装曲轴轴承盖。

（6）拆下曲轴轴承盖。

（7）测量塑料间隙规最宽处。

标准油隙（3号主轴颈）：0.024～0.040mm。最大油隙：0.040mm。

标准油隙（其他主轴颈）：0.012～0.028mm。最大油隙：0.028mm。

如果油隙大于最大值，则更换曲轴轴承。必要时更换曲轴。

（8）如果更换轴承，须选择相同号码的新轴承。如果不能确定轴承号码，可将印在气缸体和曲轴上的标记号码相加，然后按表1-2-29和表1-2-30选择新轴承。

3号主轴颈示例：气缸体标记3＋曲轴标记4＝总号码7（选用轴承3）。

其他主轴颈示例：气缸体标记3＋曲轴标记4＝总号码7（选用轴承5）。

表 1-2-29　主轴承选配表（3号主轴颈）

气缸体＋曲轴	0～2	3～5	6～8	9～11
要使用的轴承	1	2	3	4

表 1-2-30　主轴承选配表（其他主轴颈）

气缸体＋曲轴	0～2	3～5	6～8	9～11
要使用的轴承	3	4	5	6

（9）主轴颈孔和主轴颈直径标记的位置如图1-2-16所示。

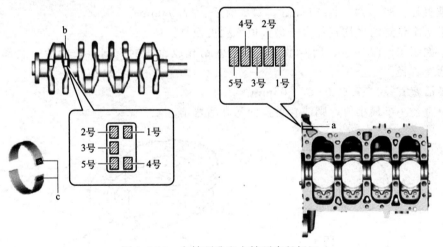

图 1-2-16　主轴颈孔和主轴颈直径标记

a—缸体主轴颈孔标记；b—主轴颈标记；c—主轴承标记

（10）气缸体主轴颈孔直径分级如表1-2-31所示。

表 1-2-31　标准缸体主轴颈孔直径

标记	直径/mm	标记	直径/mm
0	56.000～56.002	4	56.010～56.011
1	56.003～56.004	5	56.012～56.013
2	56.005～56.006	6	56.014～56.016
3	56.007～56.009		

（11）曲轴主轴颈直径分级如表 1-2-32 所示。

表 1-2-32　标准主轴颈直径

标记	直径/mm	标记	直径/mm
0	51.999～52.000	3	51.993～51.994
1	51.997～51.998	4	51.991～51.992
2	51.995～51.996	5	51.988～51.990

（12）主轴承中间壁厚度分级如表 1-2-33 所示。

表 1-2-33　标准主轴承中间壁厚度

标记	厚度/mm	标记	厚度/mm
1	1.985～1.987	4	1.994～1.996
2	1.988～1.990	5	1.997～1.999
3	1.991～1.993	6	2.000～2.003

六、凯美瑞/汉兰达/RAV4/亚洲龙（2.5L A25）

1. 检查气缸直径与活塞间隙

（1）如图 1-2-17 所示，用量缸表在止推方向和轴向两个位置测量缸孔直径 A、B。

标准直径：87.500～87.513mm。最大直径：87.63mm。

如果 4 个位置的平均直径大于最大值，则更换气缸体。

（2）如图 1-2-18 所示，用测微计在与活塞销孔成直角的方向上，距活塞底部 10.5mm 处测量活塞直径。

标准活塞直径：87.472～87.502mm。

如果直径小于最小值，则成套更换活塞和活塞销。

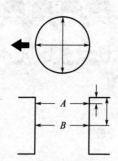

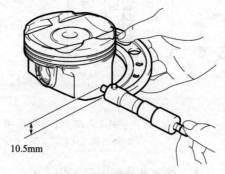

<table>
<tr><td align="center">图 1-2-17　测量缸孔直径</td><td align="center">图 1-2-18　测量活塞直径</td></tr>
<tr><td align="center">A—距顶部边缘 10mm；B—中间位置</td><td></td></tr>
</table>

10.5mm

（3）用缸孔直径测量值减去活塞直径测量值得出活塞间隙。

标准活塞间隙：0.002～0.041mm。最大间隙：0.081mm。

如果油隙大于最大值，则更换所有活塞。必要时更换气缸体。

2. 检查连杆轴颈油隙及更换连杆轴承

（1）清洁曲柄销和轴承。

（2）检查曲柄销和轴承是否有点蚀和刮痕。

（3）将塑料间隙规放在曲柄销上。

（4）检查并确认连杆盖的朝前标记朝前，并安装连杆盖。

（5）在螺纹上和连杆螺栓头部下方涂抹一薄层发动机机油。

（6）安装连杆盖螺栓，并拧紧至 38N·m＋90°。

（7）拆下 2 个连杆螺栓和连杆盖。

（8）测量塑料间隙规最宽处。

标准油隙：0.027～0.059mm。最大油隙：0.059mm。

如果油隙大于最大值，则更换连杆轴承，必要时更换曲轴。

（9）如果更换轴承，则用与其相应的连杆盖具有相同型号的轴承更换（参见表 1-2-34 和表 1-2-35）。在轴承表面上，用标记 1、2 或 3 表示每个轴承的标准厚度。

标准曲轴销直径：47.992～48.000mm。

表 1-2-34 标准连杆大头孔径

标记	直径/mm
1	51.000～51.008
2	51.009～51.016
3	51.017～51.024

表 1-2-35 标准连杆轴承厚度

标记	厚度/mm
1	1.487～1.491
2	1.492～1.495
3	1.496～1.499

3. 检查主轴颈油隙及更换主轴承

（1）清洁各主轴颈和轴承。

（2）将曲轴放置在气缸体上。

（3）将塑料间隙规横跨放置在每个轴颈上。

（4）检查朝前标记和号码，并将轴承盖放置到气缸体上。

（5）安装曲轴轴承盖。

（6）拆下曲轴轴承盖。

（7）测量塑料间隙规最宽处。

标准油隙（3 号主轴颈）：0.020～0.043mm。最大油隙：0.044mm。

标准油隙（其他主轴颈）：0.014～0.037mm。最大油隙：0.048mm。

如果油隙大于最大值，则更换曲轴轴承。必要时更换曲轴。

（8）如果更换轴承，须选择相同号码的新轴承。如果不能确定轴承号码，可将印在气缸体和曲轴上的标记号码相加，然后按表 1-2-36 和表 1-2-37 选择新轴承。

3 号主轴颈示例：气缸体标记 3＋曲轴标记 4＝总号码 7（选用轴承 3）。

其他主轴颈示例：气缸体标记 3＋曲轴标记 4＝总号码 7（选用轴承 4）。

表 1-2-36 主轴承选配表（3 号主轴颈）

气缸体＋曲轴	0～2	3～5	6～8	9～11
要使用的轴承	1	2	3	4

表 1-2-37 主轴承选配表（其他主轴颈）

气缸体＋曲轴	0～2	3～5	6～8	9～11
要使用的轴承	2	3	4	5

（9）主轴颈孔和主轴颈直径标记的位置如图 1-2-19 所示。

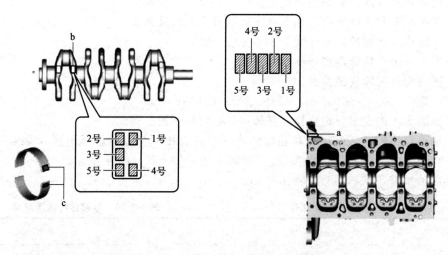

图 1-2-19　主轴颈孔和主轴颈直径标记
a—缸体主轴颈孔标记；b—主轴颈标记；c—主轴承标记

（10）气缸体主轴颈孔直径分级如表 1-2-38 所示。

表 1-2-38　标准缸体主轴颈孔直径

标记	直径/mm	标记	直径/mm
0	60.000～60.002	4	60.010～60.011
1	60.003～60.004	5	60.012～60.013
2	60.005～60.006	6	60.014～60.016
3	60.007～60.009		

（11）曲轴主轴颈直径分级如表 1-2-39 所示。

表 1-2-39　标准主轴颈直径

标记	直径/mm	标记	直径/mm
0	55.999～56.000	3	55.993～55.994
1	55.997～55.998	4	55.991～55.992
2	55.995～55.996	5	55.988～55.990

（12）主轴承中间壁厚度分级如表 1-2-40 所示。

表 1-2-40　标准主轴承中间壁厚度

标记	厚度/mm	标记	厚度/mm
1	1.990～1.993	4	2.000～2.002
2	1.994～1.996	5	2.003～2.005
3	1.997～1.999		

七、威驰/雅力士（1.3L 2NZ-FE）

1. 检查气缸直径与活塞间隙

（1）如图 1-2-20 所示，用量缸表在止推方向和轴向两个位置测量缸孔直径 A、B。

标准直径：75.000～75.013mm。最大直径：75.113mm。

（2）计算 4 个测量点最大直径和最小直径的差值。

（3）如果差值大于限值（0.10mm），则更换气缸体。

（4）如图 1-2-21 所示，用测微计在与活塞销孔成直角的方向上，以及距活塞顶部 27.6～27.8mm 处测量活塞直径。

标准活塞直径：74.935～74.945mm。

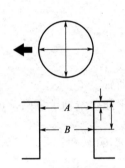

图 1-2-20　测量缸孔直径

A—距顶部边缘 10mm；B—距顶部边缘 50mm

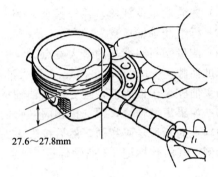

27.6～27.8mm

图 1-2-21　测量活塞直径

（5）用缸孔直径测量值减去活塞直径测量值得出活塞间隙。

标准活塞间隙：0.045～0.068mm。最大间隙：0.080mm。

如果油隙大于最大值，则更换所有活塞。必要时更换气缸体。

2. 检查连杆轴颈油隙及更换连杆轴承

（1）检查并确认连杆和连杆盖上的配合标记对齐，以确保正确的重新装配。

（2）拆下 2 个连杆盖螺栓。

（3）清洁曲柄销和轴承。

（4）检查曲柄销和轴承是否有点蚀和刮痕。

（5）将塑料间隙规放在曲柄销上。

（6）检查并确认连杆盖的朝前标记朝前，并安装连杆盖。

（7）安装连杆盖螺栓，并拧紧至 15N·m+90°。

（8）拆下 2 个螺栓和连杆盖。

（9）测量塑料间隙规的最大宽点。

标准油隙：0.012～0.038mm。最大油隙：0.058mm。

如果油隙大于最大值，则更换连杆轴承。必要时检查曲轴。

（10）如果更换轴承，须选择与连杆上标明的号码相同的轴承。有 3 个标准轴承尺寸，标记相应为 1、2 和 3，如表 1-2-41 所示。

标准曲轴销直径：39.992～40.000mm。

表 1-2-41　标准连杆轴承厚度

标记	厚度/mm	标记	厚度/mm
1	1.489～1.493	3	1.498～1.501
2	1.494～1.497		

3. 检查主轴颈油隙及更换主轴承

（1）清洁各主轴颈和轴承。

（2）将曲轴放置在气缸体上。

（3）将塑料间隙规横跨放置在每个轴颈上。

（4）检查朝前标记和号码，并将轴承盖放置到气缸体上。

（5）在轴承盖螺栓的螺纹上涂抹一薄层发动机机油。

（6）安装轴承盖螺栓，并拧紧至 22N·m＋90°。

（7）拆下曲轴轴承盖。

（8）测量塑料间隙规的最大宽点。

标准油隙：0.010～0.023mm。最大油隙：0.070mm。

如果油隙大于最大值，则更换曲轴轴承。必要时更换曲轴。

（9）如果更换轴承，须选择相同号码的新轴承。如果不能确定轴承号码，可将印在气缸体和曲轴上的标记号码相加，然后按表 1-2-42 选择新轴承。

示例：气缸体标记 4＋曲轴标记 3＝总号码 7（选用轴承 3）

表 1-2-42　主轴承选配表

气缸体＋曲轴	0～2	3～5	6～8	9～11
要使用的轴承	1	2	3	4

（10）主轴颈孔和主轴颈直径标记的位置如图 1-2-22 所示。

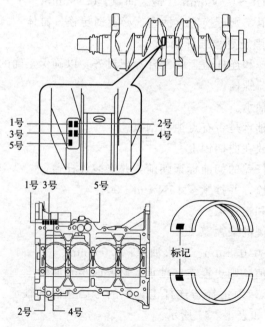

图 1-2-22　主轴颈孔和主轴颈直径标记

（11）气缸体主轴颈孔直径分级如表 1-2-43 所示。

表 1-2-43 标准缸体主轴颈孔直径

标记	直径/mm	标记	直径/mm
0	50.000~50.003	4	50.010~50.012
1	50.003~50.005	5	50.012~50.014
2	50.005~50.007	6	50.014~50.016
3	50.007~50.010		

（12）曲轴主轴颈直径分级如表 1-2-44 所示。

表 1-2-44 标准主轴颈直径

标记	直径/mm	标记	直径/mm
0	45.999~46.000	3	45.993~45.994
1	45.997~45.998	4	45.991~45.992
2	45.995~45.996	5	45.988~45.990

（13）主轴承中间壁厚度分级如表 1-2-45 所示。

表 1-2-45 标准主轴承中间壁厚度

标记	厚度/mm	标记	厚度/mm
1	1.992~1.995	3	1.998~2.001
2	1.995~1.998	4	2.001~2.004

第三节 起亚/现代车系

一、 起亚 K2/秀尔/现代悦纳/悦动/ix25/i30（1.4L G4FA/1.6L G4FC）起亚 K3/现代领动/朗动（1.6L Gamma 发动机）

1. 检查气缸直径与活塞间隙

（1）使用量缸表，在推力方向和轴向位置测量气缸内径。

标准直径：77.00~77.03mm。

（2）检查气缸体上的气缸内径尺寸代码，如图 1-3-1 所示。气缸内径尺寸如表 1-3-1 所示。

（3）检查活塞顶面上的活塞标记，如图 1-3-2 所示。活塞外径尺寸如表 1-3-2 所示。

（4）依照气缸内径等级选择同级别的活塞。

（5）如需测量活塞外径，应在距离活塞顶部 33.9mm 处测量。

标准直径：76.97~77.00mm。

（6）计算气缸内径和活塞外径的差值。

活塞至气缸的间隙：0.02~0.04mm。

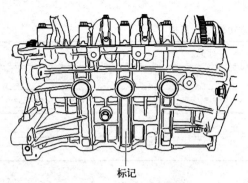

图 1-3-1　气缸内径尺寸代码

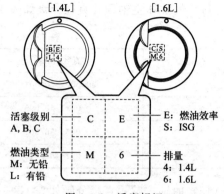

图 1-3-2　活塞标记

表 1-3-1　气缸内径尺寸分组

标记	气缸内径/mm
A	77.00～77.01
B	77.01～77.02
C	77.02～77.03

表 1-3-2　活塞外径尺寸分组

标记	活塞外径/mm
A	76.97～76.98
B	76.98～76.99
C	76.99～77.00

2. 检查连杆轴承油膜间隙及更换连杆轴承

(1) 检查连杆和盖上的装配标记，以确保正确组装。

(2) 拧下 2 个连杆盖螺栓。

(3) 拆卸连杆盖和下轴承。

(4) 清洁连杆轴颈和轴承。

(5) 将塑料规横向放置在连杆轴颈上。

(6) 重新装配下轴承和盖，并拧紧螺栓。不要重复使用螺栓。

规定扭矩：17.7～21.6N·m＋88°～92°。

(7) 拆卸 2 个螺栓、连杆盖和下轴承。

(8) 测量塑料规的最宽部分。

标准油膜间隙：0.032～0.052mm。

(9) 如果测量的塑料规太宽或太窄，拆卸上、下轴承并安装一个相同颜色代码的新轴承，再重新检查油膜间隙。

(10) 如果间隙仍不正确，使用下一个更大或更小的轴承，重新检查油膜间隙。

(11) 连杆大端孔的尺寸标记如图 1-3-3 所示，尺寸级别如表 1-3-3 所示。

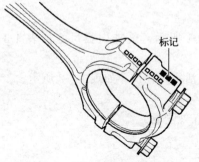

图 1-3-3　连杆大端孔尺寸标记

表 1-3-3　连杆大端孔径

标记	直径/mm
A,0	45.000～45.006
B,00	45.006～45.012
C,000	45.012～45.018

（12）连杆轴颈的直径标记如图 1-3-4 所示，尺寸级别如表 1-3-4 所示。

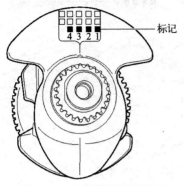

图 1-3-4　连杆轴颈直径标记

表 1-3-4　曲轴连杆轴颈直径

标记	连杆轴颈直径/mm
1	41.966～41.972
2	41.960～41.966
3	41.954～41.960

（13）通过表 1-3-5 选择新的连杆轴承。

表 1-3-5　连杆轴承选配表

连杆轴承		连杆大端孔径级别		
		A,0	B,00	C,000
连杆轴颈标记	1	E(黄/红)	D(绿)	C(无)
	2	D(绿)	C(无)	B(黑)
	3	C(无)	B(黑)	A(蓝)

（14）连杆轴承的尺寸级别如表 1-3-6 所示。

表 1-3-6　连杆轴承分级表

标记	颜色	轴承厚度/mm	标记	颜色	轴承厚度/mm
A	蓝色	1.514～1.517	D	绿色	1.505～1.508
B	黑色	1.511～1.514	E	黄色/红色	1.502～1.505
C	无色	1.508～1.511			

3. 检查主轴承油膜间隙及更换主轴承

（1）拆卸主轴承盖和下轴承。

（2）用干净的毛巾清洁主轴颈和下轴承。

（3）将塑料规放在每一个主轴颈上。

（4）重新安装下轴承和盖，并拧紧螺栓。

规定扭矩：17.7～21.6N·m+88°～92°。

（5）再次拆卸盖和下轴承，测量塑料规的最宽部分。

标准油膜间隙：0.021～0.042mm。

（6）如果测量的塑料规太宽或太窄，拆卸上、下轴承并安装一个相同颜色代码的新轴承，再重新检查油膜间隙。

（7）如果间隙仍不正确，尝试更换更大或更小的轴承，重新检查油膜间隙。

（8）缸体主轴颈孔的尺寸标记如图 1-3-5 所示，尺寸级别如表 1-3-7 所示。

（9）曲轴主轴颈的直径标记如图 1-3-6 所示，尺寸级别如表 1-3-8 所示。

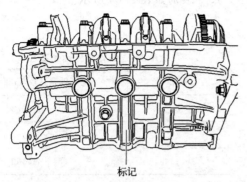

图 1-3-5　缸体主轴颈孔尺寸标记

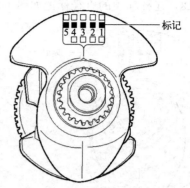

图 1-3-6　曲轴主轴颈直径标记

表 1-3-7　缸体主轴颈孔尺寸分组

标记	主轴颈孔内径/mm
A	52.000～52.006
B	52.006～52.012
C	52.012～52.018

表 1-3-8　曲轴主轴颈直径分组

标记	主轴颈直径/mm
1	47.954～47.960
2	47.948～47.954
3	47.942～47.948

（10）通过表 1-3-9 选择新的主轴承。

表 1-3-9　主轴承选配表

主轴承		缸体主轴颈孔标记		
		A	B	C
曲轴主轴颈标记	1	E(黄/红)	D(绿)	C(无)
	2	D(绿)	C(无)	B(黑)
	3	C(无)	B(黑)	A(蓝)

（11）主轴承的尺寸级别如表 1-3-10 所示。

表 1-3-10　主轴承分级表

标记	颜色	轴承厚度/mm	标记	颜色	轴承厚度/mm
A	蓝色	2.026～2.029	D	绿色	2.017～2.020
B	黑色	2.023～2.026	E	黄色/红色	2.014～2.017
C	无色	2.020～2.023			

二、起亚 K5/现代 ix35（2.0L G4KD/2.4L G4KE）

1. 检查气缸直径与活塞间隙

（1）使用量缸表，在推力方向和轴向位置测量气缸内径。

标准直径（2.0L）：86.00～86.03mm。

标准直径（2.4L）：88.00～88.03mm。

（2）检查气缸体上的气缸内径尺寸代码，如图 1-3-7 所示。气缸内径尺寸如表 1-3-11 所示。

（3）检查活塞顶面的活塞尺寸代码，如图 1-3-8 所示。活塞外径尺寸如表 1-3-12 所示。

（4）依照气缸内径等级选择相应的活塞。

（5）如需测量活塞外径，应在距离活塞顶部 17mm 处测量。

标准直径（2.0L）：85.975～86.005mm。

标准直径（2.4L）：87.975～88.005mm。

（6）计算气缸内径和活塞外径的差值。

活塞至气缸的间隙：0.015～0.035mm。

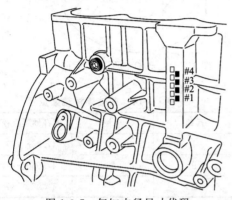

图 1-3-7　气缸内径尺寸代码

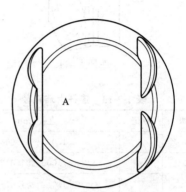

图 1-3-8　活塞尺寸代码

表 1-3-11　气缸内径尺寸分组

尺寸代码	2.0L 缸径/mm	2.4L 缸径/mm
A	86.00～86.01	88.00～88.01
B	86.01～86.02	88.01～88.02
C	86.02～86.03	88.02～88.03

表 1-3-12　活塞外径尺寸分组

尺寸代码	2.0L 外径/mm	2.4L 外径/mm
A	85.975～85.985	87.975～87.985
B	85.985～85.995	87.985～87.995
C	85.995～86.005	87.995～88.005

2. 检查连杆轴承油膜间隙及更换连杆轴承

（1）检查连杆和盖上的装配标记，以确保正确组装。

（2）拧下 2 个连杆盖螺栓。

（3）拆卸连杆盖和下轴承。

（4）清洁连杆轴颈和轴承。

（5）将塑料规横向放置在连杆轴颈上。

（6）重新装配下轴承和盖，并拧紧螺栓。

规定扭矩：17.7～21.6N・m＋88°～92°。

（7）拆卸 2 个螺栓、连杆盖和轴承。

（8）测量塑料规的最宽部分。

标准油膜间隙：0.031～0.045mm。

（9）如果测量的塑料规太宽或太窄，拆卸上轴承并安装一个相同颜色代码的新轴承，再重新检查油膜间隙。

（10）如果间隙仍不正确，使用下一个更大或更小的轴承，重新检查油膜间隙。

（11）连杆大端孔的尺寸标记如图 1-3-9 所示，尺寸级别如表 1-3-13 所示。

（12）连杆轴颈的直径标记如图 1-3-10 所示，尺寸级别如表 1-3-14 所示。

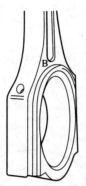

图 1-3-9　连杆大端孔尺寸标记

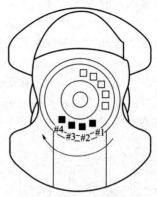

图 1-3-10　连杆轴颈直径标记

表 1-3-13　连杆大端孔径

等级	标记	直径/mm
A	A	51.000～51.006
B	B	51.006～51.012
C	C	51.012～51.018

表 1-3-14　曲轴连杆轴颈直径

等级	标记	连杆轴颈直径/mm
Ⅰ	1	47.966～47.972
Ⅱ	2	47.960～47.966
Ⅲ	3	47.954～47.960

（13）通过表1-3-15选择新的连杆轴承。

表 1-3-15　连杆轴承选配表

曲轴识别标记	连杆识别标记	连杆轴承装配等级
Ⅰ(1)	a(A)	D(黄色)
	b(B)	C(绿色)
	c(C)	B(无色)
Ⅱ(2)	a(A)	C(绿色)
	b(B)	B(无色)
	c(C)	A(黑色)
Ⅲ(3)	a(A)	B(无色)
	b(B)	A(黑色)
	c(C)	AA(蓝色)

（14）连杆轴承的尺寸级别如表1-3-16所示。

表 1-3-16　连杆轴承分级表

等级	标记	轴承厚度/mm
AA	蓝色	1.515～1.518
A	黑色	1.512～1.515
B	无色	1.509～1.512
C	绿色	1.506～1.509
D	黄色	1.503～1.506

3. 检查主轴承油膜间隙及更换主轴承

（1）拆卸主轴承盖和轴承。

（2）用干净的毛巾清洁主轴颈和轴承。

（3）将塑料规放在每一个主轴颈上。

（4）重新安装下轴承和盖，并拧紧螺栓。

规定扭矩：$14.7N \cdot m + 27.5 \sim 31.4N \cdot m + 120° \sim 125°$。

（5）再次拆卸盖和下轴承，测量塑料规的最宽部分。

标准油膜间隙：$0.020 \sim 0.038mm$。

（6）如果测量的塑料规太宽或太窄，拆卸上轴承并安装一个相同颜色代码的新轴承，再重新检查油膜间隙。

（7）如果间隙仍不正确，尝试更换更大或更小的轴承，重新检查油膜间隙。

（8）缸体主轴颈孔的尺寸标记如图 1-3-11 所示，尺寸级别如表 1-3-17 所示。

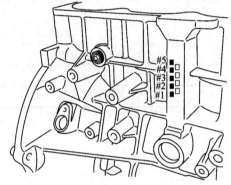

图 1-3-11 缸体主轴颈孔尺寸标记

表 1-3-17 缸体主轴颈孔尺寸分组

等级	标记	主轴颈孔内径/mm
a	A	$56.000 \sim 56.006$
b	B	$56.006 \sim 56.012$
c	C	$56.012 \sim 56.018$

（9）曲轴主轴颈的直径标记如图 1-3-12 所示，尺寸级别如表 1-3-18 所示。

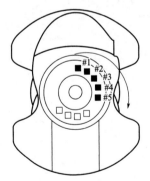

图 1-3-12 曲轴主轴颈直径标记

表 1-3-18 曲轴主轴颈直径分组

等级	标记	主轴颈直径/mm
Ⅰ	1	$51.954 \sim 51.960$
Ⅱ	2	$51.948 \sim 51.954$
Ⅲ	3	$51.942 \sim 51.948$

（10）通过表 1-3-19 选择新的主轴承。

表 1-3-19 主轴承选配表

曲轴识别标记	连杆识别标记	主轴承装配等级
Ⅰ(1)	a(A)	D(黄色)
	b(B)	C(绿色)
	c(C)	B(无色)

续表

曲轴识别标记	连杆识别标记	主轴承装配等级
Ⅱ(2)	a(A)	C(绿色)
	b(B)	B(无色)
	c(C)	A(黑色)
Ⅲ(3)	a(A)	B(无色)
	b(B)	A(黑色)
	c(C)	AA(蓝色)

(11) 主轴承的尺寸级别如表1-3-20所示。

表1-3-20　主轴承分级表

等级	标记	轴承厚度/mm
AA	蓝色	2.026～2.029
A	黑色	2.023～2.026
B	无色	2.020～2.023
C	绿色	2.017～2.020
D	黄色	2.014～2.017

三、起亚 K5/KX5/智跑（2.0L NU 发动机）

1. 检查气缸直径与活塞间隙

(1) 使用量缸表，在推力方向和轴向位置测量气缸内径。

标准直径：81.00～81.03mm。

(2) 在距离活塞顶面35mm位置测量活塞外径。

标准直径：80.97～81.00mm。

(3) 计算气缸内径和活塞外径的差值。

活塞至气缸的间隙：0.02～0.04mm。

2. 检查连杆轴承油膜间隙及更换连杆轴承

(1) 检查连杆和盖上的装配标记，以确保正确组装。

(2) 拧下2个连杆盖螺栓。

(3) 拆卸连杆盖和下轴承。

(4) 清洁连杆轴颈和轴承。

(5) 将塑料规横向放置在连杆轴颈上。

(6) 重新装配下轴承和盖，并拧紧螺栓。

规定扭矩：17.7～21.6N·m+88°～92°。

(7) 拆卸2个螺栓、连杆盖和轴承。

(8) 测量塑料规的最宽部分。

标准油膜间隙：0.028～0.046mm。

(9) 如果测量的塑料规太宽或太窄，拆卸上、下轴承并安装一个相同颜色代码的新轴承，再重新检查油膜间隙。

(10) 如果间隙仍不正确，使用下一个更大或更小的轴承，重新检查油膜间隙。

（11）连杆大端孔的尺寸标记如图 1-3-13 所示，尺寸级别如表 1-3-21 所示。

图 1-3-13 连杆大端孔尺寸标记

表 1-3-21 连杆大端孔径

等级	标记	直径/mm
0	A	48.000～48.006
1	B	48.006～48.012
2	C	48.012～48.018

（12）连杆轴颈的直径标记如图 1-3-14 所示，尺寸级别如表 1-3-22 所示。

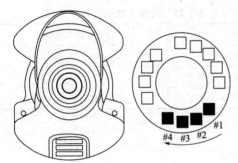

图 1-3-14 连杆轴颈直径标记

表 1-3-22 曲轴连杆轴颈直径

等级	标记	连杆轴颈直径/mm
I	1	44.966～44.972
II	2	44.960～44.966
III	3	44.954～44.960

（13）通过表 1-3-23 选择新的连杆轴承。

表 1-3-23 连杆轴承选配表

连杆轴承		连杆大端孔径级别		
		0（A）	1（B）	2（C）
连杆轴颈标记	I（1）	E（黄）	D（绿）	C（无）
	II（2）	D（绿）	C（无）	B（黑）
	III（3）	C（无）	B（黑）	A（蓝）

（14）连杆轴承的尺寸级别如表 1-3-24 所示。

表 1-3-24 连杆轴承分级表

等级	标记	轴承厚度/mm
A	蓝色	1.509～1.512
B	黑色	1.506～1.509
C	无色	1.503～1.506
D	绿色	1.500～1.503
E	黄色	1.497～1.503

3. 检查主轴承油膜间隙及更换主轴承

（1）拆卸下部曲轴箱和下部轴承。

（2）用干净的毛巾清洁主轴颈和轴承。

（3）将塑料规放在每一个主轴颈上。

（4）重新安装下部曲轴箱和下轴承，并拧紧主螺栓。

规定扭矩：27.5～31.4N·m＋120°～125°。

（5）再次拆卸下部曲轴箱和下轴承，测量塑料规的最宽部分。

标准油膜间隙：0.016～0.034mm。

（6）如果测量的塑料规太宽或太窄，拆卸上轴承和下轴承，然后安装一个相同颜色标记的新轴承，再重新检查油膜间隙。

（7）如果间隙仍不正确，尝试更换更大或更小的轴承，重新检查油膜间隙。

（8）缸体主轴颈孔的尺寸标记如图1-3-15所示，尺寸级别如表1-3-25所示。

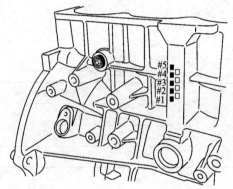

图1-3-15　缸体主轴颈孔尺寸标记

表 1-3-25　缸体主轴颈孔尺寸分组

等级	标记	主轴颈孔内径/mm
a	A	59.000～59.006
b	B	59.006～59.012
c	C	59.012～59.018

（9）曲轴主轴颈的直径标记如图1-3-16所示，尺寸级别如表1-3-26所示。

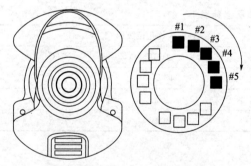

图1-3-16　曲轴主轴颈直径标记

表 1-3-26　曲轴主轴颈直径分组

等级	标记	主轴颈直径/mm
Ⅰ	1	54.954～54.960
Ⅱ	2	54.948～54.954
Ⅲ	3	54.942～54.948

（10）通过表1-3-27选择新的主轴承。

表 1-3-27　主轴承选配表

主轴承		缸体主轴颈孔标记		
		A	B	C
曲轴主轴颈标记	Ⅰ(1)	E(黄)	D(绿)	C(无)
	Ⅱ(2)	D(绿)	C(无)	B(黑)
	Ⅲ(3)	C(无)	B(黑)	A(蓝)

（11）主轴承的尺寸级别如表1-3-28所示。

表 1-3-28　主轴承分级表

标记	颜色	轴承厚度/mm
A	蓝色	2.021～2.024
B	黑色	2.018～2.021
C	无色	2.015～2.018
D	绿色	2.012～2.015
E	黄色	2.009～2.012

四、起亚智跑/索兰托（2.4L GDI）

1. 检查气缸直径与活塞间隙

（1）使用量缸表，在推力方向和轴向位置测量气缸内径。

标准直径：88.00～88.03mm。

（2）检查气缸体上的气缸内径尺寸代码，如图 1-3-17 所示。气缸内径尺寸如表 1-3-29 所示。

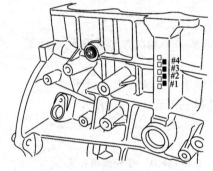

图 1-3-17　气缸内径尺寸代码

表 1-3-29　气缸内径尺寸分组

尺寸代码	缸径/mm
A	88.00～88.01
B	88.01～88.02
C	88.02～88.03

（3）检查活塞顶面的活塞尺寸代码，如图 1-3-18 所示。活塞外径尺寸如表 1-3-30 所示。

（4）依照气缸内径等级选择相应的活塞。

（5）如需测量活塞外径，应在距离活塞顶部 17mm 处测量。

标准直径：87.970～88.000mm。

（6）计算气缸内径和活塞外径的差值。

活塞至气缸的间隙：0.020～0.040mm。

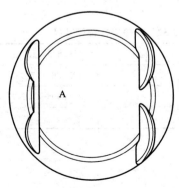

图 1-3-18　活塞尺寸代码

表 1-3-30　活塞外径尺寸分组

尺寸代码	活塞外径/mm
A	87.970～87.980
B	87.980～87.990
C	87.990～88.000

2. 检查连杆轴承油膜间隙及更换连杆轴承

（1）检查连杆和盖上的装配标记，以确保正确组装。

（2）拧下 2 个连杆盖螺栓。

（3）拆卸连杆盖和下轴承。

（4）清洁连杆轴颈和轴承。

（5）将塑料规横向放置在连杆轴颈上。

（6）重新装配下轴承和盖，并拧紧螺栓。

规定扭矩（两种类型，如图 1-3-19 所示）：

A 类型：17.7～21.6N·m+88°～92°。

B 类型：17.7～21.6N·m+78°～82°。

(a) A类型　　　　(b) B类型

图 1-3-19　轴承盖的两种类型

（7）拆卸 2 个螺栓、连杆盖和轴承。

（8）测量塑料规的最宽部分。

标准油膜间隙：0.033～0.051mm。

（9）如果测量的塑料规太宽或太窄，拆卸上轴承并安装一个相同颜色代码的新轴承，再重新检查油膜间隙。

（10）如果间隙仍不正确，使用下一个更大或更小的轴承，重新检查油膜间隙。

（11）连杆大端孔的尺寸标记如图 1-3-20 所示，尺寸级别如表 1-3-31 所示。

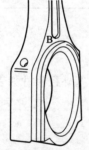

图 1-3-20　连杆大端孔尺寸标记

表 1-3-31　连杆大端孔径

等级	标记	直径/mm
A	A	51.000～51.006
B	B	51.006～51.012
C	C	51.012～51.018

（12）连杆轴颈的直径标记如图 1-3-21 所示，尺寸级别如表 1-3-32 所示。

图 1-3-21　连杆轴颈直径标记

表 1-3-32　曲轴连杆轴颈直径

等级	标记	连杆轴颈直径/mm
Ⅰ	1	47.966～47.972
Ⅱ	2	47.960～47.966
Ⅲ	3	47.954～47.960

（13）通过表 1-3-33 选择新的连杆轴承。

表 1-3-33　连杆轴承选配表

曲轴识别标记	连杆识别标记	连杆轴承装配等级
Ⅰ（1）	a（A）	D（黄色）
	b（B）	C（绿色）
	c（C）	B（无色）
Ⅱ（2）	a（A）	C（绿色）
	b（B）	B（无色）
	c（C）	A（黑色）
Ⅲ（3）	a（A）	B（无色）
	b（B）	A（黑色）
	c（C）	AA（蓝色）

（14）连杆轴承的尺寸级别如表 1-3-34 所示。

表 1-3-34　连杆轴承分级表

等级	标记	轴承厚度/mm
AA	蓝色	1.515～1.518
A	黑色	1.512～1.515
B	无色	1.509～1.512
C	绿色	1.506～1.509
D	黄色	1.503～1.506

3. 检查主轴承油膜间隙及更换主轴承

（1）拆卸主轴承盖和轴承。

（2）用干净的毛巾清洁主轴颈和轴承。

（3）将塑料规放在每一个主轴颈上。

（4）重新安装下轴承和盖，并拧紧螺栓。

规定扭矩：$14.7N \cdot m + 27.5 \sim 31.4N \cdot m + 120° \sim 125°$。

（5）再次拆卸盖和下轴承，测量塑料规的最宽部分。

标准油膜间隙：0.020～0.038mm。

（6）如果测量的塑料规太宽或太窄，拆卸上轴承并安装一个相同颜色代码的新轴承，再重新检查油膜间隙。

（7）如果间隙仍不正确，尝试更换更大或更小的轴承，重新检查油膜间隙。

（8）缸体主轴颈孔的尺寸标记如图 1-3-22 所示，尺寸级别如表 1-3-35 所示。

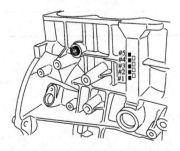

图 1-3-22　缸体主轴颈孔尺寸标记

表 1-3-35　缸体主轴颈孔尺寸分组

等级	标记	主轴颈孔内径/mm
A	A	56.000～56.006
B	B	56.006～56.012
C	C	56.012～56.018

（9）曲轴主轴颈的直径标记如图 1-3-23 所示，尺寸级别如表 1-3-36 所示。

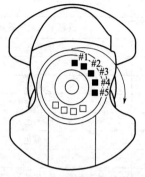

图 1-3-23　曲轴主轴颈直径标记

表 1-3-36　曲轴主轴颈直径分组

等级	标记	主轴颈直径/mm
Ⅰ	1	51.954～51.960
Ⅱ	2	51.948～51.954
Ⅲ	3	51.942～51.948

（10）通过表 1-3-37 选择新的主轴承。

表 1-3-37　主轴承选配表

曲轴识别标记	连杆识别标记	主轴承装配等级
Ⅰ（1）	a（A）	D（黄色）
	b（B）	C（绿色）
	c（C）	B（无色）
Ⅱ（2）	a（A）	C（绿色）
	b（B）	B（无色）
	c（C）	A（黑色）
Ⅲ（3）	a（A）	B（无色）
	b（B）	A（黑色）
	c（C）	AA（蓝色）

（11）主轴承的尺寸级别如表 1-3-38 所示。

表 1-3-38　主轴承分级表

等级	标记	轴承厚度/mm
AA	蓝色	2.026～2.029
A	黑色	2.023～2.026
B	无色	2.020～2.023
C	绿色	2.017～2.020
D	黄色	2.014～2.017

五、起亚赛拉图/现代伊兰特（1.6L G4ED）

1. 检查气缸直径与活塞间隙

（1）使用量缸表，在推力方向和轴向位置测量气缸内径。

标准直径：76.50～76.53mm。

（2）检查气缸体上的气缸内径尺寸代码，如图 1-3-24 所示。气缸内径尺寸如表 1-3-39

所示。

（3）检查活塞顶面上的活塞标记，如图 1-3-25 所示。活塞外径尺寸如表 1-3-40 所示。

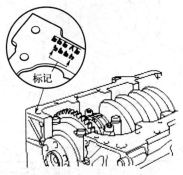

图 1-3-24　气缸内径尺寸代码

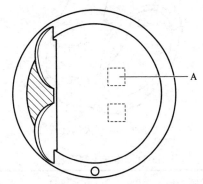

图 1-3-25　活塞标记

表 1-3-39　气缸内径尺寸分组

标记	气缸内径/mm
A	76.50～76.51
B	76.51～76.02
C	76.52～76.53

表 1-3-40　活塞外径尺寸分组

标记	活塞外径/mm
A	76.47～76.48
B	76.48～76.49
C	76.49～77.50

（4）依照气缸内径等级选择同级别的活塞。

（5）如需测量活塞外径，应在距离活塞顶部 39.15mm 处测量。

标准直径：76.47～76.50mm。

（6）计算气缸内径和活塞外径的差值。

活塞至气缸的间隙：0.02～0.04mm。

2. 检查连杆轴承油膜间隙及更换连杆轴承

（1）检查连杆和盖上的装配标记，以确保正确组装。

（2）拧下 2 个连杆盖螺栓。

（3）拆卸连杆盖和下轴承。

（4）清洁连杆轴颈和轴承。

（5）将塑料规横向放置在连杆轴颈上。

（6）重新装配下轴承和盖，并拧紧螺栓。不要重复使用螺栓。

规定扭矩：31.4～34.3N·m。

（7）拆卸 2 个螺栓、连杆盖和下轴承。

（8）测量塑料规的最宽部分。

标准油膜间隙：0.018～0.036mm。

（9）如果测量的塑料规太宽或太窄，拆卸上、下轴承并安装一个相同颜色代码的新轴承，再重新检查油膜间隙。

（10）如果间隙仍不正确，使用下一个更大或更小的轴承，重新检查油膜间隙。

（11）连杆大端孔的尺寸标记如图 1-3-26 所示，尺寸级别如表 1-3-41 所示。

（12）连杆轴颈的直径标记如图 1-3-27 所示，尺寸级别如表 1-3-42 所示。

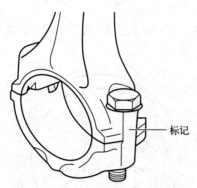

图 1-3-26　连杆大端孔尺寸标记

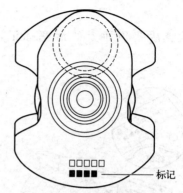

图 1-3-27　连杆轴颈直径标记

表 1-3-41　连杆大端孔径

等级	标记	直径/mm
a	A	48.000～48.006
b	B	48.006～48.012
c	C	48.012～48.018

表 1-3-42　曲轴连杆轴颈直径尺寸级别

等级	标记	连杆轴颈直径/mm
Ⅰ	A	44.966～44.972
Ⅱ	B	44.960～44.966
Ⅲ	C	44.954～44.960

（13）通过表 1-3-43 选择新的连杆轴承。

表 1-3-43　连杆轴承选配表

连杆轴承		连杆大端孔径级别		
		a(A)	b(B)	c(C)
连杆轴颈标记	Ⅰ（A）	D(黄)	C(绿)	B(无)
	Ⅱ（B）	C(绿)	B(无)	A(黑)
	Ⅲ（C）	B(无)	A(黑)	AA(蓝)

（14）连杆轴承的尺寸级别如表 1-3-44 所示。

表 1-3-44　连杆轴承分级表

标记	颜色	轴承厚度/mm
AA	蓝色	1.514～1.517
A	黑色	1.511～1.514
B	无色	1.508～1.511
C	绿色	1.505～1.508
D	黄色	1.502～1.505

3. 检查主轴承油膜间隙及更换主轴承

（1）拆卸主轴承盖和下轴承。

（2）用干净的毛巾清洁主轴颈和下轴承。

（3）将塑料规放在每一个主轴颈上。

（4）重新安装下轴承和盖，并拧紧螺栓。

规定扭矩：53.9～58.8N·m。

（5）再次拆卸盖和下轴承，测量塑料规的最宽部分。

规定油膜间隙（No.1，2，4，5）：0.022～0.040mm。

规定油膜间隙（No.3）：0.028～0.046mm。

（6）如果测量的塑料规太宽或太窄，拆卸上、下轴承并安装一个相同颜色代码的新轴承，再重新检查油膜间隙。

（7）如果间隙仍不正确，尝试更换更大或更小的轴承，重新检查油膜间隙。

（8）缸体主轴颈孔的尺寸标记如图1-3-28所示（印在气缸体末端的5个字母），尺寸级别如表1-3-45所示。

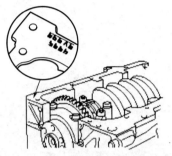

图1-3-28 缸体主轴颈孔尺寸标记

表1-3-45 缸体主轴颈孔尺寸分组

等级	标记	主轴颈孔内径/mm
a	A	54.000～54.006
b	B	54.006～54.012
c	C	54.012～54.018

（9）曲轴主轴颈的直径标记如图1-3-29所示，尺寸级别如表1-3-46所示。

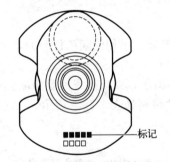

图1-3-29 曲轴主轴颈直径标记

表1-3-46 曲轴主轴颈直径分组

等级	标记	连杆轴颈直径/mm
I	A	49.962～49.968
II	B	49.956～49.962
III	C	49.950～49.956

（10）通过表1-3-47选择新的主轴承。

表1-3-47 主轴承选配表

主轴承		缸体主轴颈孔标记		
		a(A)	b(B)	c(C)
曲轴主轴颈标记	I（A）	D(黄)	C(绿)	B(无)
	II（B）	C(绿)	B(无)	A(黑)
	III（C）	B(无)	A(黑)	AA(蓝)

（11）主轴承的尺寸级别如表1-3-48所示。

表1-3-48 主轴承分级表

标记	颜色	轴承厚度/mm	
		No.1,2,4,5	No.3
AA	蓝色	2.014～2.017	2.011～2.014
A	黑色	2.011～2.014	2.008～2.011

续表

标记	颜色	轴承厚度/mm	
		No.1,2,4,5	No.3
B	无色	2.008~2.011	2.005~2.008
C	绿色	2.005~2.008	2.002~2.005
D	黄色	2.002~2.005	1.999~2.002

六、起亚 KX7/现代胜达（2.0T G4KH）

1. 检查连杆轴承油膜间隙及更换连杆轴承

（1）检查连杆和盖上的装配标记，以确保正确组装。

（2）拧下 2 个连杆盖螺栓。

（3）拆卸连杆盖和下轴承。

（4）清洁连杆轴颈和轴承。

（5）将塑料规横向放置在连杆轴颈上。

（6）重新装配下轴承和盖，并拧紧螺栓。

规定扭矩：17.7~21.6N·m＋78°~82°。

（7）拆卸 2 个螺栓、连杆盖和轴承。

（8）测量塑料规的最宽部分。

标准油膜间隙：0.031~0.045mm。

（9）如果测量的塑料规太宽或太窄，拆卸上轴承并安装一个相同颜色代码的新轴承，再重新检查油膜间隙。

（10）如果间隙仍不正确，使用下一个更大或更小的轴承，重新检查油膜间隙。

（11）连杆大端孔的尺寸标记如图 1-3-30 所示，尺寸级别如表 1-3-49 所示。

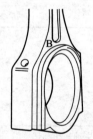

图 1-3-30　连杆大端孔尺寸标记

表 1-3-49　连杆大端孔径

等级	标记	直径/mm
A	A	51.000~51.006
B	B	51.006~51.012
C	C	51.012~51.018

（12）连杆轴颈的直径标记如图 1-3-31 所示，尺寸级别如表 1-3-50 所示。

图 1-3-31　连杆轴颈直径标记

表 1-3-50　曲轴连杆轴颈直径

等级	标记	连杆轴颈直径/mm
I	1	47.966~47.972
II	2	47.960~47.966
III	3	47.954~47.960

（13）通过表1-3-51选择新的连杆轴承。

表1-3-51 连杆轴承选配表

曲轴识别标记	连杆识别标记	连杆轴承装配等级
Ⅰ（1）	a（A）	D（黄色）
	b（B）	C（绿色）
	c（C）	B（无色）
Ⅱ（2）	a（A）	C（绿色）
	b（B）	B（无色）
	c（C）	A（黑色）
Ⅲ（3）	a（A）	B（无色）
	b（B）	A（黑色）
	c（C）	AA（蓝色）

（14）连杆轴承的尺寸级别如表1-3-52所示。

表1-3-52 连杆轴承分级表

等级	标记	轴承厚度/mm
AA	蓝色	1.515～1.518
A	黑色	1.512～1.515
B	无色	1.509～1.512
C	绿色	1.506～1.509
D	黄色	1.503～1.506

2. 检查主轴承油膜间隙及更换主轴承

（1）拆卸主轴承盖和轴承。

（2）用干净的毛巾清洁主轴颈和轴承。

（3）将塑料规放在每一个主轴颈上。

（4）重新安装下轴承和盖，并拧紧螺栓。

规定扭矩：14.7N·m＋27.5～31.4N·m＋120°～125°。

（5）再次拆卸盖和下轴承，测量塑料规的最宽部分。

标准油膜间隙：0.020～0.038mm。

（6）如果测量的塑料规太宽或太窄，拆卸上轴承并安装一个相同颜色代码的新轴承，再重新检查油膜间隙。

（7）如果间隙仍不正确，尝试更换更大或更小的轴承，重新检查油膜间隙。

（8）缸体主轴颈孔的尺寸标记如图1-3-32所示，尺寸级别如表1-3-53所示。

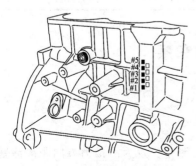

图1-3-32 缸体主轴颈孔尺寸标记

表1-3-53 缸体主轴颈孔尺寸分组

等级	标记	主轴颈孔内径/mm
A	A	56.000～56.006
B	B	56.006～56.012
C	C	56.012～56.018

（9）曲轴主轴颈的直径标记如图 1-3-33 所示，尺寸级别如表 1-3-54 所示。

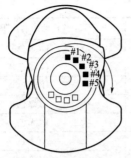

图 1-3-33　曲轴主轴颈直径标记

表 1-3-54　曲轴主轴颈直径分组

等级	标记	主轴颈直径/mm
Ⅰ	1	51.954～51.960
Ⅱ	2	51.948～51.954
Ⅲ	3	51.942～51.948

（10）通过表 1-3-55 选择新的主轴承。

表 1-3-55　主轴承选配表

曲轴识别标记	缸体识别标记	主轴承装配等级
Ⅰ(1)	a(A)	D(黄色)
	b(B)	C(绿色)
	c(C)	B(无色)
Ⅱ(2)	a(A)	C(绿色)
	b(B)	B(无色)
	c(C)	A(黑色)
Ⅲ(3)	a(A)	B(无色)
	b(B)	A(黑色)
	c(C)	AA(蓝色)

（11）主轴承的尺寸级别如表 1-3-56 所示。

表 1-3-56　主轴承分级表

等级	标记	轴承厚度/mm
AA	蓝色	2.026～2.029
A	黑色	2.023～2.026
B	无色	2.020～2.023
C	绿色	2.017～2.020
D	黄色	2.014～2.017

第四节　马自达车系

一、昂克赛拉（1.5L SKYACTIV-G 1.5）

1. 检查气缸直径与活塞间隙

（1）使用测微计测量活塞外径，如图 1-4-1 所示。测量位置为沿推力方向距离活塞下端 8.0mm 的位置（活塞裙部没有涂层的区域）。

标准活塞外径：74.467～74.497mm。

如果不在规定范围内，则更换活塞。

（2）使用缸径量规测量气缸内径。如图 1-4-2 所示，测量位置在气缸顶面以下 43.9mm 的一点处的 X 和 Y 方向。

标准气缸内径：74.500～74.530mm。

如果不在规格范围内，则应更换气缸体。

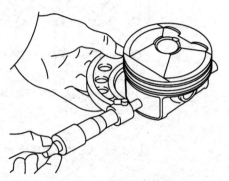

图 1-4-1　测量活塞外径

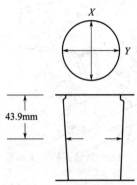

图 1-4-2　测量气缸内径

（3）利用气缸内径和活塞外径计算活塞与气缸之间的间隙。

活塞与气缸之间的标准间隙：0.023～0.043mm。

活塞与气缸之间的最大间隙：0.062mm。

如果间隙超过最大规格值，更换活塞或气缸体。

2. 检查连杆轴颈油膜间隙

（1）将间隙规切割到与连杆轴承相同的宽度，把它放置在与曲轴平行的位置，同时远离油孔。

（2）安装下连杆轴承和连杆盖，并将螺栓拧紧至规定扭矩。

拧紧扭矩：23～26N·m＋85°～95°。

（3）拆下连杆轴瓦盖。

（4）测量连杆轴颈油隙，如图 1-4-3 所示。

如果超出最大规格值，则应更换轴承或打磨曲柄销，并使用加大规格的轴承，从而确保得到规定的间隙。

标准油膜间隙：0.026～0.052mm。

最大油膜间隙：0.10mm。

连杆轴承尺寸：

标准：1.498～1.517mm。

加大 0.25：1.623～1.626mm。

加大 0.50：1.748～1.751mm。

标准曲柄销直径：42.980～43.000mm。

3. 检查主轴颈油膜间隙

（1）安装止推轴承、上主轴承和曲轴。

（2）在轴颈上放置一个间隙规。

（3）安装下主轴承和下气缸体。

（4）按照如下步骤拧紧下气缸体安装螺栓：

① 将干净的机油涂抹在底座面和下气缸体安装螺栓 A 的螺纹上。

② 按照如下步骤和图 1-4-4 所示的顺序拧紧下气缸体的安装螺栓 A：

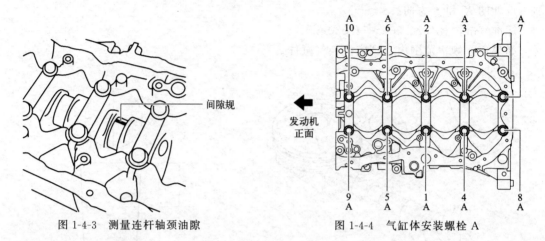

图 1-4-3　测量连杆轴颈油隙

图 1-4-4　气缸体安装螺栓 A

步骤 1：38～42N·m。

步骤 2：松开所有螺栓。

步骤 3：24～28N·m。

步骤 4：57.5°～62.5°。

③ 按照图 1-4-5 所示的顺序拧紧下气缸体的安装螺栓 B。

拧紧扭矩：19～25N·m。

（5）拆掉下气缸体。

（6）测量主轴颈油膜间隙，如图 1-4-6 所示。

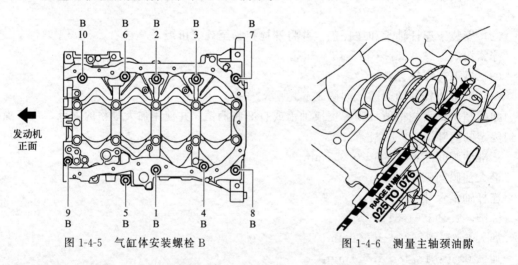

图 1-4-5　气缸体安装螺栓 B

图 1-4-6　测量主轴颈油隙

如果超出最大规格值，则应更换主轴承或打磨主轴颈，并使用加大规格的轴承，从而确保得到规定的油膜间隙。

标准主轴颈油膜间隙：0.016～0.039mm。

最大主轴颈油膜间隙：0.084mm。

主轴承尺寸：

标准：2.489～2.510mm。

加大 0.25：2.614～2.617mm。

加大 0.50：2.739～2.742mm。

标准主轴颈直径：42.980～43.000mm。

二、昂克赛拉/阿特兹/CX-4/CX-5（2.0L SKYACTIV-G 2.0）

1. 检查气缸直径与活塞间隙

（1）使用测微计测量活塞外径，如图 1-4-7 所示。测量位置为沿推力方向距离活塞下端 8.0mm 的位置（活塞裙部没有涂层的区域）。

标准活塞外径：83.465～83.495mm。

如果不在规定范围内，则更换活塞。

（2）使用缸径量规测量气缸内径。如图 1-4-8 所示，测量位置在气缸顶面以下 43.9mm 的一点处的 X 和 Y 方向。

标准气缸内径：83.500～83.530mm。

如果不在规格范围内，则应更换气缸体。

（3）利用气缸内径和活塞外径计算活塞与气缸之间的间隙。

活塞与气缸之间的标准间隙：0.025～0.045mm。

活塞与气缸之间的最大间隙：0.063mm。

如果间隙超过最大规格值，更换活塞或气缸体。

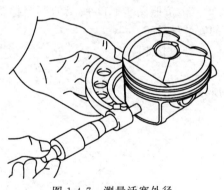

图 1-4-7　测量活塞外径

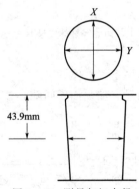

图 1-4-8　测量气缸内径

2. 检查连杆轴颈油膜间隙

（1）将间隙规切割到与连杆轴承相同的宽度，把它放置在与曲轴平行的位置，同时远离油孔。

（2）安装下连杆轴承和连杆盖，并将螺栓拧紧至规定扭矩。

拧紧扭矩：26～32N·m+80°～100°。

（3）拆下连杆轴瓦盖。

（4）测量连杆轴颈油隙，如图 1-4-9 所示。

如果超出最大规格值，则应更换轴承或打磨曲柄销，并使用加大规格的轴承，从而确保得到规定的间隙。

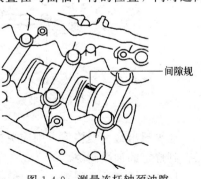

图 1-4-9　测量连杆轴颈油隙

标准油膜间隙：0.026～0.052mm。

最大油膜间隙：0.10mm。

连杆轴承尺寸：

标准：1.503～1.520mm。

加大0.25：1.628～1.631mm。

加大0.50：1.753～1.756mm。

标准曲柄销直径：46.980～50.000mm。

3. 检查主轴颈油膜间隙

（1）安装止推轴承、上主轴承和曲轴。

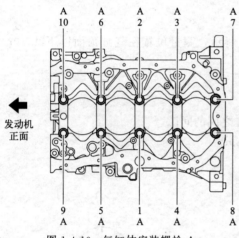

图1-4-10　气缸体安装螺栓A

（2）在轴颈上放置一个间隙规。

（3）安装下主轴承和下气缸体。

（4）按照如下步骤拧紧下气缸体安装螺栓：

① 将干净的机油涂抹在底座面和下气缸体安装螺栓A的螺纹上。

② 按照如下步骤和图1-4-10所示的顺序拧紧下气缸体的安装螺栓A：

步骤1：38～42N·m。

步骤2：松开所有螺栓。

步骤3：24～28N·m。

步骤4：57.5°～62.5°。

③ 按照图1-4-11所示的顺序拧紧下气缸体的安装螺栓B。

拧紧扭矩：19～25N·m。

（5）拆掉下气缸体。

（6）测量主轴颈油膜间隙，如图1-4-12所示。

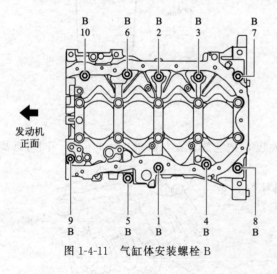

图1-4-11　气缸体安装螺栓B

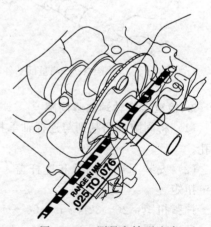

图1-4-12　测量主轴颈油隙

如果超出最大规格值，则应更换主轴承或打磨主轴颈，并使用加大规格的轴承，从而确保得到规定的油膜间隙。

标准主轴颈油膜间隙：0.016～0.039mm。

最大主轴颈油膜间隙：0.084mm。

主轴承尺寸：

标准：2.489～2.510mm。

加大0.25：2.614～2.617mm。

加大0.50：2.739～2.742mm。

标准主轴颈直径：46.980～47.000mm。

三、阿特兹/CX-4/CX-5（2.5L SKYACTIV-G 2.5）

1. 检查气缸直径与活塞间隙

（1）使用测微计测量活塞外径，如图1-4-13所示。测量位置为沿推力方向距离活塞下端8.0mm的位置（活塞裙部没有涂层的区域）。

标准活塞外径：88.965～88.995mm。

如果不在规定范围内，则更换活塞。

（2）使用缸径量规测量气缸内径。如图1-4-14所示，测量位置在气缸顶面以下43.9mm的一点处的 X 和 Y 方向。

标准气缸内径：89.000～89.030mm。

如果不在规格范围内，则应更换气缸体。

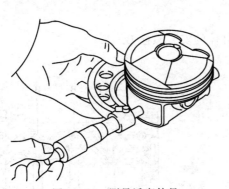

图1-4-13　测量活塞外径

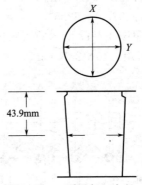

图1-4-14　测量气缸内径

（3）利用气缸内径和活塞外径计算活塞与气缸之间的间隙。

活塞与气缸之间的标准间隙：0.025～0.045mm。

活塞与气缸之间的最大间隙：0.066mm。

如果间隙超过最大规格值，更换活塞或气缸体。

2. 检查连杆轴颈油膜间隙

（1）将间隙规切割到与连杆轴承相同的宽度，把它放置在与曲轴平行的位置，同时远离油孔。

（2）安装下连杆轴承和连杆盖，并将螺栓拧紧至规定扭矩。

拧紧步骤扭矩：26～32N·m+80°～100°。

（3）拆下连杆轴瓦盖。

（4）测量连杆轴颈油隙，如图1-4-15所示。

如果超出最大规格值，则应更换轴承或打磨曲

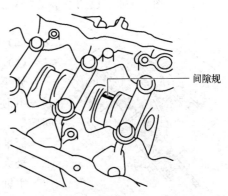

间隙规

图1-4-15　测量连杆轴颈油隙

柄销，并使用加大规格的轴承，从而确保得到规定的间隙。

标准油膜间隙：0.026～0.052mm。

最大油膜间隙：0.10mm。

连杆轴承尺寸：

标准：1.502～1.519mm。

加大0.25：1.628～1.631mm。

加大0.50：1.753～1.756mm。

标准曲柄销直径：49.980～50.000mm。

3. 检查主轴颈油膜间隙

（1）安装止推轴承、上主轴承和曲轴。

（2）在轴颈上放置一个间隙规。

（3）安装下主轴承和下气缸体。

（4）按照如下步骤拧紧下气缸体安装螺栓：

① 将干净的机油涂抹在底座面和下气缸体安装螺栓A的螺纹上。

② 按照如下步骤和图1-4-16所示的顺序拧紧下气缸体的安装螺栓A：

步骤1：38～42N·m。

步骤2：松开所有螺栓。

步骤3：30～34N·m。

步骤4：57.5°～62.5°。

③ 按照图1-4-17所示的顺序拧紧下气缸体的安装螺栓B。

拧紧扭矩：19～25N·m。

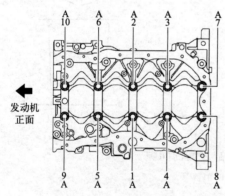

图1-4-16　气缸体安装螺栓A

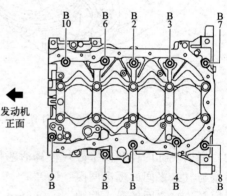

图1-4-17　气缸体安装螺栓B

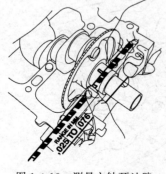

图1-4-18　测量主轴颈油隙

（5）拆掉下气缸体。

（6）测量主轴颈油膜间隙，如图1-4-18所示。

如果超出最大规格值，则应更换主轴承或打磨主轴颈，并使用加大规格的轴承，从而确保得到规定的油膜间隙。

标准主轴颈油膜间隙：0.016～0.039mm。

最大主轴颈油膜间隙：0.084mm。

主轴承尺寸：

标准：2.489～2.510mm。

加大 0.25：2.614～2.617mm。

加大 0.50：2.739～2.742mm。

标准主轴颈直径：49.980～50.000mm。

四、马自达 6/睿翼/马自达 8/CX-7（2.0L LF/LFX/2.3L L3/2.5L L5）

1. 检查气缸直径与活塞间隙

（1）使用缸径量规测量气缸内径。如图 1-4-19 所示，测量位置在气缸顶面以下 42mm 的一点处的 X 和 Y 方向。

标准气缸内径：

LF、L3：87.500～87.530mm。

L5：89.000～89.030mm。

最小/最大气缸内径：

LF、L3：87.440～87.590mm。

L5：88.940～89.090mm。

如果不在规格范围内，则应更换气缸体。

（2）使用测微计测量活塞外径。如图 1-4-20 所示，在活塞销的 90°、活塞底部 10.0mm 以上的位置测量各活塞的外径。

标准活塞外径：

LF、L3：87.465～87.495mm。

L5：88.965～88.995mm。

半浮式活塞：如超出规定值，将活塞、活塞销、活塞环和连杆作为一个整体更换。

全浮式活塞：如超出规定值，将活塞、活塞销和卡环作为一个整体更换。

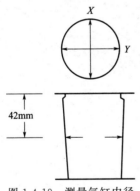

图 1-4-19　测量气缸内径

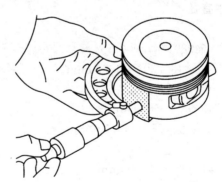

图 1-4-20　测量活塞外径

（3）利用气缸内径和活塞外径计算活塞与气缸之间的间隙。

活塞与气缸之间的标准间隙：0.025～0.045mm。

活塞与气缸之间的最大间隙：0.11mm。

半浮式活塞：如超出规定值，将活塞、活塞销、活塞环和连杆作为一个整体更换。

全浮式活塞：如超出规定值，将活塞、活塞销和卡环作为一个整体更换。

2. 检查连杆轴颈油膜间隙

（1）将间隙规切割到与连杆轴承相同的宽度，把它放置在与曲轴平行的位置，同时远离油孔。

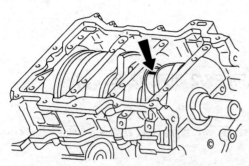

图 1-4-21 测量连杆轴颈油隙

连杆轴承尺寸：

LF

标准：1.498～1.522mm。

加大 0.25：1.623～1.629mm。

加大 0.50：1.748～1.754mm。

L3

标准：1.496～1.520mm。

加大 0.25：1.621～1.627mm。

加大 0.50：1.746～1.752mm。

L5

标准：1.497～1.521mm。

加大 0.25：1.622～1.628mm。

加大 0.50：1.747～1.753mm。

曲柄销直径：

LF

标准：46.980～47.000mm。

减小 0.25：46.730～46.750mm。

L3

标准：49.980～50.000mm。

减小 0.25：49.730～49.750mm。

L5

标准：51.980～52.000mm。

减小 0.25：51.730～51.750mm。

3. 检查主轴颈油膜间隙

（1）安装止推轴承、上主轴承和曲轴。

（2）在主轴颈上放置一个间隙规。

（3）安装主轴承盖。

（4）按照如下步骤拧紧主轴承盖螺栓：

塑性变形紧固螺栓（螺栓杆长度 110mm）：

① 43～47N·m。

② 175°～185°。

弹性区紧固螺栓（栓杆长度 104mm）：

（2）安装下连杆轴承和连杆盖，并将螺栓拧紧至规定扭矩。

拧紧扭矩：26～32N·m＋80°～100°。

（3）拆下连杆轴瓦盖。

（4）测量连杆轴颈油隙，如图 1-4-21 所示。

如果超出最大规格值，则应更换轴承或研磨曲柄销，并使用加大规格的轴承，从而确保得到规定的间隙。

标准油膜间隙：0.014～0.036mm。

最大油膜间隙：0.10mm。

① 在所有螺栓上涂上发动机油。

② 3～7N·m。

③ 23～27N·m。

④ 38～42N·m。

⑤ 拧松全部螺栓。

⑥ 3～7N·m。

⑦ 18～22N·m。

⑧ 87.5°～92.5°。

（5）拆下主轴承盖。

（6）测量主轴颈油膜间隙，如图 1-4-22 所示。

如果超出最大规格值，则应更换主轴承或研磨主轴颈，并使用加大规格的轴承，从而确保得到规定的油膜间隙。

标准主轴颈油膜间隙：0.016～0.039mm。

最大主轴颈油膜间隙：0.10mm。

上主轴承尺寸：

标准：2.501～2.522mm。

加大 0.25：2.623～2.629mm。

加大 0.50：2.748～2.754mm。

下主轴承尺寸：

标准：2.501～2.529mm。

加大 0.25：2.624～2.630mm。

加大 0.50：2.749～2.755mm。

主轴颈直径：

标准：51.980～52.000mm。

减小 0.25：51.730～51.750mm。

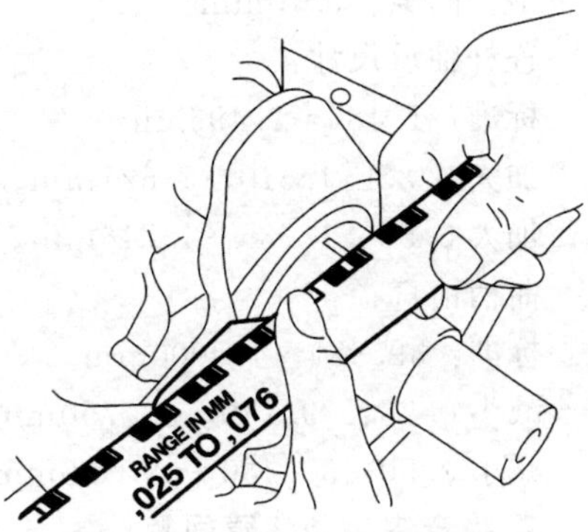

图 1-4-22　测量主轴颈油膜间隙

五、海马福美来（1.6L HM474Q-C）

1. 检查气缸直径与活塞间隙

（1）用内径千分表在气缸顶面下 60mm 处的 X 和 Y 方向测量气缸内径。

标准气缸内径：74.800～74.815mm。

加大 0.25 尺寸：75.050～75.065mm。

加大 0.50 尺寸：75.300～75.315mm。

如果气缸内径超过了磨损极限，更换缸体或重镗气缸，并安装加大尺寸的活塞使之符合标准活塞与气缸的间隙。

（2）在与活塞销垂直方向和油环环槽下沿以下 19.38mm 处测量活塞的直径。

标准活塞外径：74.775～74.785mm。

加大 0.25 尺寸：75.025～75.035mm。

如果不在规定范围内，则更换活塞。

（3）利用气缸内径和活塞外径计算活塞与气缸之间的间隙。

标准间隙：0.015～0.040mm。

最大间隙：0.10mm。

2. 检查连杆轴颈油膜间隙

（1）擦去连杆轴颈和轴承座内表面上所有的机油。

（2）把塑料间隙规切至与轴承宽度相匹配，然后将其放在轴颈上，并与其轴线平行。

（3）安装连杆盖，并将螺栓拧紧至规定扭矩。

拧紧扭矩：13～17N·m+90°～94°。

（4）拆下连杆盖螺栓，慢慢取下连杆盖。

（5）用塑料间隙规的标尺，测量塑料间隙规被挤压部分的最宽点。由此得出连杆轴颈间隙。如果间隙超过最大值，更换连杆轴瓦或研磨曲柄销，并使用适应减小曲柄销尺寸的轴瓦以适合标准间隙。

标准间隙：0.014～0.058mm。

最大间隙：0.10mm。

连杆轴承尺寸：

标准：1.485～1.496mm。

加大0.25：1.610～1.621mm。

加大0.50：1.735～1.746mm。

曲柄销直径：

标准：39.980～40.000mm。

减小0.25：39.730～39.750mm。

减小0.50：39.480～39.500mm。

3. 检查主轴颈油膜间隙

（1）擦净曲轴主轴颈和轴承座内表面的机油。

（2）把塑料间隙规切成与轴承宽度相匹配，然后将其放在轴颈上，并与其轴线平行。

（3）安装主轴承盖，并将螺栓拧紧至规定扭矩。

拧紧扭矩：33～35N·m+60°～64°。

（4）拆下主轴承盖螺栓，慢慢取下主轴承盖。

（5）用塑料间隙规的标尺，测量塑料间隙规被挤压部分的最宽点。

标准主轴颈油膜间隙：0.018～0.036mm。

最大主轴颈油膜间隙：0.10mm。

主轴承上瓦厚度：

标准：1.976～1.991mm。

加大0.25：2.101～2.116mm。

主轴承下瓦厚度：

标准：1.971～1.996mm。

加大0.25：2.096～2.121mm。

主轴颈直径：

标准：46.004～46.029mm。

减小0.25：45.754～45.799mm。

六、海马 M3/M6/S5（1.5L GN15-VF/1.5T GN15-TF/1.6L GN16-VF）

1. 检查气缸直径与活塞间隙

（1）用内径千分表在气缸顶面下 60mm 处的 X 和 Y 方向测量气缸内径。

标准气缸内径：74.800～74.815mm。

　　如果气缸内径超过了磨损极限，则更换缸体，并安装对应的活塞使之符合标准活塞与气缸的间隙。

　　（2）在与活塞销垂直方向和油环环槽下沿以下 19.38mm 处测量活塞的直径。

　　GN16-VF 标准活塞直径：74.78～74.79mm。

　　GN15-VF/TF 标准活塞直径：74.76～74.78mm。

　　如果不在规定范围内，则更换活塞。

　　（3）利用气缸内径和活塞直径计算活塞与气缸之间的间隙。

　　GN16-VF 标准间隙：0.010～0.035mm。

　　GN15-VF/TF 标准间隙：0.013～0.042mm。

　　最大间隙：0.10mm。

2. 检查连杆轴颈油膜间隙

　　（1）擦去连杆轴颈和轴承座内表面上所有的机油。

　　（2）把塑料间隙规切成与轴承宽度相匹配，然后将其放在轴颈上，并与其轴线平行。

　　（3）安装连杆盖，并将螺栓拧紧至规定扭矩。

　　拧紧扭矩：13～17N·m＋90°～94°。

　　（4）拆下连杆盖螺栓，慢慢取下连杆盖。

　　（5）如图 1-4-23 所示，用塑料间隙规的标尺测量塑料间隙规被挤压部分的最宽点，由此得出连杆轴颈间隙。如果间隙超过最大值，更换连杆轴瓦以保证标准间隙。

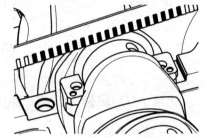

　　GN16-VF 标准间隙：0.024～0.056mm。

　　GN15-VF/TF 标准间隙：0.014～0.058mm。

　　最大间隙：0.10mm。

　　GN16-VF 标准连杆轴承尺寸：1.485～1.496mm。

　　GN15-VF/TF 标准连杆轴承尺寸：1.483～1.494mm。

　　GN16-VF 标准曲柄销直径：39.980～40.000mm。

图 1-4-23　测量连杆轴颈间隙

　　GN15-VF/TF 标准曲柄销直径：43.979～44.000mm。

3. 检查主轴颈油膜间隙

　　（1）擦净曲轴主轴颈和轴承座内表面的机油。

　　（2）把塑料间隙规切成与轴承宽度相匹配，然后将其放在轴颈上，并与其轴线平行。

　　（3）安装主轴承盖，并将螺栓拧紧至规定扭矩。

　　拧紧扭矩：33～37N·m＋60°～64°。

　　GN15-VF/TF 拧紧扭矩：33～37N·m＋60°～64°。

　　（4）拆下主轴承盖螺栓，慢慢取下主轴承盖。

　　（5）用塑料间隙规的标尺，测量塑料间隙规被挤压部分的最宽点。

　　GN16-VF 标准间隙：0.014～0.034mm。

　　GN15-VF/TF 标准间隙：0.018～0.036mm。

　　最大间隙：0.10mm。

　　GN16-VF 标准主轴颈直径：46.004～46.029mm。

　　GN15-VF/TF 标准主轴颈直径：45.982～46.000mm。

4. 连杆轴瓦与主轴瓦的选配

　　GN15-TF 发动机连杆轴瓦的选配如表 1-4-1 所示。

表 1-4-1 曲轴连杆轴瓦选配表

曲轴销直径/mm	连杆轴瓦颜色	连杆轴瓦厚度/mm
43.979~43.986	蓝色	1.489~1.494
43.986~43.993	黄色	1.486~1.491
43.993~44.000	红色	1.483~1.488

GN15-TF 发动机主轴瓦的选配如表 1-4-2 所示。

表 1-4-2 曲轴主轴瓦选配表

主轴瓦		曲轴主轴颈直径/mm		
		1:45.994~46.000	2:45.988~45.994	3:45.982~45.988
缸体主轴承孔径/mm	1:50.000~50.006	1#瓦厚 1.988~1.991	2#瓦厚 1.991~1.994	3#瓦厚 1.994~1.997
	2:50.006~50.012	2#瓦厚 1.991~1.994	3#瓦厚 1.994~1.997	4#瓦厚 1.997~2.000
	3:50.012~50.018	3#瓦厚 1.994~1.997	4#瓦厚 1.997~2.000	5#瓦厚 2.000~2.003

第五节 三菱车系

一、劲炫 ASX/翼神（1.6L 4A92）

1. 连杆轴承的选配

（1）连杆轴承的侧面用油漆进行颜色代码标记。按表 1-5-1 选择连杆轴承。

表 1-5-1 连杆轴承选配表

连杆轴承上轴瓦	连杆轴承下轴瓦
蓝色	红色
红色	蓝色
黑色	黑色

（2）如果选择了蓝色上轴瓦，下轴瓦一定是红色的。

（3）将选择的轴承安装在连杆大端和轴承盖上。

2. 连杆轴颈油膜间隙的检查

（1）擦去曲轴连杆轴颈和连杆轴承处的机油。

（2）如图 1-5-1 所示，将长度与轴承宽度相同的塑料测隙条整齐地放到曲柄销上，使其与轴的中心对齐。

（3）小心地在塑料测隙条上方安装连杆盖，并且拧紧螺栓至 (14.7 ± 2)N·m$+(90°\sim94°)$。

（4）拆下螺栓，慢慢地拆掉连杆盖。

（5）如图 1-5-2 所示，使用印在塑料测隙条材料包装上的量规，测量塑料测隙条被压最宽的部分。

标准值：0.026～0.064mm。极限值：0.1mm。

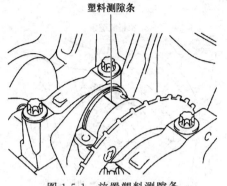

图 1-5-1　放置塑料测隙条

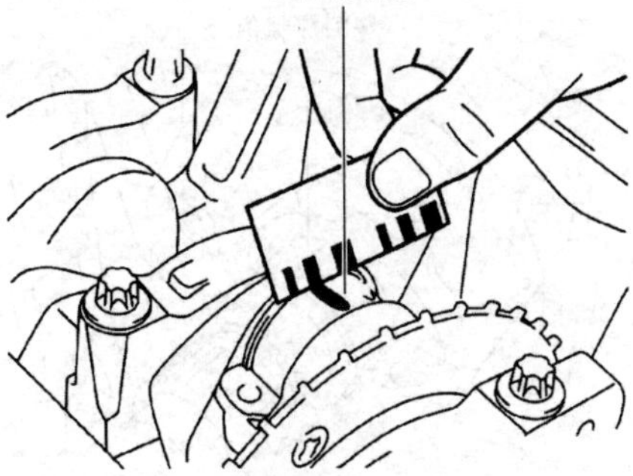

图 1-5-2　测量连杆轴颈油膜间隙

3. 曲轴主轴承的选配

（1）依据气缸体右侧面的识别标记（图 1-5-3）和表 1-5-2 选择主轴承上瓦。

（2）依据曲轴后端的识别标记（图 1-5-4）和表 1-5-3 选择主轴承下瓦。

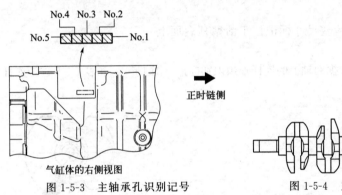

图 1-5-3　主轴承孔识别记号

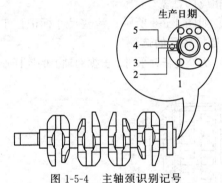

图 1-5-4　主轴颈识别记号

表 1-5-2　主轴承上瓦选配表

主轴承孔识别标记	主轴承孔直径/mm	主轴承识别颜色
1	50.000～50.005	绿色
2	50.005～50.010	黑色
3	50.010～50.015	红色

表 1-5-3　主轴承下瓦选配表

主轴颈识别标记	主轴颈直径/mm	主轴承识别颜色
1 或 P	46.024～46.029	绿色
2 或 Y	46.019～46.024	黑色
3 或 N	46.014～46.019	红色
4 或 W	46.009～46.014	白色
5 或 B	46.004～46.009	紫色

4. 主轴颈油膜间隙的检查

（1）擦去曲轴轴颈表面和轴承内表面的机油。

（2）安装曲轴。

（3）如图 1-5-5 所示，将长度与轴承宽度相同的塑料测隙条整齐地放到主轴颈上，使其与轴的中心对齐。

（4）小心放置主轴承盖，并且拧紧螺栓至（35±2）N·m+60°～64°。

（5）小心拆下螺栓和主轴承盖。

（6）如图 1-5-6 所示，使用印在塑料测隙条材料包装上的量规，测量塑料测隙条被压宽的宽度（最宽的部分）。

标准值：0.023～0.043mm。极限值：0.1mm。

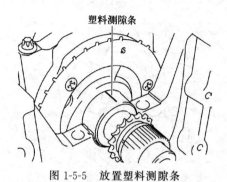

图 1-5-5　放置塑料测隙条　　　　　图 1-5-6　测量主轴颈油膜间隙

二、翼神/劲炫 ASX/翼神/LANCER（2.0L 4B11/2.4L 4B12）

1. 活塞的选配

（1）更换活塞时，检查印在气缸体如图 1-5-7 所示位置上的缸径尺寸标记，并从表 1-5-4 中选择相应的活塞。

（2）如图 1-5-8 所示，活塞尺寸标记位于活塞顶表面上。

2. 连杆轴承的选配

（1）更换连杆轴承时，根据曲轴上的连杆轴颈识别标记（图 1-5-9）和表 1-5-5 选择连杆轴承。

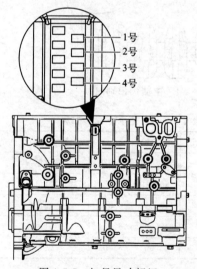

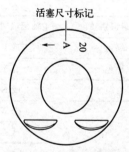

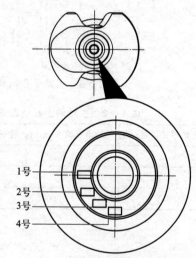

图 1-5-7　缸径尺寸标记　　　　图 1-5-8　活塞尺寸标记　　　　图 1-5-9　连杆轴颈识别标记

表 1-5-4　活塞选配表

气缸孔尺寸标记	活塞尺寸标记
A	A
B	B 或无
C	C

表 1-5-5　连杆轴承选配表

曲轴连杆轴颈		连杆轴承	
识别标记	直径/mm	识别颜色	识别标记
1	47.966～47.972	黑色	1
2	47.960～47.966	无	2
3	47.954～47.960	绿色	3

（2）连杆轴承在图 1-5-10 所示位置有一种识别颜色或识别标记。

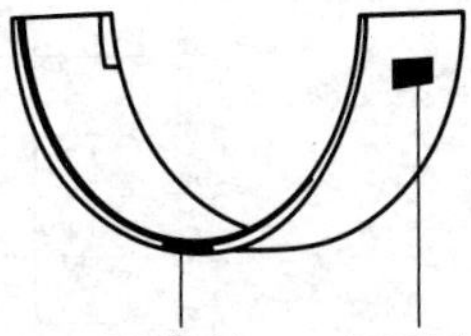

识别颜色　识别标记

图 1-5-10　识别颜色
与识别标记

3. 连杆轴颈油隙的检查

（1）擦去曲轴连杆轴颈和连杆轴承处的机油。

（2）如图 1-5-11 所示，将长度与轴承宽度相同的塑料测隙条整齐放到曲柄销上，使其与轴的中心对齐。

（3）小心安装连杆盖，并且拧紧螺栓至规定力矩（5.0N·m→20N·m→90°）。

（4）拆下螺栓，慢慢地拆掉连杆盖。

（5）如图 1-5-12 所示，使用印在塑料测隙条材料包装上的量规，测量塑料测隙条被压最宽的部分。

标准值：0.018～0.045mm。极限值：0.1mm。

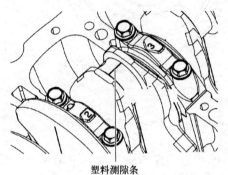

塑料测隙条

图 1-5-11　放置塑料测隙条

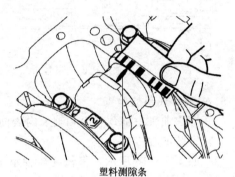

塑料测隙条

图 1-5-12　测量连杆轴颈油隙

4. 曲轴主轴承的选配

（1）依据气缸体上的识别标记（图 1-5-13）和表 1-5-6 选择主轴承上瓦。

表 1-5-6　主轴承上瓦选配表

主轴承孔识别标记	主轴承孔直径/mm	主轴承识别标记
1	56.000～56.006	1
2	56.006～56.012	2
3	56.012～56.018	3

（2）依据曲轴后端的识别标记（图 1-5-14）和表 1-5-7 选择主轴承下瓦。

表 1-5-7　主轴承下瓦选配表

主轴颈识别标记	主轴颈直径/mm	主轴承识别标记
0	51.985～51.988	0
1	51.982～51.985	1
2	51.979～51.982	2
3	51.976～51.979	3
4	51.973～51.976	4

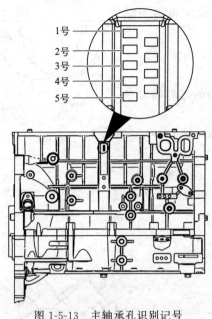

图 1-5-13　主轴承孔识别记号

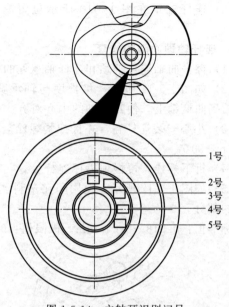

图 1-5-14　主轴颈识别记号

5. 主轴颈油隙的检查

（1）擦去曲轴主轴颈表面和轴承内表面的机油。

（2）安装曲轴。

（3）如图 1-5-15 所示，将长度与轴承宽度相同的塑料测隙条整齐放到主轴颈上，使其与轴的中心对齐。

（4）小心放置主轴承盖，并且拧紧螺栓至（26.5±2)N·m＋45°。

（5）小心拆下螺栓和主轴承盖。

（6）如图 1-5-16 所示，使用印在塑料测隙条材料包装上的量规，测量塑料测隙条被压宽的宽度（最宽的部分）。

标准值：0.012～0.030mm。极限值：0.1mm。

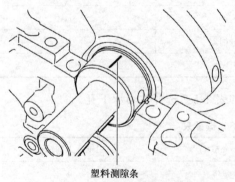

塑料测隙条

图 1-5-15　放置塑料测隙条

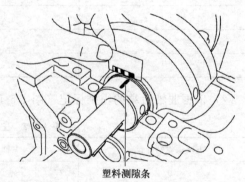

塑料测隙条

图 1-5-16　测量主轴颈油隙

三、劲炫 ASX/欧蓝德（2.0L 4B11/2.4L 4B12）

1. 活塞的选配

（1）更换活塞时，检查印在气缸体如图 1-5-17 所示位置上的缸径尺寸标记，并从表 1-5-8

中选择相应的活塞。

（2）活塞尺寸标记位于活塞顶表面上。

2. 连杆轴承的选配

（1）更换连杆轴承时，根据曲轴上的连杆轴颈识别标记（图1-5-18）和表1-5-9选择连杆轴承。

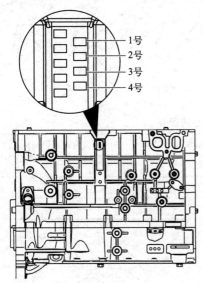

图1-5-17 缸径尺寸标记

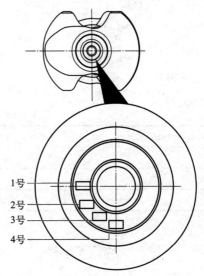

图1-5-18 连杆轴颈识别标记

表1-5-8 活塞选配表

气缸孔尺寸标记	活塞尺寸标记
A	A
B	B或未指示
C	C

表1-5-9 连杆轴承选配表

曲轴连杆轴颈		连杆轴承
识别标记	直径/mm	识别标记
1	47.966～47.972	1
2	47.960～47.966	2
3	47.954～47.960	3

（2）连杆轴承的识别标记位于轴承的背面。

3. 连杆轴颈油隙的检查

（1）擦去曲轴连杆轴颈和连杆轴承处的机油。

（2）如图1-5-19所示，将长度与轴承宽度相同的塑料测隙条整齐地放到曲柄销上，使其与轴的中心对齐。

（3）小心安装连杆盖，并且拧紧螺栓至规定力矩（5.0N·m→20N·m→90°）。

（4）拆下螺栓，然后轻轻拆下连杆盖。

（5）如图1-5-20所示，使用印在塑料测隙条材料包装上的量规，测量塑料测隙条被压最宽的部分。

标准值：0.018～0.045mm。极限值：0.1mm。

4. 曲轴主轴承的选配

（1）依据气缸体上的识别标记（图1-5-21）和表1-5-10选择主轴承上瓦。

（2）依据曲轴后端的识别标记（图1-5-22）和表1-5-11选择主轴承下瓦。

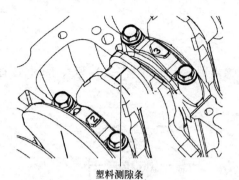

塑料测隙条

图 1-5-19　放置塑料测隙条

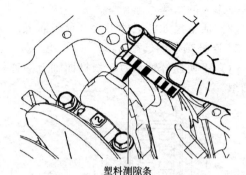

塑料测隙条

图 1-5-20　测量连杆轴颈油隙

表 1-5-10　主轴承上瓦选配表

主轴承孔识别标记	主轴承孔直径/mm	主轴承识别标记
1	56.000～56.006	1
2	56.006～56.012	2
3	56.012～56.018	3

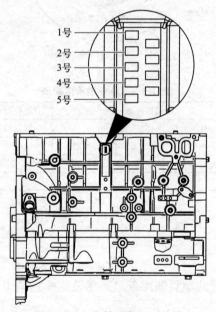

1号
2号
3号
4号
5号

图 1-5-21　主轴承孔识别记号

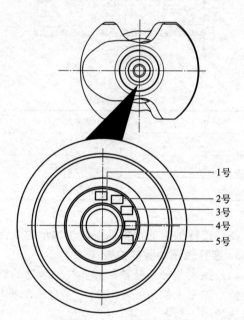

1号
2号
3号
4号
5号

图 1-5-22　主轴颈识别记号

表 1-5-11　主轴承下瓦选配表

主轴颈识别标记	主轴颈直径/mm	主轴承识别标记
0	51.985～51.988	0
1	51.982～51.985	1
2	51.979～51.982	2
3	51.976～51.979	3
4	51.973～51.976	4

5. 主轴颈油隙的检查

（1）清除曲轴主轴颈表面和轴承内表面的机油。

（2）安装曲轴。

（3）如图 1-5-23 所示，将长度与轴承宽度相同的塑料测隙条整齐地放到主轴颈上，使其与轴的中心对齐。

（4）小心放置主轴承盖，并且拧紧螺栓至（26.5±2)N·m+45°。

（5）小心拆下螺栓和主轴承盖。

（6）如图 1-5-24 所示，使用印在塑料测隙条材料包装上的量规，测量塑料测隙条被压宽的宽度（最宽的部分）。

标准值：0.012～0.030mm。极限值：0.1mm。

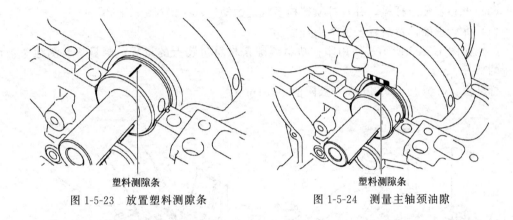

图 1-5-23　放置塑料测隙条　　　　图 1-5-24　测量主轴颈油隙

四、帕杰罗-劲畅（3.0L 6B31）

1. 活塞的选配

（1）更换活塞时，检查印在气缸体如图 1-5-25 所示位置上的气缸孔尺寸标记，并从表 1-5-12 中选择相应的活塞。

（2）活塞尺寸标记位于活塞顶表面上。

2. 连杆轴承的选配

（1）更换连杆轴承时，根据曲轴上的连杆轴颈识别标记（图 1-5-26）和表 1-5-13 选择连杆轴承。

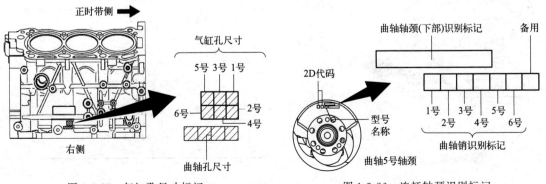

图 1-5-25　气缸孔尺寸标记　　　　图 1-5-26　连杆轴颈识别标记

表 1-5-12　活塞选配表	
气缸孔尺寸标记	活塞尺寸标记
A	A
B	B 或未指示

表 1-5-13　连杆轴承选配表	
曲轴连杆轴颈识别标记	轴承识别颜色
1	黑色
2	紫色
3	绿色

（2）连杆轴承的油漆标记（识别颜色）位于轴承的侧面。

3. 连杆轴颈油隙的检查

（1）清除曲轴连杆轴颈和连杆轴承处的机油。

（2）如图 1-5-27 所示，将长度与轴承宽度相同的塑料测隙条整齐地放到曲柄销上，使其与轴的中心对齐。

（3）小心安装连杆盖，并且拧紧螺栓至规定力矩（20±2)N·m＋90°。

（4）拆下螺栓，然后轻轻拆下连杆盖。

（5）如图 1-5-28 所示，使用印在塑料测隙条材料包装上的量规，测量塑料测隙条被压最宽的部分。

标准值：0.012～0.039mm。极限值：0.1mm。

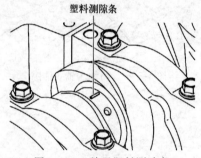

图 1-5-27　放置塑料测隙条

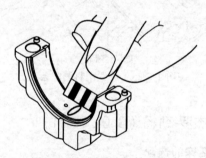

图 1-5-28　测量连杆轴颈油隙

4. 曲轴主轴承的选配

（1）依据气缸体上的识别标记（图 1-5-29）和表 1-5-14 选择主轴承上瓦。

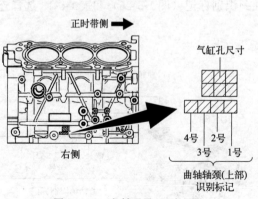

图 1-5-29　主轴承孔识别记号

表 1-5-14　主轴承上瓦选配表	
主轴承孔识别标记	主轴承识别标记
第 1 和第 4 轴颈	
1	1
2	2
3	3
第 2 和第 3 轴颈	
0	0
1	1
2	2

（2）根据曲轴的识别标记（图 1-5-30）和表 1-5-15 选择主轴承下瓦。

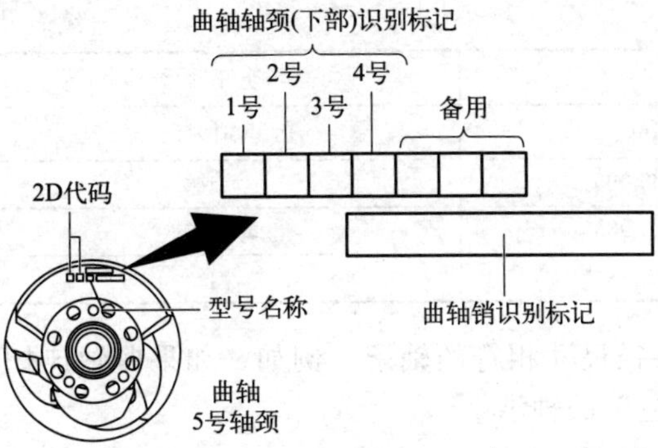

曲轴轴颈(下部)识别标记

图 1-5-30 主轴颈识别记号

表 1-5-15 主轴承下瓦选配表

主轴颈识别标记	主轴承识别标记
0	0
1	1
2	2
3	3
4	4

5. 主轴颈油隙的检查

（1）清除曲轴主轴颈表面和轴承内表面的机油。

（2）安装曲轴。

（3）如图 1-5-31 所示，将长度与轴承宽度相同的塑料测隙条整齐地放到主轴颈上，使其与轴的中心对齐。

（4）小心放置主轴承盖，并且拧紧螺栓至（24±2）N·m+90°。

（5）小心拆下螺栓和主轴承盖。

（6）如图 1-5-32 所示，使用印在塑料测隙条材料包装上的量规，测量塑料测隙条被压宽的宽度（最宽的部分）。

第 1 和第 4 轴颈标准值：0.018～0.038mm。极限值：0.1mm。

第 2 和第 3 轴颈标准值：0.024～0.044mm。极限值：0.1mm。

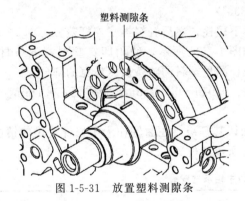

图 1-5-31 放置塑料测隙条

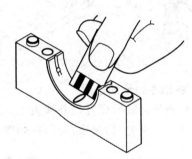

图 1-5-32 测量主轴颈油隙

五、帕杰罗（3.0L 6G72）

1. 连杆轴承的选配

（1）测量曲轴连杆轴颈直径，并根据表 1-5-16 确认其分类。如果是作为维修件供应的曲轴，在图 1-5-33 所示位置漆有/压印有其轴颈的识别色/标记。

表 1-5-16 连杆轴承选配表

曲轴连杆轴颈		连杆轴承
识别标记/颜色	直径/mm	识别标记
I 或黄色	49.995～50.000	蓝色或1

续表

曲轴连杆轴颈		连杆轴承
识别标记/颜色	直径/mm	识别标记
Ⅱ 或无	49.985～49.995	无或 2
Ⅲ 或白色	49.980～49.985	黄色或 3
蓝色	49.976～49.980	4

（2）从表 1-5-16 中选择与曲轴连杆轴颈外径尺寸相符的轴承。例如，如果曲轴连杆轴颈外径识别标记是"Ⅰ"，则选择识别色为"蓝色"的轴承。

（3）连杆轴承的识别色/标记位置如图 1-5-34 所示。

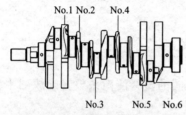

图 1-5-33　连杆轴颈识别标记

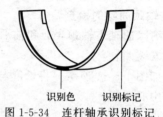

图 1-5-34　连杆轴承识别标记

2. 连杆轴颈油隙的检查

（1）擦去曲轴连杆轴颈和连杆轴承处的机油。

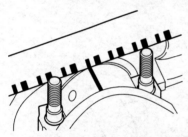

图 1-5-35　测量连杆轴颈油隙

（2）将塑料测隙条切成与轴承宽度相同的长度，然后将其与曲轴连杆轴颈轴向平行地放在连杆轴颈上。

（3）小心安装连杆盖，并且拧紧螺栓至规定力矩（27N·m＋90°）。

（4）拆下螺栓，然后轻轻拆下连杆盖。

（5）如图 1-5-35 所示，使用印在塑料测隙条材料包装上的量规，测量塑料测隙条被压最宽的部分。

标准值：0.016～0.046mm。极限值：0.1mm。

3. 曲轴主轴承的选配

（1）测量曲轴轴颈直径并从表 1-5-17 中确认其等级。在曲轴作为维修件提供的情况下，其轴颈上的识别色/标记涂在/印在如图 1-5-36 所示的位置。

表 1-5-17　曲轴主轴承选配表

轴和孔组合					主轴承
曲轴主轴颈			气缸体主轴承孔		
外径/mm	识别标记		识别标记		识别标记
	分类	标记或颜色	分类	标记	
59.994～60.000	0	0 或黄色	A	Ⅰ	1
			B	Ⅱ	2
			C	Ⅲ	3
59.988～59.994	Ⅰ	1 或无	A	Ⅰ	2
			B	Ⅱ	3
			C	Ⅲ	4

续表

轴和孔组合					主轴承
曲轴主轴颈			气缸体主轴承孔		
外径/mm	识别标记		识别标记		识别标记
	分类	标记或颜色	分类	标记	
59.982～59.988	Ⅱ	2 或白色	A	Ⅰ	3
			B	Ⅱ	4
			C	Ⅲ	5
59.978～59.982	Ⅲ	蓝色	A	Ⅰ	4
			B	Ⅱ	5
			C	Ⅲ	6

（2）气缸体主轴承孔径识别标记标在图 1-5-36 所示的位置，从编号 1 开始，从左至右标出。

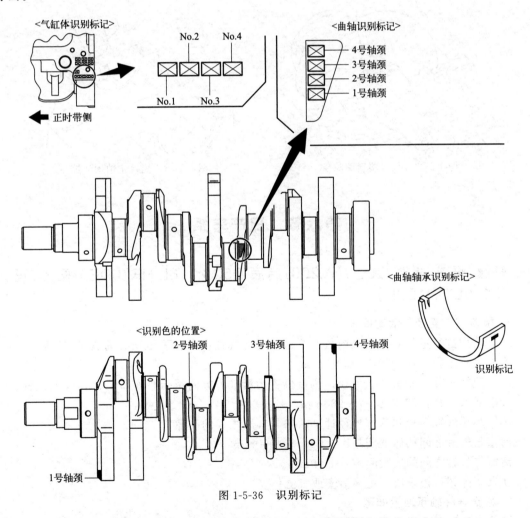

图 1-5-36　识别标记

（3）如果曲轴主轴颈外径的测量值为 59.996mm，则轴颈归类为表中的"0"。
在还用备件更换曲轴的情况下，检查喷涂在新曲轴上的轴颈的识别标记。

例如，如果标记为"0"，则轴颈分类被归为"1"。

接下来检查印在气缸体上的气缸体主轴承孔识别标记。如果为"I"，则查看"轴承识别标记"列，以找到要使用的轴承的识别标记。在此情况下，轴承为"1"。

4. 主轴颈油隙的检查

（1）清除曲轴主轴颈表面和轴承内表面的机油。

（2）安装曲轴。

（3）如图 1-5-37 所示，将塑料测隙条切成与轴承宽度相同的长度，然后将其与主轴颈轴向平行地放置在轴颈上。

（4）小心放置主轴承盖，并拧紧螺栓至规定扭矩：（74±4）N·m。

（5）小心拆下螺栓和主轴承盖。

（6）如图 1-5-38 所示，用印在塑料测隙条袋上的刻度，测量被压的塑料测隙条最宽部分的宽度。

标准值：0.018～0.036mm。极限值：0.1mm。

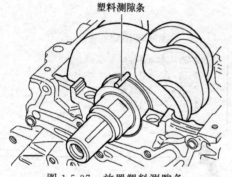

图 1-5-37　放置塑料测隙条

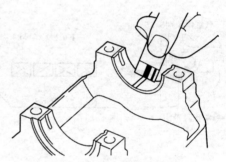

图 1-5-38　测量主轴颈油隙

第六节　日产车系

一、轩逸/骊威/骐达/颐达/NV200/启辰 D50（1.6L HR16DE）/阳光/玛驰（1.5L HR15DE）

1. 检查气缸直径与活塞间隙

（1）使用缸径量规测量气缸内径。测量位置在气缸顶面以下 60mm 的 X 和 Y 方向。

标准气缸内径：78.000～78.015mm。

（2）使用千分尺测量活塞外径。测量位置为沿推力方向距活塞顶部 37.1mm 的位置。

标准活塞外径：77.965～77.980mm。

（3）利用气缸内径和活塞外径计算活塞与气缸之间的间隙。

活塞与气缸之间的标准间隙：0.020～0.050mm。

活塞与气缸之间的最大间隙：0.09mm。

如果间隙超过极限值，更换活塞或气缸体。

2. 检查连杆轴承油膜间隙

计算方法：

（1）在连杆轴承上安装连杆和连杆盖，然后拧紧连杆螺栓到规定扭矩，如图 1-6-1

所示。

规定扭矩：27.5N·m＋松开＋19.6N·m＋60°。

（2）使用内径千分尺测量连杆轴承的内直径。

轴承油膜间隙＝连杆轴承内直径－曲轴销轴颈直径

HR16DE 连杆轴承油膜间隙标准：0.037～0.047mm。极限：0.10mm。

HR15DE 连杆轴承油膜间隙标准：0.020～0.030mm。极限：0.10mm。

（3）如果间隙超过极限，根据连杆大端直径和曲轴销轴颈直径选择合适的连杆轴承，来获得规定的轴承油膜间隙。

使用塑料间隙规的方法：

（1）彻底清除曲柄销和每个轴承表面上的机油和污垢。

（2）轻轻将塑料间隙规切得短于轴承宽度，并按曲轴轴向放置，避开油孔。

（3）在连杆轴承上安装连杆和连杆盖，然后拧紧连杆螺栓到规定扭矩。

（4）拆卸连杆盖和轴承，并用间隙规袋上的刻度测量间隙规宽度，如图 1-6-2 所示。

注： 测量值超过极限时，步骤与计算方法中介绍的相同。

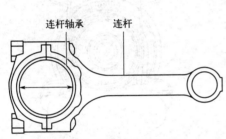

图 1-6-1　安装连杆和连杆盖

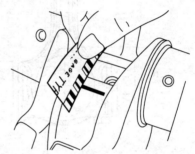

图 1-6-2　测量连杆轴承油膜间隙

3. 检查主轴承油膜间隙

计算方法：

（1）在缸体和主轴承盖上安装主轴承，然后拧紧主轴承盖螺栓到规定扭矩，如图 1-6-3 所示。

（2）使用径规测量主轴承的内直径。

轴承油层间隙＝主轴承内直径－曲轴主轴颈直径

标准：0.024～0.034mm。

（3）如果间隙超过极限，根据主轴承内直径和曲轴主轴颈直径选择合适的主轴承，来获得规定的轴承油膜间隙。

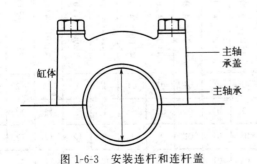

图 1-6-3　安装连杆和连杆盖

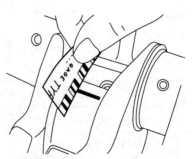

图 1-6-4　测量主轴承油膜间隙

使用塑料间隙规的方法：

（1）彻底清除曲轴主轴颈和每个轴承表面上的机油和污垢。

（2）轻轻将塑料间隙规切得短于轴承宽度，并按曲轴轴向放置，避开油孔。

（3）在缸体和主轴承盖上安装主轴承，然后拧紧主轴承盖螺栓到规定扭矩。

规定扭矩：32.4N·m＋60°。

（4）拆卸主轴承盖和轴承，并用间隙规袋上的刻度测量间隙规宽度，如图1-6-4所示。

注： 测量值超过极限时，步骤与计算方法中介绍的相同。

4. 连杆轴承的选配

使用新的连杆和曲轴时：

（1）查看连杆边上标有连杆大端直径的等级印记（C），如图1-6-5所示。

（2）查看曲轴前端标有曲柄销直径的等级印记（B），如图1-6-6所示。

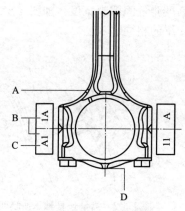

图1-6-5　连杆大端直径等级印记

A—机油孔；B—缸编号；

C—等级印记；D—朝前标记

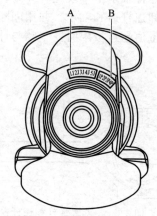

图1-6-6　曲柄销直径等级印记

A—主轴颈直径等级（从左边起1到5号）；

B—曲轴销颈直径等级（从左边起1到4号）

（3）在连杆轴承选用表（表1-6-1和表1-6-2）中选择行和列交叉点的符号。

（4）用连杆轴承等级表里的符号来选择连杆轴承。

表1-6-1　连杆轴承选用表（HR16DE）

连杆大端直径 标记			A	B	C	D	E	F	G	H	J	K	L	M	N
曲轴销轴颈直径	孔直径/mm		43.000~43.001	43.001~43.002	43.002~43.003	43.003~43.004	43.004~43.005	43.005~43.006	43.006~43.007	43.007~43.008	43.008~43.009	43.009~43.010	43.010~43.011	43.011~43.012	43.012~43.013
标记	轴直径/mm														
A	39.971~39.970		0	0	0	0	0	01	01	01	1	1	1	12	12
B	39.970~39.969		0	0	0	01	01	01	1	1	1	12	12	12
C	39.969~39.968		0	0	01	01	01	1	1	1	12	12	12	2
D	39.968~39.967		0	0	01	01	01	1	12	12	12	2	2

续表

连杆大端直径	标记	A	B	C	D	E	F	G	H	J	K	L	M	N
曲轴销轴颈直径	孔直径/mm	43.000~43.001	43.001~43.002	43.002~43.003	43.003~43.004	43.004~43.005	43.005~43.006	43.006~43.007	43.007~43.008	43.008~43.009	43.009~43.010	43.010~43.011	43.011~43.012	43.012~43.013
标记	轴直径/mm													
E	39.967~39.966	0	01	01	01	1	1	1	12	12	12	2	2	2
F	39.966~39.965	01	01	01	1	1	1	12	12	12	2	2	2	23
G	39.965~39.964	01	01	1	1	1	12	12	12	2	2	23	23	23
H	39.964~39.963	01	1	1	1	12	12	12	2	2	2	23	23	23
J	39.963~39.962	1	1	1	12	12	12	2	2	2	23	23	23	3
K	39.962~39.961	1	1	12	12	12	2	2	2	23	23	23	3	3
L	39.961~39.960	1	12	12	12	2	2	2	23	23	23	3	3	3
M	39.960~39.959	12	12	12	2	2	2	23	23	23	3	3	3	34
N	39.959~39.958	12	12	2	2	2	23	23	23	3	3	3	34	34
P	39.958~39.957	12	2	2	2	23	23	23	3	3	3	34	34	34
R	39.957~39.956	2	2	2	23	23	23	3	3	3	34	34	34	4
S	39.956~39.955	2	2	23	23	23	3	3	3	34	34	34	4	4
T	39.955~39.954	2	23	23	23	3	3	3	34	34	34	4	4	4
U	39.954~39.953	23	23	23	3	3	3	34	34	34	4	4	4	4

表 1-6-2　连杆轴承选用表（HR15DE）

连杆大端直径	标记	A	B	C	D	E	F	G	H	J	K	L	M	N
曲轴销轴颈直径	孔直径/mm	43.000~43.001	43.001~43.002	43.002~43.003	43.003~43.004	43.004~43.005	43.005~43.006	43.006~43.007	43.007~43.008	43.008~43.009	43.009~43.010	43.010~43.011	43.011~43.012	43.012~43.013
标记	轴直径/mm													
A	39.971~39.970	12	12	12	12	12	2	2	2	23	23	23	3	3
B	39.970~39.969	12	12	12	12	2	2	2	23	23	23	3	3	3
C	39.969~39.968	12	12	12	2	2	2	23	23	23	3	3	3	34
D	39.968~39.967	12	12	2	2	2	23	23	23	3	3	3	34	34
E	39.967~39.966	12	2	2	2	23	23	23	3	3	3	34	34	34
F	39.966~39.965	2	2	2	23	23	23	3	3	3	34	34	34	4

续表

连杆大端直径 / 标记 曲轴销轴颈直径 / 孔直径/mm 标记 / 轴直径/mm		A 43.000~43.001	B 43.001~43.002	C 43.002~43.003	D 43.003~43.004	E 43.004~43.005	F 43.005~43.006	G 43.006~43.007	H 43.007~43.008	J 43.008~43.009	K 43.009~43.010	L 43.010~43.011	M 43.011~43.012	N 43.012~43.013
G	39.965~39.964	2	2	23	23	23	3	3	3	34	34	34	4	4
H	39.964~39.963	2	23	23	23	3	3	3	34	34	34	4	4	4
J	39.963~39.962	23	23	23	3	3	3	34	34	34	4	4	4	45
K	39.962~39.961	23	23	3	3	3	34	34	34	4	4	4	45	45
L	39.961~39.960	23	3	3	3	34	34	34	4	4	4	45	45	45
M	39.960~39.959	3	3	3	34	34	34	4	4	4	45	45	45	5
N	39.959~39.958	3	3	34	34	34	4	4	4	45	45	45	5	5
P	39.958~39.957	3	34	34	34	4	4	4	45	45	45	5	5	5
R	39.957~39.956	34	34	34	4	4	4	45	45	45	5	5	5	56
S	39.956~39.955	34	34	4	4	4	45	45	45	5	5	5	56	56
T	39.955~39.954	34	4	4	4	45	45	45	5	5	5	56	56	56
U	39.954~39.953	4	4	45	45	45	5	5	5	56	56	56	56	56

重复使用曲轴和连杆时：

（1）分别测量连杆大端直径和曲轴销颈直径。

（2）使用连杆轴承选用表时必须用测量得到的尺寸。

（3）在连杆轴承选用表里面选择行和列交叉点的符号。

（4）用连杆轴承等级表里的符号来选择连杆轴承。

（5）连杆轴承的等级如表 1-6-3 和表 1-6-4 所示。

表 1-6-3　连杆轴承等级表（HR16DE）

级别编号		厚度/mm	识别颜色	备注
0		1.494~1.497	黑色	
1		1.497~1.500	棕色	上下轴承的级别 和颜色相同
2		1.500~1.503	绿色	
3		1.503~1.506	黄色	
4		1.506~1.509	蓝色	
01	上轴承	1.494~1.497	黑色	
	下轴承	1.497~1.500	棕色	
12	上轴承	1.497~1.500	棕色	
	下轴承	1.500~1.503	绿色	上下轴承的级别 和颜色不同
23	上轴承	1.500~1.503	绿色	
	下轴承	1.503~1.506	黄色	
34	上轴承	1.503~1.506	黄色	
	下轴承	1.506~1.509	蓝色	

表 1-6-4　连杆轴承等级表（HR15DE）

级别编号		厚度/mm	识别颜色	备注
2		1.504～1.507	绿色	上下轴承的级别和颜色相同
3		1.507～1.510	黄色	
4		1.510～1.513	蓝色	
5		1.513～1.516	粉红色	
12	上轴承	1.501～1.504	棕色	上下轴承的级别和颜色不同
	下轴承	1.504～1.507	绿色	
23	上轴承	1.504～1.507	绿色	
	下轴承	1.507～1.510	黄色	
34	上轴承	1.507～1.510	黄色	
	下轴承	1.510～1.513	蓝色	
45	上轴承	1.510～1.513	蓝色	
	下轴承	1.513～1.516	粉红色	
56	上轴承	1.513～1.516	粉红色	
	下轴承	1.516～1.519	紫色	

（6）规定的连杆轴承油层间隙不在标准尺寸连杆轴承范围内时，使用偏小轴承。

（7）使用偏小轴承时，用安装的轴承测量连杆轴承内直径并研磨曲柄销，使连杆轴承油层间隙满足标准。

HR16DE 偏小 0.25 轴承厚度：1.623～1.631mm。

HR15DE 偏小 0.25 轴承厚度：1.627～1.635mm。

5. 主轴承的选配

使用新的缸体和曲轴时：

（1）查看缸体左边的主轴承孔级别标记（A），如图 1-6-7 所示。如果缸体上有校正过的印记标记（B），把它作为校正参考。

（2）查看曲轴前端标有等级印记（A）的主销颈直径，如图 1-6-6 所示。

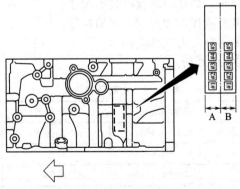

图 1-6-7　主轴承孔级别标记

（3）在主轴承选用表（表 1-6-5）里面选择行和列交叉点的符号。

（4）用主轴承等级表里的符号来选择主轴承。

注：上轴承和下轴承是作为维修零部件的一套供应的。

表 1-6-5　主轴承选用表

缸体主轴承座内直径 → 标记		A	B	C	D	E	F	G	H	J	K	L	M	N	P	R	S	T	U	V	W
曲轴销轴颈直径 ↓	孔直径/mm	51.997~51.998	51.998~51.999	51.999~52.000	52.000~52.001	52.001~52.002	52.002~52.003	52.003~52.004	52.004~52.005	52.005~52.006	52.006~52.007	52.007~52.008	52.008~52.009	52.009~52.010	52.010~52.011	52.011~52.012	52.012~52.013	52.013~52.014	52.014~52.015	52.015~52.016	52.016~52.017
标记	轴直径/mm																				
A	47.979~47.978	0	0	0	0	0	0	0	01	01	01	1	1	1	12	12	12	2	2	2	23
B	47.978~47.977	0	0	0	0	0	0	01	01	01	1	1	1	12	12	12	2	2	2	23	23
C	47.977~47.976	0	0	0	0	0	01	01	01	1	1	1	12	12	12	2	2	2	23	23	23
D	47.976~47.975	0	0	0	0	01	01	01	1	1	1	12	12	12	2	2	2	23	23	23	3
E	47.975~47.974	0	0	0	01	01	01	1	1	1	12	12	12	2	2	2	23	23	23	3	3
F	47.974~47.973	0	0	01	01	01	1	1	1	12	12	12	2	2	2	23	23	23	3	3	3
G	47.973~47.972	0	01	01	01	1	1	1	12	12	12	2	2	2	23	23	23	3	3	3	34
H	47.972~47.971	01	01	01	1	1	1	12	12	12	2	2	2	23	23	23	3	3	3	34	34
J	47.971~47.970	01	01	1	1	1	12	12	12	2	2	2	23	23	23	3	3	3	34	34	34
K	47.970~47.969	01	1	1	1	12	12	12	2	2	2	23	23	23	3	3	3	34	34	34	4
L	47.969~47.968	1	1	1	12	12	12	2	2	2	23	23	23	3	3	3	34	34	34	4	4
M	47.968~47.967	1	1	12	12	12	2	2	2	23	23	23	3	3	3	34	34	34	4	4	4
N	47.967~47.966	1	12	12	12	2	2	2	23	23	23	3	3	3	34	34	34	4	4	4	45
P	47.966~47.965	12	12	12	2	2	2	23	23	23	3	3	3	34	34	34	4	4	4	45	45
R	47.965~47.964	12	12	2	2	2	23	23	23	3	3	3	34	34	34	4	4	4	45	45	45
S	47.964~47.963	12	2	2	2	23	23	23	3	3	3	34	34	34	4	4	4	45	45	45	5
T	47.963~47.962	2	2	2	23	23	23	3	3	3	34	34	34	4	4	4	45	45	45	5	5
U	47.962~47.961	2	2	23	23	23	3	3	3	34	34	34	4	4	4	45	45	45	5	5	5
V	47.961~47.960	2	23	23	23	3	3	3	34	34	34	4	4	4	45	45	45	5	5	5	5
W	47.960~47.959	23	23	23	3	3	3	34	34	34	4	4	4	45	45	45	5	5	5	5	5

重新使用缸体和曲轴时：

（1）分别测量缸体主轴承孔内直径和曲轴主轴颈直径。

（2）使用主轴承选用表时，必须用测量得到的尺寸。

（3）在主轴承选用表里面选择行和列交叉点的符号。

（4）用主轴承等级表里的符号来选择主轴承。

（5）主轴承的等级如表 1-6-6 所示。

表 1-6-6　主轴承等级表

级别编号	厚度/mm	识别颜色	备注
0	1.996~1.999	黑色	
1	1.999~2.002	棕色	
2	2.002~2.005	绿色	上下轴承的级别和颜色相同
3	2.005~2.008	黄色	
4	2.008~2.011	蓝色	
5	2.011~2.014	粉红色	

续表

级别编号		厚度/mm	识别颜色	备注
01	上轴承	1.996～1.999	黑色	
	下轴承	1.999～2.002	棕色	
12	上轴承	1.999～2.002	棕色	
	下轴承	2.002～2.005	绿色	
23	上轴承	2.002～2.005	绿色	上下轴承的级别
	下轴承	2.005～2.008	黄色	和颜色不同
34	上轴承	2.005～2.008	黄色	
	下轴承	2.008～2.011	蓝色	
45	上轴承	2.008～2.011	蓝色	
	下轴承	2.011～2.014	粉红色	

（6）规定的主轴承油层间隙不在标准尺寸主轴承范围内时，使用偏小轴承。

（7）使用偏小轴承时，用安装的轴承测量主轴承内直径并研磨主轴颈，使主轴承油层间隙满足标准。

偏小 0.25 轴承厚度：2.126～2.134mm。

二、轩逸（1.8L MRA8DE）

1. 检查气缸直径与活塞间隙

（1）使用缸径量规测量气缸内径。测量位置在气缸顶面以下 60mm X 和 Y 方向。

标准气缸内径：

1 级：79.700～79.710mm。

2 级：79.710～79.720mm。

（2）使用千分尺测量活塞外径。测量位置为沿推力方向距活塞顶部 39.9mm 的位置。

标准活塞外径：

1 级：79.660～79.670mm。

2 级：79.670～79.680mm。

（3）利用气缸内径和活塞外径计算活塞与气缸之间的间隙。

活塞与气缸之间的标准间隙：0.020～0.050mm。

活塞与气缸之间的最大间隙：0.09mm。

如果间隙超过极限值，更换活塞或气缸体。

2. 活塞的选配

当使用新缸体时：

（1）如图 1-6-8 所示，检查缸体左后侧的缸径等级，并选择同等级的活塞。

（2）如果缸体上印记修正过，用它作为正确的参考。

当重复使用缸体时：

（1）测量缸径内径。

（2）将测量值与活塞选择表（表 1-6-7）中缸壁内径的数值比较，以确定缸壁等级。

（3）选择相同级别的活塞（活塞等级编号位于活塞顶面）。

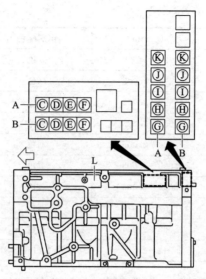

图 1-6-8　缸径等级

A—修正印记；B—标准印记；C—1 号缸径等级；D—2 号缸径等级；E—3 号缸径等级；

F—4 号缸径等级；G—1 号主轴承壳体等级；H—2 号主轴承壳体等级；

I—3 号主轴承壳体等级；J—4 号主轴承壳体等级；K—5 号主轴承壳体等级

表 1-6-7　活塞选择表

等级编号（标记）	缸体内径/mm	活塞直径/mm
1	79.700～79.710	79.660～79.670
2	79.710～79.720	79.670～79.680

3. 检查连杆轴承油膜间隙

计算方法：

（1）在连杆和连杆轴承盖上安装连杆轴承，然后拧紧连杆螺栓到规定扭矩，如图 1-6-9 所示。

规定扭矩：27.4N·m＋松开＋19.6N·m＋60°。

（2）使用内径千分尺测量连杆轴承的内直径。

轴承油膜间隙＝连杆轴承内直径－曲轴销轴颈直径

标准：0.037～0.047mm。极限：0.07mm。

（3）如果间隙超过极限，根据连杆大端直径和曲轴销轴颈直径选择合适的连杆轴承，来获得规定的轴承油膜间隙。

使用塑料间隙规的方法：

（1）彻底清除曲轴销和每个轴承表面上的机油和污垢。

（2）轻轻将塑料间隙规切得短于轴承宽度，并按曲轴轴向放置，避开油孔。

（3）将连杆轴承安装到连杆及连杆盖，并将连杆螺栓拧紧到规定扭矩。

（4）拆卸连杆盖和轴承，并用包装袋上的刻度 A 测量间隙规宽度，如图 1-6-10 所示。

注：测量值超过极限时，步骤与计算方法中介绍的相同。

4. 检查主轴承油膜间隙

计算方法：

（1）在缸体和主轴承盖上安装主轴承，然后拧紧主轴承盖螺栓到规定扭矩，如图 1-6-11 所示。

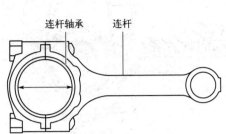
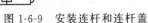

图 1-6-9　安装连杆和连杆盖

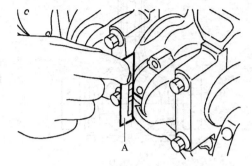

图 1-6-10　测量连杆轴承油膜间隙

（2）使用内径规测量主轴承的内直径。

主轴承油层间隙＝主轴承内直径－曲轴主轴颈直径

1、4 和 5 号标准主轴承油层间隙：0.024～0.034mm。极限：0.065mm。

2 和 3 号标准主轴承油层间隙：0.012～0.022mm。极限：0.065mm。

（3）如果间隙超过极限，根据主轴承内直径和曲轴主轴颈直径选择合适的主轴承，来获得规定的轴承油膜间隙。

使用塑料间隙规的方法：

（1）彻底清除曲轴主轴颈和每个轴承表面上的机油和污垢。

（2）轻轻将塑料间隙规切得短于轴承宽度，并按曲轴轴向放置，避开油孔。

（3）在缸体和主轴承盖上安装主轴承，然后拧紧主轴承盖螺栓到规定扭矩。

规定扭矩：34.3N·m＋70°。

（4）拆卸主轴承盖和轴承，并用塑料间隙规袋上的刻度 A 测量间隙规宽度，如图 1-6-12 所示。

注：测量值超过极限时，步骤与计算方法中介绍的相同。

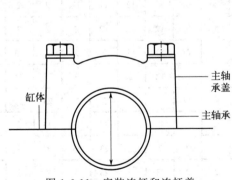

图 1-6-11　安装连杆和连杆盖

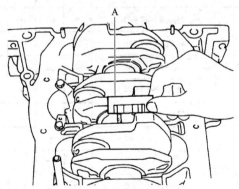

图 1-6-12　测量主轴承油膜间隙

5. 连杆轴承的选配

使用新的连杆和曲轴时：

（1）查看连杆边上标有连杆大端直径的等级印记（C），如图 1-6-13 所示。

（2）查看曲轴前端标有曲柄销直径的等级印记，如图 1-6-14 所示。

（3）在连杆轴承选用表（表 1-6-8）中选择行和列交叉点的符号。

（4）用连杆轴承等级表里的符号来选择连杆轴承。

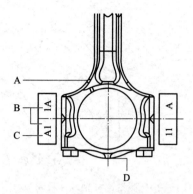

图 1-6-13　连杆大端直径等级印记
A—油孔；B—气缸编号；
C—等级印记；D—朝前标记

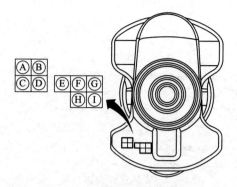

图 1-6-14　曲柄销直径等级印记
A—1 号销轴颈直径等级；B—2 号销轴颈直径等级；
C—3 号销轴颈直径等级；D—4 号销轴颈直径等级；
E—1 号主轴颈直径等级；F—2 号主轴颈直径等级；
G—3 号主轴颈直径等级；H—4 号主轴颈直径等级；
I—5 号主轴颈直径等级

表 1-6-8　连杆轴承选用表

连杆大端直径 /mm — 标记 孔直径 ＼ 曲轴销轴颈直径 /mm		A	B	C	D	E	F	G	H	J	K	L	M	N
		47.000~47.001	47.001~47.002	47.002~47.003	47.003~47.004	47.004~47.005	47.005~47.006	47.006~47.007	47.007~47.008	47.008~47.009	47.009~47.010	47.010~47.011	47.011~47.012	47.012~47.013
标记	直径													
A	43.970~43.971	0	0	0	0	0	01	01	01	1	1	1	12	12
B	43.969~43.970	0	0	0	0	01	01	01	1	1	1	12	12	12
C	43.968~43.969	0	0	0	01	01	01	1	1	1	12	12	12	2
D	43.967~43.968	0	0	01	01	01	1	1	1	12	12	12	2	2
E	43.966~43.967	0	01	01	01	1	1	1	12	12	12	2	2	2
F	43.965~43.966	01	01	01	1	1	1	12	12	12	2	2	2	23
G	43.964~43.965	01	01	1	1	1	12	12	12	2	2	2	23	23
H	43.963~43.964	01	1	1	1	12	12	12	2	2	2	23	23	23
J	43.962~43.963	1	1	1	12	12	12	2	2	2	23	23	23	3
K	43.961~43.962	1	1	12	12	12	2	2	2	23	23	23	3	3
L	43.960~43.961	1	12	12	12	2	2	2	23	23	23	3	3	3
M	43.959~43.960	12	12	12	2	2	2	23	23	23	3	3	3	34
N	43.958~43.959	12	12	2	2	2	23	23	23	3	3	3	34	34
P	43.957~43.958	12	2	2	2	23	23	23	3	3	3	34	34	34
R	43.956~43.957	2	2	2	23	23	23	3	3	3	34	34	34	4
S	43.955~43.956	2	2	23	23	23	3	3	3	34	34	34	4	4
T	43.954~43.955	2	23	23	23	3	3	3	34	34	34	4	4	4
U	43.953~43.954	23	23	23	3	3	3	34	34	34	4	4	4	4

重复使用曲轴和连杆时：

（1）分别测量连杆大端直径和曲轴销颈直径。

（2）使用连杆轴承选用表时必须用测量得到的尺寸。

（3）在连杆轴承选用表里面选择行和列交叉点的符号。

（4）用连杆轴承等级表里的符号来选择连杆轴承。

（5）连杆轴承的等级如表1-6-9所示。

表 1-6-9　连杆轴承等级表

级别编号		厚度/mm	识别颜色	备注
0	上	1.494～1.497	黑色-黑色	上下轴承的 等级相同
	下	1.494～1.497	黑色	
1	上	1.497～1.500	褐色-褐色	
	下	1.497～1.500	棕色	
2	上	1.500～1.503	绿色-绿色	
	下	1.500～1.503	绿色	
3	上	1.503～1.506	黄色-黄色	
	下	1.503～1.506	黄色	
4	上	1.506～1.509	蓝色-蓝色	
	下	1.506～1.509	蓝色	
01	上	1.494～1.497	黑色-黑色	上下轴承的级别 和颜色不同
	下	1.497～1.500	棕色	
12	上	1.497～1.500	褐色-褐色	
	下	1.500～1.503	绿色	
23	上	1.500～1.503	绿色-绿色	
	下	1.503～1.506	黄色	
34	上	1.503～1.506	黄色-黄色	
	下	1.506～1.509	蓝色	

（6）规定的连杆轴承油层间隙不在标准尺寸连杆轴承范围内时，使用偏小轴承。

（7）使用偏小轴承时，用安装的轴承测量连杆轴承内直径并研磨曲柄销，使连杆轴承油层间隙满足标准。

偏小0.25轴承厚度：1.623～1.631mm。

6. 主轴承的选配

使用新的缸体和曲轴时：

（1）查看缸体左后侧的主轴承壳体等级，如图1-6-8所示。

如果缸体上有校正过的印记，把它作为校正参考。

（2）查看曲轴前端的主轴颈直径等级，如图1-6-14所示。

（3）在主轴承选用表（表1-6-10和表1-6-11）里面选择行和列交叉点的符号。

（4）用主轴承等级表里的符号来选择主轴承。

注：上轴承和下轴承是作为维修零部件的一套供应的。

表 1-6-10　主轴承选用表（1、4、5 号轴颈）

缸体主轴承壳体内径/mm 标记		A	B	C	D	E	F	G	H	J	K	L	M	N	P	R	S	T	U	V	W
曲轴主轴颈直径/mm	孔直径	55.997~55.998	55.998~55.999	55.999~56.000	56.000~56.001	56.001~56.002	56.002~56.003	56.003~56.004	56.004~56.005	56.005~56.006	56.006~56.007	56.007~56.008	56.008~56.009	56.009~56.010	56.010~56.011	56.011~56.012	56.012~56.013	56.013~56.014	56.014~56.015	56.015~56.016	56.016~56.017
标记	车桥直径																				
A	51.978~51.979	0	0	0	0	0	0	0	01	01	01	1	1	1	12	12	12	2	2	2	23
B	51.977~51.978	0	0	0	0	0	0	01	01	01	1	1	1	12	12	12	2	2	2	23	23
C	51.976~51.977	0	0	0	0	0	01	01	01	1	1	1	12	12	12	2	2	2	23	23	23
D	51.975~51.976	0	0	0	0	01	01	01	1	1	1	12	12	12	2	2	2	23	23	23	3
E	51.974~51.975	0	0	0	01	01	01	1	1	1	12	12	12	2	2	2	23	23	23	3	3
F	51.973~51.974	0	0	01	01	01	1	1	1	12	12	12	2	2	2	23	23	23	3	3	3
G	51.972~51.973	0	01	01	01	1	1	1	12	12	12	2	2	2	23	23	23	3	3	3	34
H	51.971~51.972	01	01	01	1	1	1	12	12	12	2	2	2	23	23	23	3	3	3	34	34
J	51.970~51.971	01	01	1	1	1	12	12	12	2	2	2	23	23	23	3	3	3	34	34	34
K	51.969~51.970	01	1	1	1	12	12	12	2	2	2	23	23	23	3	3	3	34	34	34	4
L	51.968~51.969	1	1	1	12	12	12	2	2	2	23	23	23	3	3	3	34	34	34	4	4
M	51.967~51.968	1	1	12	12	12	2	2	2	23	23	23	3	3	3	34	34	34	4	4	4
N	51.966~51.967	1	12	12	12	2	2	2	23	23	23	3	3	3	34	34	34	4	4	4	45
P	51.965~51.966	12	12	12	2	2	2	23	23	23	3	3	3	34	34	34	4	4	4	45	45
R	51.964~51.965	12	12	2	2	2	23	23	23	3	3	3	34	34	34	4	4	4	45	45	45
S	51.963~51.964	12	2	2	2	23	23	23	3	3	3	34	34	34	4	4	4	45	45	45	5
T	51.962~51.963	2	2	2	23	23	23	3	3	3	34	34	34	4	4	4	45	45	45	5	5
U	51.961~51.962	2	2	23	23	23	3	3	3	34	34	34	4	4	4	45	45	45	5	5	5
V	51.960~51.961	2	23	23	23	3	3	3	34	34	34	4	4	4	45	45	45	5	5	5	5
W	51.959~51.960	23	23	23	3	3	3	34	34	34	4	4	4	45	45	45	5	5	5	5	5

表 1-6-11　主轴承选用表（2、3 号轴颈）

缸体主轴承壳体内径/mm 标记		A	B	C	D	E	F	G	H	J	K	L	M	N	P	R	S	T	U	V	W
曲轴主轴颈直径/mm	轴径	55.997~55.998	55.998~55.999	55.999~56.000	56.000~56.001	56.001~56.002	56.002~56.003	56.003~56.004	56.004~56.005	56.005~56.006	56.006~56.007	56.007~56.008	56.008~56.009	56.009~56.010	56.010~56.011	56.011~56.012	56.012~56.013	56.013~56.014	56.014~56.015	56.015~56.016	56.016~56.017
标记	轴径																				
A	51.978~51.979	1	12	12	12	2	2	2	23	23	23	3	3	3	34	34	34	4	4	4	45
B	51.977~51.978	12	12	12	2	2	2	23	23	23	3	3	3	34	34	34	4	4	4	45	45
C	51.976~51.977	12	12	2	2	2	23	23	23	3	3	3	34	34	34	4	4	4	45	45	45
D	51.975~51.976	12	2	2	2	23	23	23	3	3	3	34	34	34	4	4	4	45	45	45	5
E	51.974~51.975	2	2	2	23	23	23	3	3	3	34	34	34	4	4	4	45	45	45	5	5
F	51.973~51.974	2	2	23	23	23	3	3	3	34	34	34	4	4	4	45	45	45	5	5	5
G	51.972~51.973	2	23	23	23	3	3	3	34	34	34	4	4	4	45	45	45	5	5	5	56
H	51.971~51.972	23	23	23	3	3	3	34	34	34	4	4	4	45	45	45	5	5	5	56	56
J	51.970~51.971	23	23	3	3	3	34	34	34	4	4	4	45	45	45	5	5	5	56	56	56

续表

缸体主轴承壳体内径/mm → 标记		A	B	C	D	E	F	G	H	J	K	L	M	N	P	R	S	T	U	V	W
曲轴主轴颈直径/mm → 轴径		55.997~55.998	55.998~55.999	55.999~56.000	56.000~56.001	56.001~56.002	56.002~56.003	56.003~56.004	56.004~56.005	56.005~56.006	56.006~56.007	56.007~56.008	56.008~56.009	56.009~56.010	56.010~56.011	56.011~56.012	56.012~56.013	56.013~56.014	56.014~56.015	56.015~56.016	56.016~56.017
标记	轴径																				
K	51.969~51.970	23	3	3	3	34	34	34	4	4	4	45	45	45	5	5	5	56	56	56	6
L	51.968~51.969	3	3	3	34	34	34	4	4	4	45	45	45	5	5	5	56	56	56	6	6
M	51.967~51.968	3	3	34	34	34	4	4	4	45	45	45	5	5	56	56	56	6	6	6	
N	51.966~51.967	3	34	34	34	4	4	4	45	45	45	5	5	5	56	56	56	6	6	6	67
P	51.965~51.966	34	34	34	4	4	4	45	45	45	5	5	5	56	56	56	6	6	67	67	
R	51.964~51.965	34	34	4	4	4	45	45	45	5	5	5	56	56	6	6	6	67	67	67	
S	51.963~51.964	34	4	4	4	45	45	45	5	5	5	56	56	56	6	6	67	67	67	7	
T	51.962~51.963	4	4	4	45	45	45	5	5	5	56	56	56	6	6	67	67	67	7	7	
U	51.961~51.962	4	4	45	45	45	5	5	5	56	56	56	6	6	67	67	67	7	7	7	
V	51.960~51.961	4	45	45	45	5	5	5	56	56	56	6	6	67	67	67	7	7	7	7	
W	51.959~51.960	45	45	45	5	5	5	56	56	56	6	6	6	67	67	67	7	7	7	7	

重新使用缸体和曲轴时：

（1）分别测量缸体主轴承孔内直径和曲轴主轴颈直径。

（2）使用主轴承选用表时，必须用测量得到的尺寸。

（3）在主轴承选用表里面选择行和列交叉点的符号。

（4）用主轴承等级表里的符号来选择主轴承。

（5）主轴承的等级如表 1-6-12 所示。

（6）规定的主轴承油层间隙不在标准尺寸主轴承范围内时，使用偏小轴承。

表 1-6-12　主轴承等级表

级别编号		厚度/mm	识别颜色	备注
0		1.996~1.999	黑色	
1		1.999~2.002	棕色	
2		2.002~2.005	绿色	
3		2.005~2.008	黄色	上下轴承的级别和颜色相同
4		2.008~2.011	蓝色	
5		2.011~2.014	粉红色	
6		2.014~2.017	紫色	
7		2.017~2.020	白色	
01	上轴承	1.996~1.999	黑色	
	下轴承	1.999~2.002	棕色	
12	上轴承	1.999~2.002	棕色	上下轴承的级别和颜色不同
	下轴承	2.002~2.005	绿色	
23	上轴承	2.002~2.005	绿色	
	下轴承	2.005~2.008	黄色	

级别编号		厚度/mm	识别颜色	备注
34	上轴承	2.005～2.008	黄色	
	下轴承	2.008～2.011	蓝色	
45	上轴承	2.008～2.011	蓝色	
	下轴承	2.011～2.014	粉红色	上下轴承的级别
56	上轴承	2.011～2.014	粉红色	和颜色不同
	下轴承	2.014～2.017	紫色	
67	上轴承	2.014～2.017	紫色	
	下轴承	2.017～2.020	白色	

（7）使用偏小轴承时，用安装的轴承测量主轴承内直径并研磨主轴颈，使主轴承油层间隙满足标准。

偏小 0.25 轴承厚度：2.126～2.134mm。

三、逍客/奇骏/天籁/启辰 T70/T90（2.0L MR20/MR20DD/MR20DE）

1. 检查气缸直径与活塞间隙

（1）使用缸径量规测量气缸内径。测量位置在气缸顶面以下 60mm 的 X 和 Y 方向。

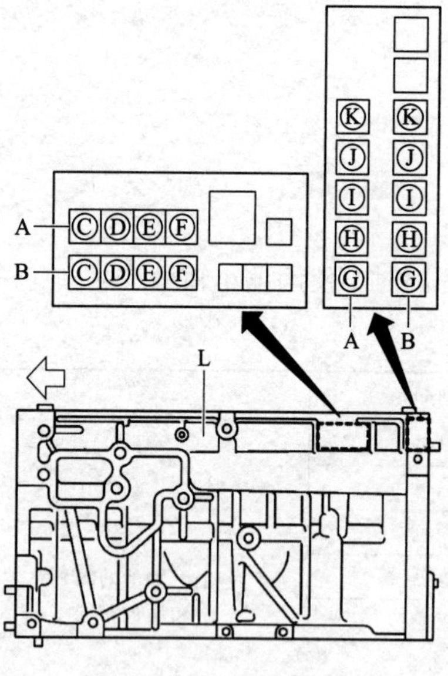

图 1-6-15　缸径等级

A—修正印记；B—标准印记；C—1 号缸径等级；D—2 号缸径等级；E—3 号缸径等级；F—4 号缸径等级；G—1 号主轴承壳体等级；H—2 号主轴承壳体等级；I—3 号主轴承壳体等级；J—4 号主轴承壳体等级；K—5 号主轴承壳体等级

当重复使用缸体时

（1）测量缸径内径。

标准气缸内径：

1 级：83.970～83.980mm。

2 级：83.980～83.990mm。

如果测量值超出限值，或者气缸内壁有划伤，则更换缸体。

（2）使用千分尺测量活塞外径。测量位置为沿推力方向距活塞顶部 39.2mm 的位置。

标准活塞外径：

1 级：84.000～84.010mm。

2 级：84.010～84.020mm。

（3）利用气缸内径和活塞外径计算活塞与气缸之间的间隙。

活塞与气缸之间的标准间隙：0.020～0.040mm。

活塞与气缸之间的最大间隙：0.08mm。

如果间隙超过极限值，更换活塞或气缸体。

2. 活塞的选配

当使用新缸体时：

（1）如图 1-6-15 所示，检查缸体左后侧的缸径等级并选择同等级的活塞。

（2）如果缸体上印记修正过，用它作为正确的参考。

（2）将测量值与活塞选择表（表 1-6-13）中缸壁内径的数值比较确定缸壁等级。

表 1-6-13　活塞选择表

等级编号（标记）	缸体内径/mm	活塞直径/mm
1	84.000～84.010	83.970～83.980
2	84.010～84.020	83.980～83.990

（3）选择相同级别的活塞（活塞等级编号位于活塞顶面）。

3. 检查连杆轴承油膜间隙

计算方法：

（1）在连杆和连杆轴承盖上安装连杆轴承，然后拧紧连杆螺栓到规定扭矩，如图 1-6-16 所示。

规定扭矩：27.5N·m＋松开＋19.6N·m＋60°。

（2）使用内径千分尺测量连杆轴承的内直径。

轴承油膜间隙＝连杆轴承内直径－曲轴销轴颈直径

标准：0.037～0.047mm。极限：0.07mm。

（3）如果间隙超过极限，根据连杆大端直径和曲轴销轴颈直径选择合适的连杆轴承，来获得规定的轴承油膜间隙。

使用塑料间隙规的方法：

（1）彻底清除曲轴销和每个轴承表面上的机油和污垢。

（2）轻轻将塑料间隙规切得短于轴承宽度，并按曲轴轴向放置，避开油孔。

（3）将连杆轴承安装到连杆及连杆盖，并将连杆螺栓拧紧到规定扭矩。

（4）拆卸连杆盖和轴承，并用包装袋上的刻度 A 测量间隙规宽度，如图 1-6-17 所示。

注：测量值超过极限时，步骤与计算方法中介绍的相同。

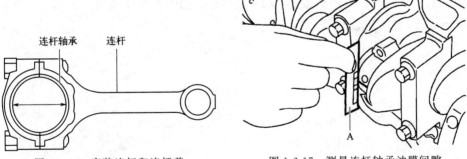

图 1-6-16　安装连杆和连杆盖　　　　图 1-6-17　测量连杆轴承油膜间隙

4. 检查主轴承油膜间隙

计算方法：

（1）在缸体和主轴承盖上安装主轴承，然后拧紧主轴承盖螺栓到规定扭矩，如图 1-6-18 所示。

（2）使用内径规测量主轴承的内直径。

主轴承油层间隙＝主轴承内直径－曲轴主轴颈直径

1、4 号标准主轴承油层间隙：0.024～0.034mm。极限：0.065mm。

2、3 和 5 号标准主轴承油层间隙：0.012～0.022mm。极限：0.07mm。

（3）如果间隙超过极限，根据主轴承内直径和曲轴主轴颈直径选择合适的主轴承，来获得规定的轴承油膜间隙。

使用塑料间隙规的方法：

（1）彻底清除曲轴主轴颈和每个轴承表面上的机油和污垢。

（2）轻轻地将塑料间隙规切得短于轴承宽度，并按曲轴轴向放置，避开油孔。

（3）在缸体和主轴承盖上安装主轴承，然后拧紧主轴承盖螺栓到规定扭矩。

规定扭矩：34.3N·m＋60°。

（4）拆卸主轴承盖和轴承，并用塑料间隙规袋上的刻度 A 测量间隙规宽度，如图 1-6-19 所示。

注：测量值超过极限时，步骤与计算方法中介绍的相同。

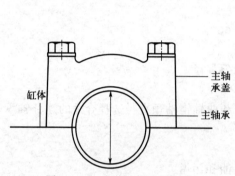

图 1-6-18　安装连杆和连杆盖

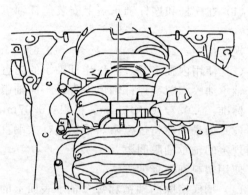

图 1-6-19　测量主轴承油膜间隙

5. 连杆轴承的选配

使用新的连杆和曲轴时：

（1）查看连杆边上标有连杆大端直径的等级印记（C），如图 1-6-20 所示。

（2）查看曲轴前端标有曲柄销直径的等级印记，如图 1-6-21 所示。

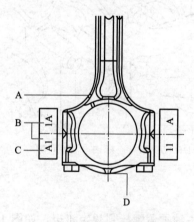

图 1-6-20　连杆大端直径等级印记

A—油孔；B—气缸编号；

C—等级印记；D—朝前标记

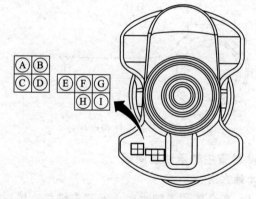

图 1-6-21　曲柄销直径等级印记

A—1 号销轴颈直径等级；B—2 号销轴颈直径等级；

C—3 号销轴颈直径等级；D—4 号销轴颈直径等级；

E—1 号主轴颈直径等级；F—2 号主轴颈直径等级；

G—3 号主轴颈直径等级；H—4 号主轴颈直径等级；

I—5 号主轴颈直径等级

（3）在连杆轴承选用表（表 1-6-14）中选择行和列交叉点的符号。

（4）用连杆轴承等级表里的符号来选择连杆轴承。

表 1-6-14　连杆轴承选用表

连杆大端直径 /mm → 标记 / 孔直径 ⇒　　曲轴销轴颈直径 /mm 标记 / 直径	A 47.000~47.001	B 47.001~47.002	C 47.002~47.003	D 47.003~47.004	E 47.004~47.005	F 47.005~47.006	G 47.006~47.007	H 47.007~47.008	J 47.008~47.009	K 47.009~47.010	L 47.010~47.011	M 47.011~47.012	N 47.012~47.013
A　43.970~43.971	0	0	0	0	0	01	01	01	1	1	1	12	12
B　43.969~43.970	0	0	0	0	01	01	01	1	1	1	12	12	12
C　43.968~43.969	0	0	0	01	01	01	1	1	1	12	12	12	2
D　43.967~43.968	0	0	01	01	01	1	1	1	12	12	12	2	2
E　43.966~43.967	0	01	01	01	1	1	1	12	12	12	2	2	2
F　43.965~43.966	01	01	01	1	1	1	12	12	12	2	2	2	23
G　43.964~43.965	01	01	1	1	1	12	12	12	2	2	2	23	23
H　43.963~43.964	01	1	1	1	12	12	12	2	2	2	23	23	23
J　43.962~43.963	1	1	1	12	12	12	2	2	2	23	23	23	3
K　43.961~43.962	1	1	12	12	12	2	2	2	23	23	23	3	3
L　43.960~43.961	1	12	12	12	2	2	2	23	23	23	3	3	3
M　43.959~43.960	12	12	12	2	2	2	23	23	23	3	3	3	34
N　43.958~43.959	12	12	2	2	2	23	23	23	3	3	3	34	34
P　43.957~43.958	12	2	2	2	23	23	23	3	3	3	34	34	34
R　43.956~43.957	2	2	2	23	23	23	3	3	3	34	34	34	4
S　43.955~43.956	2	2	23	23	23	3	3	3	34	34	34	4	4
T　43.954~43.955	2	23	23	23	3	3	3	34	34	34	4	4	4
U　43.953~43.954	23	23	23	3	3	3	34	34	34	4	4	4	4

重复使用曲轴和连杆时：

（1）分别测量连杆大端直径和曲轴销颈直径。

（2）使用连杆轴承选用表时必须用测量得到的尺寸。

（3）在连杆轴承选用表里面选择行和列交叉点的符号。

（4）用连杆轴承等级表里的符号来选择连杆轴承。

（5）连杆轴承的等级如表 1-6-15 所示。

（6）规定的连杆轴承油层间隙不在标准尺寸连杆轴承范围内时，使用偏小轴承。

（7）使用偏小轴承时，用安装的轴承测量连杆轴承内直径并研磨曲柄销，使连杆轴承油层间隙满足标准。

表 1-6-15　连杆轴承等级表

级别编号		厚度/mm	识别颜色	备注
0		1.494～1.497	黑色	上下轴承的等级和颜色均相同
1		1.497～1.500	棕色	
2		1.500～1.503	绿色	
3		1.503～1.506	黄色	
4		1.506～1.509	蓝色	
01	上	1.494～1.497	黑色	上下轴承的级别和颜色不同
	下	1.497～1.500	棕色	
12	上	1.497～1.500	棕色	
	下	1.500～1.503	绿色	
23	上	1.500～1.503	绿色	
	下	1.503～1.506	黄色	
34	上	1.503～1.506	黄色	
	下	1.506～1.509	蓝色	

偏小 0.25 轴承厚度：1.623～1.631mm。

6. 主轴承的选配

使用新的缸体和曲轴时：

（1）查看缸体左后侧的主轴承壳体等级，如图 1-6-15 所示。

如果缸体上有校正过的印记，把它作为校正参考。

（2）查看曲轴前端的主轴颈直径等级，如图 1-6-21 所示。

（3）在主轴承选用表（表 1-6-16 和表 1-6-17）里面选择行和列交叉点的符号。

（4）用主轴承等级表里的符号来选择主轴承。

注：上轴承和下轴承是作为维修零部件的一套供应的。

表 1-6-16　主轴承选用表（1、4 号轴颈）

缸体主轴承壳体内径/mm 标记		A	B	C	D	E	F	G	H	J	K	L	M	N	P	R	S	T	U	V	W
曲轴主轴颈直径/mm 孔直径		55.997～55.998	55.998～55.999	55.999～56.000	56.000～56.001	56.001～56.002	56.002～56.003	56.003～56.004	56.004～56.005	56.005～56.006	56.006～56.007	56.007～56.008	56.008～56.009	56.009～56.010	56.010～56.011	56.011～56.012	56.012～56.013	56.013～56.014	56.014～56.015	56.015～56.016	56.016～56.017
标记	车桥直径																				
A	51.978～51.979	0	0	0	0	0	0	0	01	01	01	1	1	1	12	12	12	2	2	2	23
B	51.977～51.978	0	0	0	0	0	0	01	01	01	1	1	1	12	12	12	2	2	23	23	
C	51.976～51.977	0	0	0	0	0	01	01	01	1	1	1	12	12	12	2	2	2	23	23	23
D	51.975～51.976	0	0	0	0	01	01	01	1	1	1	12	12	12	2	2	2	23	23	23	3
E	51.974～51.975	0	0	0	01	01	01	1	1	1	12	12	12	2	2	23	23	23	3	3	
F	51.973～51.974	0	0	01	01	01	1	1	12	12	12	2	2	23	23	23	3	3	3		
G	51.972～51.973	0	01	01	01	1	1	12	12	12	2	2	23	23	23	3	3	3	34		
H	51.971～51.972	01	01	01	1	1	12	12	12	2	2	23	23	23	3	3	3	34	34		
J	51.970～51.971	01	01	1	1	1	12	12	12	2	2	23	23	23	3	3	3	34	34	34	

续表

缸体主轴承壳体内径/mm 标记	孔直径	A	B	C	D	E	F	G	H	J	K	L	M	N	P	R	S	T	U	V	W
		55.997~55.998	55.998~55.999	55.999~56.000	56.000~56.001	56.001~56.002	56.002~56.003	56.003~56.004	56.004~56.005	56.005~56.006	56.006~56.007	56.007~56.008	56.008~56.009	56.009~56.010	56.010~56.011	56.011~56.012	56.012~56.013	56.013~56.014	56.014~56.015	56.015~56.016	56.016~56.017
曲轴主轴颈直径/mm 标记	车桥直径																				
K	51.969~51.970	01	1	1	1	12	12	12	2	2	2	23	23	23	3	3	3	34	34	34	4
L	51.968~51.969	1	1	1	12	12	12	2	2	2	23	23	23	3	3	3	34	34	34	4	4
M	51.967~51.968	1	1	12	12	12	2	2	2	23	23	23	3	3	3	34	34	34	4	4	4
N	51.966~51.967	1	12	12	12	2	2	2	23	23	23	3	3	3	34	34	34	4	4	4	45
P	51.965~51.966	12	12	12	2	2	2	23	23	23	3	3	3	34	34	34	4	4	4	45	45
R	51.964~51.965	12	12	2	2	2	23	23	23	3	3	3	34	34	34	4	4	4	45	45	45
S	51.963~51.964	12	2	2	2	23	23	23	3	3	3	34	34	34	4	4	4	45	45	45	5
T	51.962~51.963	2	2	2	23	23	23	3	3	3	34	34	34	4	4	4	45	45	45	5	5
U	51.961~51.962	2	2	23	23	23	3	3	3	34	34	34	4	4	4	45	45	45	5	5	5
V	51.960~51.961	2	23	23	23	3	3	3	34	34	34	4	4	4	45	45	45	5	5	5	5
W	51.959~51.960	23	23	23	3	3	3	34	34	34	4	4	4	45	45	45	5	5	5	5	5

表 1-6-17 主轴承选用表（2、3、5号轴颈）

缸体主轴承壳体内径/mm 标记	轴径	A	B	C	D	E	F	G	H	J	K	L	M	N	P	R	S	T	U	V	W
		55.997~55.998	55.998~55.999	55.999~56.000	56.000~56.001	56.001~56.002	56.002~56.003	56.003~56.004	56.004~56.005	56.005~56.006	56.006~56.007	56.007~56.008	56.008~56.009	56.009~56.010	56.010~56.011	56.011~56.012	56.012~56.013	56.013~56.014	56.014~56.015	56.015~56.016	56.016~56.017
曲轴主轴颈直径/mm 标记	轴径																				
A	51.978~51.979	1	12	12	12	2	2	2	23	23	23	3	3	3	34	34	34	4	4	4	45
B	51.977~51.978	12	12	12	2	2	2	23	23	23	3	3	3	34	34	34	4	4	4	45	45
C	51.976~51.977	12	12	2	2	2	23	23	23	3	3	3	34	34	34	4	4	4	45	45	45
D	51.975~51.976	12	2	2	2	23	23	23	3	3	3	34	34	34	4	4	4	45	45	45	5
E	51.974~51.975	2	2	2	23	23	23	3	3	3	34	34	34	4	4	4	45	45	45	5	5
F	51.973~51.974	2	2	23	23	23	3	3	3	34	34	34	4	4	4	45	45	45	5	5	5
G	51.972~51.973	2	23	23	23	3	3	3	34	34	34	4	4	4	45	45	45	5	5	5	56
H	51.971~51.972	23	23	23	3	3	3	34	34	34	4	4	4	45	45	45	5	5	5	56	56
J	51.970~51.971	23	23	3	3	3	34	34	34	4	4	4	45	45	45	5	5	5	56	56	56
K	51.969~51.970	23	3	3	3	34	34	34	4	4	4	45	45	45	5	5	5	56	56	56	6
L	51.968~51.969	3	3	3	34	34	34	4	4	4	45	45	45	5	5	5	56	56	56	6	6
M	51.967~51.968	3	3	34	34	34	4	4	4	45	45	45	5	5	5	56	56	56	6	6	6
N	51.966~51.967	3	34	34	34	4	4	4	45	45	45	5	5	5	56	56	56	6	6	6	67
P	51.965~51.966	34	34	34	4	4	4	45	45	45	5	5	5	56	56	56	6	6	6	67	67
R	51.964~51.965	34	34	4	4	4	45	45	45	5	5	5	56	56	56	6	6	6	67	67	67
S	51.963~51.964	34	4	4	4	45	45	45	5	5	5	56	56	56	6	6	6	67	67	67	7
T	51.962~51.963	4	4	4	45	45	45	5	5	5	56	56	56	6	6	6	67	67	67	7	7
U	51.961~51.962	4	4	45	45	45	5	5	5	56	56	56	6	6	6	67	67	67	7	7	7
V	51.960~51.961	4	45	45	45	5	5	5	56	56	56	6	6	6	67	67	67	7	7	7	7
W	51.959~51.960	45	45	45	5	5	5	56	56	56	6	6	6	67	67	67	7	7	7	7	7

重新使用缸体和曲轴时：

（1）分别测量缸体主轴承孔内直径和曲轴主轴颈直径。

（2）使用主轴承选用表时，必须用测量得到的尺寸。

（3）在主轴承选用表里面选择行和列交叉点的符号。

（4）用主轴承等级表里的符号来选择主轴承。

（5）主轴承的等级如表1-6-18所示。

表1-6-18　主轴承等级表

级别编号		厚度/mm	识别颜色	备注
0		1.996～1.999	黑色	
1		1.999～2.002	棕色	
2		2.002～2.005	绿色	
3		2.005～2.008	黄色	上下轴承的级别
4		2.008～2.011	蓝色	和颜色相同
5		2.011～2.014	粉色	
6		2.014～2.017	紫色	
7		2.017～2.020	白色	
01	上轴承	1.996～1.999	黑色	
	下轴承	1.999～2.002	棕色	
12	上轴承	1.999～2.002	棕色	
	下轴承	2.002～2.005	绿色	
23	上轴承	2.002～2.005	绿色	
	下轴承	2.005～2.008	黄色	
34	上轴承	2.005～2.008	黄色	上下轴承的级别
	下轴承	2.008～2.011	蓝色	和颜色不同
45	上轴承	2.008～2.011	蓝色	
	下轴承	2.011～2.014	粉色	
56	上轴承	2.011～2.014	粉色	
	下轴承	2.014～2.017	紫色	
67	上轴承	2.014～2.017	紫色	
	下轴承	2.017～2.020	白色	

（6）规定的主轴承油层间隙不在标准尺寸主轴承范围内时，使用偏小轴承。

（7）使用偏小轴承时，用安装的轴承测量主轴承内直径并研磨主轴颈，使主轴承油层间隙满足标准。

偏小0.25轴承厚度：2.126～2.134mm。

四、奇骏/天籁/楼兰/途达（2.5L QR25/QR25DE）

1. 检查气缸直径与活塞间隙

（1）使用缸径量规测量气缸内径。测量位置在气缸顶面以下60mm的 X 和 Y 方向。

标准气缸内径：

2级：89.010～89.020mm。

3级：89.020～89.030mm。

如果测量值超出限值，或者气缸内壁有划伤，则更换缸体。

（2）使用千分尺测量活塞外径。测量位置为沿推力方向距活塞顶部37.5mm的位置。

标准活塞外径：

2级：88.990～89.000mm。

3级：89.000～89.010mm。

加大尺寸0.20：89.180～89.210mm。

（3）利用气缸内径和活塞外径计算活塞与气缸之间的间隙。

活塞与气缸之间的标准间隙：0.010～0.030mm。

活塞与气缸之间的最大间隙：0.08mm。

如果间隙超过极限值，更换活塞或气缸体。

2. 活塞的选配

当使用新缸体时：

（1）如图1-6-22所示，检查缸体左后侧的缸径等级，并选择同等级的活塞。

（2）如果缸体上印记修正过，用它作为正确的参考。

当重复使用缸体时：

（1）测量缸径内径。

（2）将测量值与活塞选择表（表1-6-19）中缸壁内径的数值比较确定缸壁等级。

表1-6-19　活塞选择表

等级编号（标记）	缸体内径/mm	活塞直径/mm
2	89.010～89.020	88.990～89.000
3	89.020～89.030	89.000～89.010

（3）选择相同级别的活塞，如图1-6-23所示。

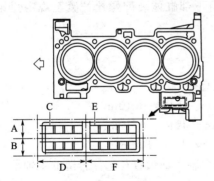

图1-6-22　缸径等级

A—更正后的印记位置；B—基本印记位置；

C—左边起1～4号；D—缸径等级；

E—左边起1～5号；F—主轴承壳体等级

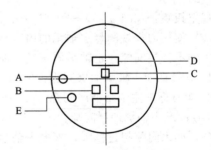

图1-6-23　活塞等级

A—朝前标记；B—活塞销孔等级编号；

C—活塞等级识别印记编号；

D—活塞上表面识别代码印记；E—标识代码

3. 检查连杆轴承油膜间隙

计算方法：

（1）在连杆和连杆轴承盖上安装连杆轴承，然后拧紧连杆螺栓到规定扭矩，如图1-6-24

所示。

规定扭矩：27.4N·m＋松开＋19.6N·m＋90°。

（2）使用内径千分尺测量连杆轴承的内直径。

轴承油膜间隙＝连杆轴承内直径－曲轴销轴颈直径

标准：0.035～0.045mm。极限：0.10mm。

（3）如果间隙超过极限，根据连杆大端直径和曲轴销轴颈直径选择合适的连杆轴承，来获得规定的轴承油膜间隙。

使用塑料间隙规的方法：

（1）彻底清除曲轴销和每个轴承表面上的机油和污垢。

（2）轻轻地将塑料间隙规切得短于轴承宽度，并按曲轴轴向放置，避开油孔。

（3）将连杆轴承安装到连杆及连杆盖，并将连杆螺栓拧紧到规定扭矩。

（4）拆卸连杆盖和轴承，并用包装袋上的刻度 A 测量间隙规宽度，如图 1-6-25 所示。

注：测量值超过极限时，步骤与计算方法中介绍的相同。

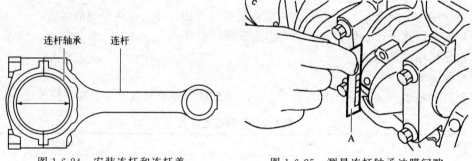

图 1-6-24　安装连杆和连杆盖　　　　图 1-6-25　测量连杆轴承油膜间隙

4. 检查主轴承油膜间隙

计算方法：

（1）将主轴承安装到缸体和下部缸体上，并将下部缸体装配螺栓拧紧至规定扭矩，如图 1-6-26 所示。

规定扭矩：25.1N·m＋39.2N·m＋60°。

（2）使用内径规测量主轴承的内直径。

主轴承油层间隙＝主轴承内直径－曲轴主轴颈直径

1、5 号标准主轴承油层间隙：0.012～0.022mm。极限：0.10mm。

2、4 号标准主轴承油层间隙：0.018～0.028mm。极限：0.10mm。

3 号标准主轴承油层间隙：0.021～0.031mm。极限：0.10mm。

（3）如果间隙超过极限，根据主轴承内直径和曲轴主轴颈直径选择合适的主轴承，来获得规定的轴承油膜间隙。

使用塑料间隙规的方法：

（1）彻底清除曲轴主轴颈和每个轴承表面上的机油和灰尘。

（2）轻轻将塑料间隙规切得短于轴承宽度，并按曲轴轴向放置，避开油孔。

（3）将主轴承安装到缸体和下部缸体上，并将下部缸体装配螺栓拧紧至规定扭矩。

（4）拆卸主轴承盖和轴承，并用塑料间隙规袋上的刻度 A 测量间隙规宽度，如图 1-6-27 所示。

注：测量值超过极限时，步骤与计算方法中介绍的相同。

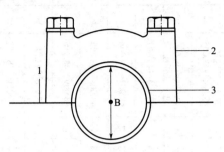

图 1-6-26 安装连杆和连杆盖

1—缸体；2—下部缸体；

3—主轴承；B—内径测量方向

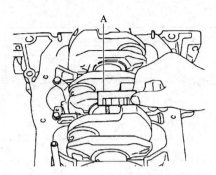

图 1-6-27 测量主轴承油膜间隙

5. 连杆轴承的选配

使用新的连杆和曲轴时：

（1）查看连杆侧面标有连杆大端直径的等级印记（G），如图 1-6-28 所示。

（2）查看曲轴前端标有曲柄销直径的等级印记，如图 1-6-29 所示。

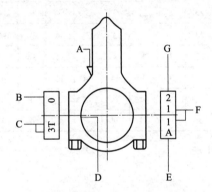

图 1-6-28 连杆大端直径等级印记

A—机油飞溅；B—小端直径级别；

C—管理代码；D—轴承限位器槽；

E—管理代码；F—气缸编号；

G—大端直径等级

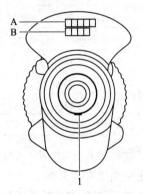

图 1-6-29 曲柄销直径等级印记

A—主轴颈直径等级；B—曲轴销轴颈直径等级；

1—曲轴键

（3）在连杆轴承选用表（表 1-6-20）中选择行和列交叉点的符号。

表 1-6-20 连杆轴承选用表

连杆大端直径	标记	0	1	2	3	4	5	6	7	8	9	A	B	C
曲轴销轴颈直径	内径/mm	48.000~48.001	48.001~48.002	48.002~48.003	48.003~48.004	48.004~48.005	48.005~48.006	48.006~48.007	48.007~48.008	48.008~48.009	48.009~48.010	48.010~48.011	48.011~48.012	48.012~48.013
标记	外径/mm													
A	44.973~44.974	0	0	0	0	01	01	01	1	1	1	12	12	12
B	44.972~44.973	0	0	0	01	01	01	1	1	1	12	12	12	2
C	44.971~44.972	0	0	01	01	01	1	1	1	12	12	12	2	2

续表

连杆大端直径 标记		0	1	2	3	4	5	6	7	8	9	A	B	C
曲轴销轴颈直径 内径/mm		48.000~48.001	48.001~48.002	48.002~48.003	48.003~48.004	48.004~48.005	48.005~48.006	48.006~48.007	48.007~48.008	48.008~48.009	48.009~48.010	48.010~48.011	48.011~48.012	48.012~48.013
标记	外径/mm													
D	44.970~44.971	0	01	01	01	1	1	1	12	12	12	2	2	2
E	44.969~44.970	01	01	01	1	1	1	12	12	12	2	2	2	23
F	44.968~44.969	01	01	1	1	1	12	12	12	2	2	2	23	23
G	44.967~44.968	01	1	1	1	12	12	12	2	2	2	23	23	23
H	44.966~44.967	1	1	1	12	12	12	2	2	2	23	23	23	3
J	44.965~44.966	1	1	12	12	12	2	2	2	23	23	23	3	3
K	44.964~44.965	1	12	12	12	2	2	2	23	23	23	3	3	34
L	44.963~44.964	12	12	12	2	2	2	23	23	23	3	3	3	34
M	44.962~44.963	12	12	2	2	2	23	23	23	3	3	3	34	34
N	44.961~44.962	12	2	2	2	23	23	23	3	3	3	34	34	34
P	44.960~44.961	2	2	2	23	23	23	3	3	3	34	34	34	4
R	44.959~44.960	2	2	23	23	23	3	3	3	34	34	34	4	4
S	44.958~44.959	2	23	23	23	3	3	3	34	34	34	4	4	4
T	44.957~44.958	23	23	23	3	3	3	34	34	34	4	4	4	4
U	44.956~44.957	23	23	3	3	3	34	34	34	4	4	4	4	4

（4）用连杆轴承等级表里的符号来选择连杆轴承。

重复使用曲轴和连杆时：

（1）分别测量连杆大端直径和曲轴销颈直径。

（2）使用连杆轴承选用表时必须用测量得到的尺寸。

（3）在连杆轴承选用表里面选择行和列交叉点的符号。

（4）用连杆轴承等级表里的符号来选择连杆轴承。

（5）连杆轴承的等级如表 1-6-21 所示。

表 1-6-21　连杆轴承等级表

级别编号		厚度/mm	识别颜色	备注
0		1.493~1.496	黑色	上下轴承的等级和颜色均相同
1		1.496~1.499	棕色	
2		1.499~1.502	绿色	
3		1.502~1.505	黄色	
4		1.505~1.508	蓝色	
01	上	1.493~1.496	黑色	上下轴承的级别和颜色不同
	下	1.496~1.499	棕色	

续表

级别编号		厚度/mm	识别颜色	备注
12	上	1.496~1.499	棕色	
	下	1.499~1.502	绿色	
23	上	1.499~1.502	绿色	上下轴承的级别和颜色不同
	下	1.502~1.505	黄色	
34	上	1.502~1.505	黄色	
	下	1.505~1.508	蓝色	

（6）规定的连杆轴承油层间隙不在标准尺寸连杆轴承范围内时，使用偏小轴承。

（7）使用偏小轴承时，用安装的轴承测量连杆轴承内直径并研磨曲柄销，使连杆轴承油层间隙满足标准。

偏小 0.25 轴承厚度：1.622~1.630mm。

6. 主轴承的选配

使用新的缸体和曲轴时：

（1）查看缸体左后侧的主轴承壳体等级，如图 1-6-22 所示。

如果缸体上有校正过的印记，把它作为校正参考。

（2）查看曲轴前端的主轴颈直径等级，如图 1-6-29 所示。

（3）在主轴承选用表（表 1-6-22、表 1-6-23 和表 1-6-24）里面选择行和列交叉点的符号。

（4）用主轴承等级表里的符号来选择主轴承。

注：上轴承和下轴承是作为维修零部件的一套供应的。

表 1-6-22　主轴承选用表（1、5 号轴颈）

标记 / 外径/mm	A	B	C	D	E	F	G	H	J	K	L	M	N	P	R	S	T	U	V	W	X	Y	4	7
内径/mm	58.944~58.945	58.945~58.946	58.946~58.947	58.947~58.948	58.948~58.949	58.949~58.950	58.950~58.951	58.951~58.952	58.952~58.953	58.953~58.954	58.954~58.955	58.955~58.956	58.956~58.957	58.957~58.958	58.958~58.959	58.959~58.960	58.960~58.961	58.961~58.962	58.962~58.963	58.963~58.964	58.964~58.965	58.965~58.966	58.966~58.967	58.967~58.968
A　54.978~54.979	0	0	01	01	01	1	1	1	12	12	12	2	2	2	23	23	23	3	3	3	34	34	34	4
B　54.977~54.978	0	01	01	01	1	1	1	12	12	12	2	2	2	23	23	23	3	3	3	34	34	34	4	4
C　54.976~54.977	01	01	01	1	1	1	12	12	12	2	2	2	23	23	23	3	3	3	34	34	34	4	4	4
D　54.975~54.976	01	01	1	1	1	12	12	12	2	2	2	23	23	23	3	3	3	34	34	34	4	4	4	45
E　54.974~54.975	01	1	1	1	12	12	12	2	2	2	23	23	23	3	3	3	34	34	34	4	4	4	45	45
F　54.973~54.974	1	1	1	12	12	12	2	2	2	23	23	23	3	3	3	34	34	34	4	4	4	45	45	45
G　54.972~54.973	1	1	12	12	12	2	2	2	23	23	23	3	3	3	34	34	34	4	4	4	45	45	45	5
H　54.971~54.972	1	12	12	12	2	2	2	23	23	23	3	3	3	34	34	34	4	4	4	45	45	45	5	5
J　54.970~54.971	12	12	12	2	2	2	23	23	23	3	3	3	34	34	34	4	4	4	45	45	45	5	5	5
K　54.969~54.970	12	12	2	2	2	23	23	23	3	3	3	34	34	34	4	4	4	45	45	45	5	5	5	56
L　54.968~54.969	12	2	2	2	23	23	23	3	3	3	34	34	34	4	4	4	45	45	45	5	5	5	56	56
M　54.967~54.968	2	2	2	23	23	23	3	3	3	34	34	34	4	4	4	45	45	45	5	5	5	56	56	56
N　54.966~54.967	2	2	23	23	23	3	3	3	34	34	34	4	4	4	45	45	45	5	5	5	56	56	56	6
P　54.965~54.966	2	23	23	23	3	3	3	34	34	34	4	4	4	45	45	45	5	5	5	56	56	56	6	6

（缸体主轴承壳体内径 — 曲轴主轴颈直径）

续表

缸体主轴承壳体内径 / 内径/mm — 曲轴主轴颈直径 / 外径/mm

标记	外径/mm	A	B	C	D	E	F	G	H	J	K	L	M	N	P	R	S	T	U	V	W	X	Y	4	7
	内径/mm	58.944~58.945	58.945~58.946	58.946~58.947	58.947~58.948	58.948~58.949	58.949~58.950	58.950~58.951	58.951~58.952	58.952~58.953	58.953~58.954	58.954~58.955	58.955~58.956	58.956~58.957	58.957~58.958	58.958~58.959	58.959~58.960	58.960~58.961	58.961~58.962	58.962~58.963	58.963~58.964	58.964~58.965	58.965~58.966	58.966~58.967	58.967~58.968
R	54.964~54.965	23	23	23	3	3	3	34	34	34	4	4	4	45	45	45	5	5	5	56	56	56	6	6	6
S	54.963~54.964	23	23	3	3	3	34	34	34	4	4	4	45	45	45	5	5	5	56	56	56	6	6	6	67
T	54.962~54.963	23	3	3	3	34	34	34	4	4	4	45	45	45	5	5	5	56	56	56	6	6	6	67	67
U	54.961~54.962	3	3	3	34	34	34	4	4	4	45	45	45	5	5	5	56	56	56	6	6	6	67	67	67
V	54.960~54.961	3	3	34	34	34	4	4	4	45	45	45	5	5	5	56	56	56	6	6	6	67	67	67	7
W	54.959~54.960	3	34	34	34	4	4	4	45	45	45	5	5	5	56	56	56	6	6	6	67	67	67	7	7
X	54.958~54.959	34	34	34	4	4	4	45	45	45	5	5	5	56	56	56	6	6	6	67	67	67	7	7	7
Y	54.957~54.958	34	34	4	4	4	45	45	45	5	5	5	56	56	56	6	6	6	67	67	67	7	7	7	7
4	54.956~54.957	34	4	4	4	45	45	45	5	5	5	56	56	56	6	6	6	67	67	67	7	7	7	7	7
7	54.955~54.956	4	4	4	45	45	45	5	5	5	56	56	56	6	6	6	67	67	67	7	7	7	7	7	7

表 1-6-23 主轴承选用表（2、4 号轴颈）

缸体主轴承壳体内径 / 内径/mm — 曲轴主轴颈直径 / 外径/mm

标记	外径/mm	A	B	C	D	E	F	G	H	J	K	L	M	N	P	R	S	T	U	V	W	X	Y	4	7
	内径/mm	58.944~58.945	58.945~58.946	58.946~58.947	58.947~58.948	58.948~58.949	58.949~58.950	58.950~58.951	58.951~58.952	58.952~58.953	58.953~58.954	58.954~58.955	58.955~58.956	58.956~58.957	58.957~58.958	58.958~58.959	58.959~58.960	58.960~58.961	58.961~58.962	58.962~58.963	58.963~58.964	58.964~58.965	58.965~58.966	58.966~58.967	58.967~58.968
A	54.978~54.979	0	0	0	0	0	0	0	0	01	01	01	1	1	1	12	12	12	2	2	2	23	23	23	3
B	54.977~54.978	0	0	0	0	0	0	0	01	01	01	1	1	1	12	12	12	2	2	2	23	23	23	3	3
C	54.976~54.977	0	0	0	0	0	0	01	01	01	1	1	1	12	12	12	2	2	2	23	23	23	3	3	3
D	54.975~54.976	0	0	0	0	0	01	01	01	1	1	1	12	12	12	2	2	2	23	23	23	3	3	3	34
E	54.974~54.975	0	0	0	0	01	01	01	1	1	1	12	12	12	2	2	2	23	23	23	3	3	3	34	34
F	54.973~54.974	0	0	0	01	01	01	1	1	1	12	12	12	2	2	2	23	23	23	3	3	3	34	34	34
G	54.972~54.973	0	0	01	01	01	1	1	1	12	12	12	2	2	2	23	23	23	3	3	3	34	34	34	4
H	54.971~54.972	0	01	01	01	1	1	1	12	12	12	2	2	2	23	23	23	3	3	3	34	34	34	4	4
J	54.970~54.971	01	01	01	1	1	1	12	12	12	2	2	2	23	23	23	3	3	3	34	34	34	4	4	4
K	54.969~54.970	01	01	1	1	1	12	12	12	2	2	2	23	23	23	3	3	3	34	34	34	4	4	4	45
L	54.968~54.969	01	1	1	1	12	12	12	2	2	2	23	23	23	3	3	3	34	34	34	4	4	4	45	45
M	54.967~54.968	1	1	1	12	12	12	2	2	2	23	23	23	3	3	3	34	34	34	4	4	4	45	45	45
N	54.966~54.967	1	1	12	12	12	2	2	2	23	23	23	3	3	3	34	34	34	4	4	4	45	45	45	5
P	54.965~54.966	1	12	12	12	2	2	2	23	23	23	3	3	3	34	34	34	4	4	4	45	45	45	5	5
R	54.964~54.965	12	12	12	2	2	2	23	23	23	3	3	3	34	34	34	4	4	4	45	45	45	5	5	5
S	54.963~54.964	12	12	2	2	2	23	23	23	3	3	3	34	34	34	4	4	4	45	45	45	5	5	5	56
T	54.962~54.963	12	2	2	2	23	23	23	3	3	3	34	34	34	4	4	4	45	45	45	5	5	5	56	56
U	54.961~54.962	2	2	2	23	23	23	3	3	3	34	34	34	4	4	4	45	45	45	5	5	5	56	56	56
V	54.960~54.961	2	2	23	23	23	3	3	3	34	34	34	4	4	4	45	45	45	5	5	5	56	56	56	6
W	54.959~54.960	2	23	23	23	3	3	3	34	34	34	4	4	4	45	45	45	5	5	5	56	56	56	6	6
X	54.958~54.959	23	23	23	3	3	3	34	34	34	4	4	4	45	45	45	5	5	5	56	56	56	6	6	6
Y	54.957~54.958	23	23	3	3	3	34	34	34	4	4	4	45	45	45	5	5	5	56	56	56	6	6	6	67
4	54.956~54.957	23	3	3	3	34	34	34	4	4	4	45	45	45	5	5	5	56	56	56	6	6	6	67	67
7	54.955~54.956	3	3	3	34	34	34	4	4	4	45	45	45	5	5	5	56	56	56	6	6	6	67	67	67

表 1-6-24　主轴承选用表（3 号轴颈）

缸体主轴承壳体内径 → 内径/mm 标记	A	B	C	D	E	F	G	H	J	K	L	M	N	P	R	S	T	U	V	W	X	Y	4	7
曲轴主轴颈直径 ↓ 标记 / 外径/mm	58.944~58.945	58.945~58.946	58.946~58.947	58.947~58.948	58.948~58.949	58.949~58.950	58.950~58.951	58.951~58.952	58.952~58.953	58.953~58.954	58.954~58.955	58.955~58.956	58.956~58.957	58.957~58.958	58.958~58.959	58.959~58.960	58.960~58.961	58.961~58.962	58.962~58.963	58.963~58.964	58.964~58.965	58.965~58.966	58.966~58.967	58.967~58.968
A　54.978~54.979	-1	-1	-1	-1	-1	-10	-10	-10	0	0	0	01	01	01	1	1	1	12	12	12	2	2	2	23
B　54.977~54.978	-1	-1	-1	-1	-10	-10	-10	0	0	0	01	01	01	1	1	1	12	12	12	2	2	2	23	23
C　54.976~54.977	-1	-1	-1	-10	-10	-10	0	0	0	01	01	01	1	1	1	12	12	12	2	2	2	23	23	23
D　54.975~54.976	-1	-1	-10	-10	-10	0	0	0	01	01	01	1	1	1	12	12	12	2	2	2	23	23	23	3
E　54.974~54.975	-1	-10	-10	-10	0	0	0	01	01	01	1	1	1	12	12	12	2	2	2	23	23	23	3	3
F　54.973~54.974	-10	-10	-10	0	0	0	01	01	01	1	1	1	12	12	12	2	2	2	23	23	23	3	3	3
G　54.972~54.973	-10	-10	0	0	0	01	01	01	1	1	1	12	12	12	2	2	2	23	23	23	3	3	3	34
H　54.971~54.972	-10	0	0	0	01	01	01	1	1	1	12	12	12	2	2	2	23	23	23	3	3	3	34	34
J　54.970~54.971	0	0	0	01	01	01	1	1	1	12	12	12	2	2	2	23	23	23	3	3	3	34	34	34
K　54.969~54.970	0	0	01	01	01	1	1	1	12	12	12	2	2	2	23	23	23	3	3	3	34	34	34	4
L　54.968~54.969	0	01	01	01	1	1	1	12	12	12	2	2	2	23	23	23	3	3	3	34	34	34	4	4
M　54.967~54.968	01	01	01	1	1	1	12	12	12	2	2	2	23	23	23	3	3	3	34	34	34	4	4	4
N　54.966~54.967	01	01	1	1	1	12	12	12	2	2	2	23	23	23	3	3	3	34	34	34	4	4	4	45
P　54.965~54.966	01	1	1	1	12	12	12	2	2	2	23	23	23	3	3	3	34	34	34	4	4	4	45	45
R　54.964~54.965	1	1	1	12	12	12	2	2	2	23	23	23	3	3	3	34	34	34	4	4	4	45	45	45
S　54.963~54.964	1	1	12	12	12	2	2	2	23	23	23	3	3	3	34	34	34	4	4	4	45	45	45	5
T　54.962~54.963	1	12	12	12	2	2	2	23	23	23	3	3	3	34	34	34	4	4	4	45	45	45	5	5
U　54.961~54.962	12	12	12	2	2	2	23	23	23	3	3	3	34	34	34	4	4	4	45	45	45	5	5	5
V　54.960~54.961	12	12	2	2	2	23	23	23	3	3	3	34	34	34	4	4	4	45	45	45	5	5	5	56
W　54.959~54.960	12	2	2	2	23	23	23	3	3	3	34	34	34	4	4	4	45	45	45	5	5	5	56	56
X　54.958~54.959	2	2	2	23	23	23	3	3	3	34	34	34	4	4	4	45	45	45	5	5	5	56	56	56
Y　54.957~54.958	2	2	23	23	23	3	3	3	34	34	34	4	4	4	45	45	45	5	5	5	56	56	56	6
4　54.956~54.957	2	23	23	23	3	3	3	34	34	34	4	4	4	45	45	45	5	5	5	56	56	56	6	6
7　54.955~54.956	23	23	23	3	3	3	34	34	34	4	4	4	45	45	45	5	5	5	56	56	56	6	6	6

重新使用缸体和曲轴时：

（1）分别测量缸体主轴承孔内直径和曲轴主轴颈直径。

（2）使用主轴承选用表时，必须用测量得到的尺寸。

（3）在主轴承选用表里面选择行和列交叉点的符号。

（4）用主轴承等级表里的符号来选择主轴承。

（5）主轴承的等级如表 1-6-25 所示。

表 1-6-25　主轴承等级表

级别编号	厚度/mm	识别颜色	备注
-1	1.970~1.973	绿色-棕色	
0	1.973~1.976	黑色	上下轴承的级别和颜色相同
1	1.976~1.979	棕色	
2	1.979~1.982	绿色	
3	1.982~1.985	黄色	

续表

级别编号		厚度/mm	识别颜色	备注
4		1.985～1.988	蓝色	上下轴承的级别 和颜色相同
5		1.988～1.991	粉色	
6		1.991～1.994	紫色	
7		1.994～1.997	白色	
－10	上轴承	1.970～1.973	绿色-棕色	上下轴承的级别 和颜色不同
	下轴承	1.973～1.976	黑色	
01	上轴承	1.973～1.976	黑色	
	下轴承	1.976～1.979	棕色	
12	上轴承	1.976～1.979	棕色	
	下轴承	1.979～1.982	绿色	
23	上轴承	1.979～1.982	绿色	
	下轴承	1.982～1.985	黄色	
34	上轴承	1.982～1.985	黄色	
	下轴承	1.985～1.988	蓝色	
45	上轴承	1.985～1.988	蓝色	
	下轴承	1.988～1.991	粉色	
56	上轴承	1.988～1.991	粉色	
	下轴承	1.991～1.994	紫色	
67	上轴承	1.991～1.994	紫色	
	下轴承	1.994～1.997	白色	

（6）规定的主轴承油层间隙不在标准尺寸主轴承范围内时，使用偏小轴承。

（7）使用偏小轴承时，用安装的轴承测量主轴承内直径并研磨主轴颈，使主轴承油层间隙满足标准。

偏小 0.25 轴承厚度：2.106～2.114mm。

第二章

国产车型

第一节　比亚迪汽车

一、比亚迪 F0（1.0L BYD371QA）

1. 活塞的选配

（1）使用千分尺在距活塞裙底部 10mm 处测量活塞直径。

标准值：70.97～70.99mm。维修极限：70.96mm。

如果测量结果小于上述值，更换活塞。

（2）在气缸内按高度选择 2 个截面，每个截面选择相互垂直的两个方向测量缸孔内径。

标准值：71.000～71.013mm。维修极限：71.013mm。

计算出 4 次测量的平均值，如果平均值超过上述数值，则更换缸体。

（3）根据活塞直径和缸孔直径计算活塞配缸间隙。

标准值：0.080～0.103mm。维修极限：0.103mm。

如果计算出的数值大于上述值，则更换活塞。

（4）活塞选配：查看缸体下平面上表示缸筒直径的一组数字（由三个数字组成）。

"1"代表对应缸筒直径为 $71^{+0.02}_{+0.01}$ mm。选装顶部有红色标记的活塞，裙部尺寸为 $71^{-0.025}_{-0.035}$ mm。

"2"代表对应缸筒直径为 $71^{+0.01}_{0}$ mm。选装顶部有蓝色标记的活塞，裙部尺寸为 $71^{-0.035}_{-0.045}$ mm。

例如：缸体底面标识为"121"，那么表示 1、2、3 缸分别选装红色、蓝色、红色的活塞。

（5）如果更换活塞后，计算的数值还大于上述值，有必要更换缸体。

注意：在气缸上部，有一个活塞环往复运动形成的微小台阶，所以必须在磨损最严重的地方测量气缸直径，即微小台阶的下部。

2. 曲轴的检查和连杆轴瓦的选配

（1）用千分尺测量每个主轴颈的直径。

标准尺寸：43.982～44.000mm。如果测量值小于上述数值，则更换曲轴。

（2）检查主轴颈的椭圆度和锥度，最大椭圆度和锥度是0.03mm。

（3）用千分尺测量每个连杆轴颈的直径。

标准尺寸：39.982～40.000mm。如果测量值小于上述数值，则更换曲轴。

（4）检查连杆轴颈的椭圆度和锥度，最大椭圆度和锥度是0.03mm。

（5）测量连杆大头的内径。

标准内径：43.000～43.024mm。如果测量结果超过此数值，则更换连杆。

（6）用千分尺测量连杆轴瓦的厚度。

标准厚度：1.486～1.502mm。如果测量结果和上述数值不符，则更换连杆轴瓦。

（7）计算连杆轴瓦的公式为：X＝7－A－B。

X为连杆轴瓦分组号、A为连杆轴颈分组号、B为连杆大头孔分组号。

X共分5组（1～5），A在曲轴平衡重上，由三个数字组成，B在连杆体侧面中缝处。

二、比亚迪 F3/L3/G3/速锐/元（1.5L BYD473QE）

1. 活塞的选配

（1）使用千分尺在距活塞裙底部13mm处测量活塞直径。

标准值：（72.955～72.975）mm。维修极限：72.945mm。

（2）在气缸内按高度选择3个截面，每个截面选择相互垂直的两个方向测量缸孔内径。

标准值：（73.00～73.019）mm。维修极限：73.07mm。

（3）根据活塞直径和缸孔直径计算活塞配缸间隙。

标准值：（0.01～0.04）mm。维修极限：0.05mm。

2. 主轴瓦间隙的检查

（1）拆除曲轴主轴承盖和主轴瓦。

（2）用干净的维修用布清理各主轴颈和轴瓦。

（3）在每个主轴颈间放入一条塑料间隙规。

（4）重新安装轴瓦和主轴承盖，再将螺栓拧紧至25N·m＋40°。

注意：不要转动曲轴。

（5）再次拆卸主轴承盖和轴瓦，并测量塑料间隙规最宽部位。

主轴瓦与主轴颈油膜间隙标准值：0.018～0.036mm。维修极限：0.050mm。

（6）如果间隙值太宽或太窄，应拆去曲轴和上轴瓦。安装一个分组代码相同的新轴瓦，并重新检查间隙。

（7）如果塑料间隙规所示的间隙仍不正确，尝试用较大或较小的轴瓦，并再次检查。如果用适当大小的轴瓦仍不能获得合适的间隙，则更换曲轴，并重新检查。

3. 主轴瓦的选配

曲轴主轴瓦的厚度是根据缸体主轴颈孔尺寸和主轴颈尺寸来选择的。

（1）用于表示5个主轴颈孔的分组代码压印在气缸体上，记下主轴颈孔的分组代码。数字从左到右分别为第一至第五主轴承孔的直径分组代码。如果由于堆积的污垢和灰尘而无法读取代码，只能用溶剂或清洁剂清洗。

（2）主轴颈分组代码压印在曲轴上，数字为第一至第五主轴径直径的分组代码。

（3）使用曲轴主轴颈孔和主轴颈分组代码，从表2-1-1中选取合适的替换轴瓦。

注：分组代码位于主轴瓦的边缘。

表 2-1-1　曲轴主轴瓦选配表

主轴颈	主轴颈孔		
	1	2	3
1	3	4	5
2	2	3	4
3	1	2	3

4. 连杆轴瓦间隙的检查

(1) 拆卸连杆盖和连杆轴瓦。

(2) 用干净的维修用布清洁曲轴连杆轴颈和轴瓦。

(3) 在连杆轴颈上放置塑料间隙规。

(4) 重新安装轴瓦和连杆盖，然后将螺栓拧紧至 9.8N·m+90°。

注意：不要转动曲轴。

(5) 拆卸连杆盖和轴瓦，并测量塑料间隙规最宽部位。

连杆轴瓦与连杆轴颈油膜间隙标准值：0.020～0.038mm。维修极限：0.050mm。

(6) 如果塑料间隙规测得的间隙太宽或太窄，应拆除上轴瓦。安装一个分组颜色代码相同的完整新轴瓦，并重新检查间隙。

(7) 如果塑料间隙规所示的间隙仍不正确，尝试用较大或较小的轴瓦，并再次检查。如果用合适大小的轴瓦仍不能获得适当间隙，更换曲轴，并重新检查。

5. 连杆轴瓦的选配

(1) 连杆大端孔径代码一半压在轴承盖上，另一半在连杆上。

(2) 连杆轴颈分组代码压印在曲轴上，数字为第一至第四连杆轴颈的直径分组代码。

(3) 根据连杆大端孔代码和连杆轴颈代码，从表 2-1-2 中选取合适的替换轴瓦。

注：分组代码位于轴瓦的边缘。

表 2-1-2　连杆轴瓦选配表

连杆轴颈	大端孔径	
	1	2
1	2	3
2	1	2

三、比亚迪速锐/思锐/宋/S6/S7/G5/G6（1.5T BYD476ZQA）

1. 连杆轴瓦间隙的检查及选配

用千分尺测量每个连杆轴颈的直径，如果测量值不在标准范围（47.763～47.778mm），则需检查连杆轴颈的油膜间隙。

(1) 旋下 2 个连杆螺栓，取下连杆盖及连杆轴瓦。

(2) 仔细清洗连杆轴瓦及连杆轴颈。

(3) 将一条塑料间隙规放置到连杆轴颈上。

(4) 在连杆螺栓螺纹及轴肩部位涂抹机油，然后盖上连杆盖，旋入螺栓，拧紧力矩为 30N·m。

注意：测量油膜间隙时不能扭转曲轴。

(5) 旋下 2 个连杆螺栓，取下连杆盖和连杆下轴瓦。

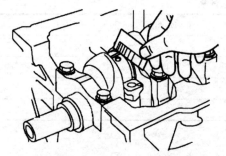

图 2-1-1　测量连杆轴颈油膜间隙

（6）在塑料间隙规最宽处测量油膜间隙，如图 2-1-1 所示。

标准油膜间隙：0.02～0.06mm。最大油膜间隙：0.09mm。

（7）如果测量值比最大油膜间隙值大，则需要更换连杆轴瓦；如果更换后测量值仍然比最大油膜间隙值大，则需要更换曲轴。

2. 主轴瓦间隙的检查及选配

用千分尺测量每个主轴颈的直径，如果测量值不在标准范围（53.963～53.978mm），则需检查主轴颈的油膜间隙。

（1）旋下 10 个主轴承盖螺栓，取下 5 个主轴承盖。

注意：按图 2-1-2 所示顺序分 2～3 次将主轴承盖螺栓拧松，按原装顺序取下主轴承盖及主轴承盖螺栓并分开摆放。

（2）清洗主轴瓦内表面、主轴承盖、主轴颈及曲轴。

（3）将一条塑料间隙规放置到曲轴主轴颈上。

（4）盖上主轴承盖，旋入螺栓，按图 2-1-3 所示顺序分 2～3 次拧紧，拧紧力矩为 50N·m。

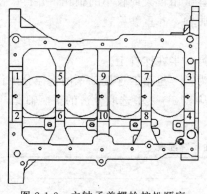

图 2-1-2　主轴承盖螺栓拧松顺序

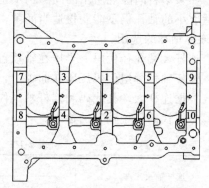

图 2-1-3　主轴承盖螺栓拧紧顺序

（5）旋下主轴承盖螺栓，取下主轴承盖和主轴瓦。

（6）在塑料间隙规最宽处测量油膜间隙。

新的：0.03～0.18mm。磨损极限：0.20mm。

如果测量值比允许的最大间隙要大，则需更换同一组的主轴瓦，曲轴主轴瓦选配表如表 2-1-3 所示。如果更换主轴瓦后测量值仍然比允许的最大间隙大，则需更换曲轴。

表 2-1-3　曲轴主轴瓦选配表

主轴孔（组号）	主轴瓦（组号）	间隙/mm
A	A	0.024～0.059
B	B	0.024～0.059

四、比亚迪 G3/S6/S8/M6（2.0L BYD483QB）

1. 主轴瓦的选配

曲轴主轴瓦的厚度是根据缸体主轴孔尺寸和主轴颈尺寸来选择的。

（1）如图 2-1-4 所示，用于表示 5 个主轴孔的分组代码压印在气缸体的底面，记下主轴颈孔的分组代码。数字从左到右分别为第一至第五主轴孔的直径分组代码。如果由于堆积的污垢和灰尘而无法读取代码，只能用溶剂或清洁剂清洗。

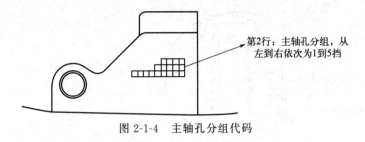

第2行：主轴孔分组，从左到右依次为1到5挡

图 2-1-4　主轴孔分组代码

（2）如图 2-1-5 所示，主轴颈分组代码压印在曲轴上，数字为第一至第五主轴径直径的分组代码。

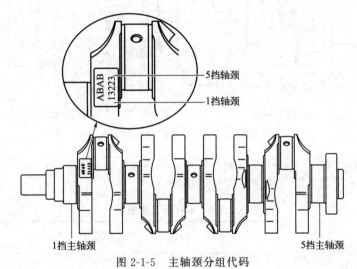

图 2-1-5　主轴颈分组代码

（3）使用曲轴主轴颈孔和主轴颈分组代码，从表 2-1-4 中选取合适的替换轴瓦。

注：分组代码位于主轴瓦的边缘。上主轴瓦安装在气缸体上是有油孔状态，下主轴瓦安装在主轴承盖无油孔。

表 2-1-4　曲轴主轴瓦选配表

		主轴孔径渐大 →		
主轴瓦分组 主轴孔分组 主轴径分组		1	2	3
轴径渐大 ↓	1	3	4	5
	2	2	3	4
	3	1	2	3

分组代号	1	2	3	4	5

轴瓦渐厚 →

2. 连杆轴瓦的选配

（1）连杆大端孔径代码一半压在轴承盖上，另一半在连杆上。

（2）如图 2-1-6 所示，连杆轴颈分组代码压印在曲轴上。

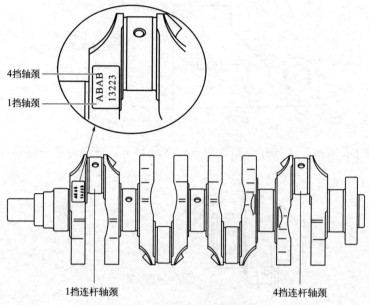

4挡轴颈

1挡轴颈

ABAB
13223

1挡连杆轴颈　　　　　4挡连杆轴颈

图 2-1-6　连杆轴颈分组代码

（3）根据连杆大端孔代码和连杆轴颈代码，从表 2-1-5 中选取合适的替换轴瓦。

注：连杆轴瓦分组代码位于轴瓦瓦背的边缘。

表 2-1-5　连杆轴瓦选配表

轴瓦分组 座孔分组 轴径分组	座孔径渐大	
	A	B
轴径渐大 A	2	3
轴径渐大 B	1	2

分组代号	1	2	3

轴瓦渐厚 →

五、S7/宋/唐（2.0T BYD487ZQA）

1. 活塞和连杆的选配

（1）选配活塞：如图 2-1-7 所示，活塞分为 A、B 两个分组，每台发动机的四个活塞需为同一分组。

（2）选配连杆：如图 2-1-8 所示，连杆按 A～J 分为 10 个分组，每台发动机的四个连杆需为同一分组。

图 2-1-7 活塞分组号

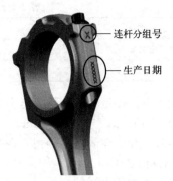

图 2-1-8 连杆分组号

2. 主轴瓦的选配

（1）如图 2-1-9 所示，查看气缸体底面的主轴孔分组号，按表 2-1-6 选配主轴瓦。

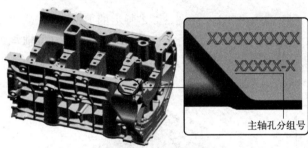

图 2-1-9 主轴孔分组号

表 2-1-6 曲轴主轴瓦选配表

主轴孔分组号	主轴瓦分组号	间隙/mm
A	A	0.024～0.059
B	B	0.024～0.059

（2）将上主轴瓦安装在气缸体一、二、四、五挡主轴承孔内，曲轴止推轴瓦安装在气缸体三挡主轴承孔内，安装完毕后，在主轴瓦内表面（与曲轴接触面）涂抹适量机油，装配时注意不能划伤轴瓦表面。

（3）将曲轴安装到气缸体上，盖上主轴承盖，用橡胶锤轻轻敲击主轴承盖，使其与气缸体接触面贴合。在主轴承盖螺栓头部涂抹适量机油，按图 2-1-10 所示顺序拧紧至规定力矩。

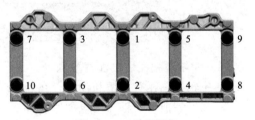

图 2-1-10 拧紧顺序

（4）装配完毕，曲轴应转动灵活，无零件相互干涉或阻滞现象，回转力矩不大于 7N·m。曲轴轴向窜动量在 0.06～0.24mm。

第二节 奇瑞汽车

一、瑞虎 5/瑞虎 5X/瑞虎 7/瑞虎 8/星途/捷途（1.5T SQRE4T15/SQRE4T15B/SQRE4T15C）

1. 检查气缸直径与活塞间隙

（1）使用量缸表测量气缸直径并计算与活塞间隙，应如表 2-2-1 所示。

如果气缸直径超出极限值，则更换气缸体，如活塞与气缸的间隙超出规定值，则检查气缸直径与活塞直径。并做相应更换。

表 2-2-1　气缸直径与活塞间隙

测量项目	规格/mm	极限值/mm
气缸直径	77	77.105
活塞与气缸的间隙	0.04	0.115

（2）用千分尺测量活塞销垂直方向距离活塞顶部 28.45mm 处的位置，测量活塞直径。标准值：（76.955～76.965）mm。

如果活塞直径不在规定范围内，则更换活塞连杆总成。

2. 主轴瓦的选配

（1）曲轴主轴承上瓦的选配。

气缸体上有相关的字母标记（A 和 B），如图 2-2-1 所示的 BBBBA，从左到右每个字母对应的是曲轴主轴颈上瓦型号。第一字母 B 是用于曲轴第一主轴颈的主轴承上瓦，第五个字母 A 为曲轴第五主轴颈的主轴承上瓦。A 表示选用红瓦，B 表示选用蓝瓦。

（2）曲轴主轴承下瓦的选配。

曲轴前端的第一平衡器上有相关标记（包括 A 和 B），如图 2-2-2 所示的 BBBBA，从左到右每个字母对应的是曲轴主轴颈下瓦型号。第一字母 B 是用于曲轴第一主轴颈的主轴承下瓦，第五个字母 A 为曲轴第五主轴颈的主轴承下瓦。A 表示选用红瓦，B 表示选用蓝瓦。

图 2-2-1　主轴颈上瓦选配型号

图 2-2-2　主轴颈下瓦选配型号

（3）曲轴主轴瓦装配注意事项。

① 主轴上轴瓦有瓦槽和油孔，在装配时应与缸体上油孔对齐，下轴瓦没有油孔。

② 在安装前，主轴瓦内表面要涂抹一层发动机机油，装配时轴瓦背面不可以有机油或任何杂物，并要保证轴瓦背面和内表面的清洁。

3. 连杆轴瓦的选配

（1）连杆轴承上瓦的选配

① 连杆轴承上瓦分为红瓦和蓝瓦。连杆轴瓦盖上有相关标志，根据标记选择相关连杆轴承瓦。A 表示选用红瓦，B 表示选用蓝瓦。

② 连杆上瓦选配型号如图 2-2-3 所示，在连杆上的标记 BC 中，B 表示蓝瓦。

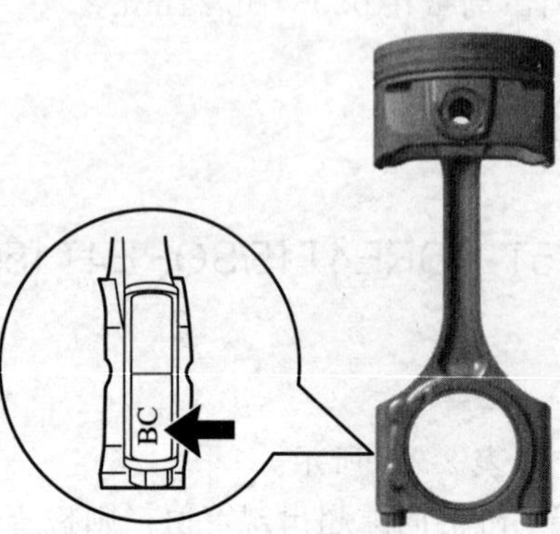

（2）连杆轴承下瓦的选配。

曲轴前端的第一平衡器上有相关数字标记（包括 1 和 2），如图 2-2-2 所示的 1221，第一个数字 1 表示是用于曲轴第一个连杆轴颈的下瓦型号，第四个数字 1 表示曲轴第四个连杆轴颈的下瓦型号。1 表示选用红

图 2-2-3　连杆上瓦选配型号

瓦，2 表示选用蓝瓦。

（3）连杆轴瓦装配注意事项。

① 连杆上下轴瓦通用，没有油槽，但其中一个连杆轴瓦有油孔。

② 在同一台发动机上，应使用配套规格的连杆轴瓦。

③ 在安装前连杆轴瓦内表面要涂抹一层发动机机油，装配时轴瓦背面不可以有机油或任何杂物，并要保证轴瓦背面和内表面的清洁。

4. 曲轴主轴颈/连杆轴颈直径及配合间隙

① 曲轴主轴颈直径规格为 50mm，极限值 49.984mm。如果曲轴主轴颈直径不在规定的范围内，则更换新的主轴轴瓦，并检查曲轴主轴承配合间隙。更换新的主轴颈轴瓦后，主轴承配合间隙仍不在规定范围内，则更换曲轴。

② 曲轴主轴承配合间隙（0.023～0.075）mm。如果曲轴主轴承配合间隙不在规定范围内，则安装新主轴承轴瓦。如有必要则更换曲轴总成。

③ 曲轴连杆轴颈直径规格为 46mm，极限值 45.984mm。如果连杆轴颈直径不在规定的范围内，则更换新的连杆轴瓦，并检查连杆轴瓦间隙。

更换新的连杆轴瓦后，连杆轴瓦径向间隙仍不在规定范围内，则更换曲轴。

④ 曲轴连杆轴承配合间隙（0.026～0.075）mm。如果连杆轴瓦径向间隙不在规定范围内，则更换连杆轴瓦。如有必要，更换曲轴总成。

二、瑞虎 7/瑞虎 8/星途/捷途（1.6T SQRF4J16）

1. 检查气缸直径与活塞间隙

（1）使用量缸表测量气缸直径并计算与活塞间隙，应如表 2-2-2 所示。

表 2-2-2 气缸直径与活塞间隙

测量项目	规格/mm	极限值/mm
气缸直径	77	77.105
活塞与气缸的间隙	0.045	0.063

如果气缸直径超出极限值，则更换气缸体，如活塞与气缸的间隙超出规定值，则检查气缸直径与活塞直径。并做相应更换。

（2）用千分尺测量活塞销垂直方向距离活塞顶部 28.45mm 处的位置，测量活塞直径。

标准值：（76.95～76.96）mm。

如果活塞直径不在规定范围内，则更换活塞连杆总成。

2. 主轴瓦的选配

（1）气缸体上有相关的字母标记（A、B、C），如图 2-2-4 所示的 BBBBA，从左到右的每个字母对应的是缸体各主轴承孔的大小。第一个字母 B 代表第一主轴承孔尺寸，第五个字母 A 为第五主轴承孔尺寸。

图 2-2-4 主轴承孔尺寸标记

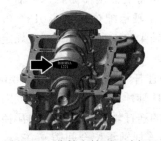

图 2-2-5 曲轴主轴颈尺寸标记

（2）曲轴前端的第一个平衡块上有相关标记（A、B、C），如图 2-2-5 所示的 BBBBA，从左到右每个字母对应的是曲轴各主轴颈的大小。第一个字母 B 代表第一主轴颈直径，第五个字母 A 代表第五主轴颈直径。

（3）按表 2-2-3 选配曲轴主轴瓦。

表 2-2-3　曲轴主轴瓦选配表

主轴孔	主轴颈		
	C 黄 （45.984～45.989mm）	B 红 （45.989～45.995mm）	A 蓝 （45.995～46.000mm）
	轴瓦	轴瓦	轴瓦
A 蓝 （50.000～50.005mm）	红	红	蓝
B 红 （50.005～50.011mm）	黄	红	蓝
C 黄 （50.011～50.016mm）	黄	黄	红

3. 连杆轴瓦的选配

（1）连杆轴承上瓦的选配。

① 连杆轴承上瓦分为红瓦和蓝瓦。连杆轴瓦盖上有相关标志（包括 A 和 B）。

② 如图 2-2-6 所示，在连杆上的标记中，A 表示红瓦，B 表示蓝瓦。

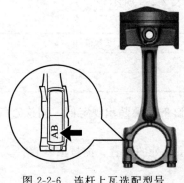

图 2-2-6　连杆上瓦选配型号

（2）连杆轴承下瓦的选配。

曲轴前端的第一平衡器上有相关数字标记（包括 1 和 2），如图 2-2-5 所示的 1221，第一个数字 1 是用于曲轴第一个连杆轴颈的下瓦型号，第四个数字 1 为曲轴第四个连杆轴颈的下瓦型号。1 表示选用红瓦，2 表示选用蓝瓦。

（3）连杆轴瓦装配注意事项。

① 连杆上下轴瓦不通用。

② 在同一台发动机上，应使用配套规格的连杆轴瓦。

③ 在安装前连杆轴瓦内表面要涂抹一层发动机机油，装配时轴瓦背面不可以有机油或任何杂物，并要保证轴瓦背面和内表面的清洁。

4. 曲轴主轴颈/连杆轴颈直径及配合间隙

① 曲轴主轴颈直径规格为 46mm，极限值 45.984mm。

如果曲轴主轴颈直径不在规定的范围内，则更换新的主轴轴瓦，并检查曲轴主轴承配合间隙。更换新的主轴颈轴瓦后，主轴承配合间隙仍不在规定范围内，则更换曲轴。

② 曲轴主轴承配合间隙 0.013～0.043mm。

如果曲轴主轴承配合间隙不在规定范围内，则安装新主轴承轴瓦。如有必要则更换曲轴总成。

③ 曲轴连杆轴颈直径规格为 44mm，极限值 43.984mm。

如果连杆轴颈直径不在规定的范围内，则更换新的连杆轴瓦，并检查连杆轴瓦间隙。

更换新的连杆轴瓦后，连杆轴瓦径向间隙仍不在规定范围内，则更换曲轴。

④ 曲轴连杆轴承配合间隙 0.035～0.067mm。

如果连杆轴瓦径向间隙不在规定范围内，则更换连杆轴瓦。如有必要则更换曲轴总成。

三、瑞虎 8/星途/捷途 X90（2.0T SQRF4J20C）

1. 检查气缸直径与活塞间隙

使用量缸表测量气缸直径并计算与活塞间隙，如表 2-2-4 所示。

表 2-2-4　气缸直径与活塞间隙

测量项目	规格/mm	极限值/mm
气缸直径	80.5	80.513
活塞与气缸的间隙	0.04	0.063

如果气缸直径超出极限值，则更换气缸体，如活塞与气缸的间隙超出规定值，则检查气缸直径与活塞直径，并做相应更换。

2. 主轴瓦的选配

（1）气缸体上有相关的字母标记（包括 A、B、C、D），如图 2-2-7 所示的 BBBBA，从左到右的每个字母对应的是缸体各主轴承孔的大小。第一个字母 B 代表第一主轴承孔尺寸，第五个字母 A 为第五主轴承孔尺寸。

（2）曲轴前端的第一平衡块上有相关标记（包括 A、B、C、D），如图 2-2-8 所示的 BBBBA，从左到右每个字母对应的是曲轴各主轴颈的大小。第一个字母 B 代表第一主轴颈直径，第五个字母 A 代表第五主轴颈直径。

图 2-2-7　主轴承孔尺寸标记

图 2-2-8　曲轴主轴颈尺寸标记

（3）按表 2-2-5 选配曲轴上、下主轴瓦。

表 2-2-5　曲轴主轴瓦选配表

主轴承孔/mm	主轴颈/mm	上主轴瓦/mm	下主轴瓦/mm
A(57.000～57.005)	A(51.995～52.000)	A 红(2.489～2.493)	A 红(2.489～2.493)
A	B(51.990～51.995)	A 红	B 蓝(2.493～2.497)
A	C(51.985～51.990)	A 红	C 黄(2.497～2.501)
A	D(51.981～51.985)	A 红	D 黑(2.501～2.505)
B(57.005～57.010)	A	B 蓝(2.493～2.497)	A 红
B	B	B 蓝	B 蓝
B	C	B 蓝	C 黄
B	D	B 蓝	D 黑

续表

主轴承孔/mm	主轴颈/mm	上主轴瓦/mm	下主轴瓦/mm
C(57.010~57.015)	A	C黄(2.497~2.501)	A红
C	B	C黄	B蓝
C	C	C黄	C黄
C	D	C黄	C黄
D(57.015~57.019)	A	D黑(2.501~2.505)	A红
D	B	D黑	B蓝
D	C	D黑	C黄
D	D	D黑	D黑

3. 连杆轴瓦的选配

（1）连杆轴承上瓦分为红瓦和蓝瓦两种。连杆轴瓦盖上有相关标记（包括 A、B、C、D）。

（2）如图 2-2-9 所示，在连杆上的标记中，A 表示红瓦，B 表示蓝瓦。

（3）曲轴前端的第一平衡器上有相关数字标记（包括 1、2、3、4），如图 2-2-8 所示的 1221，第一个数字 1 是用于气缸 1 活塞连杆轴承的下瓦型号，第四个数字 1 为气缸 4 活塞连杆轴承的下瓦型号。

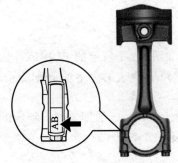

图 2-2-9　连杆上瓦选配型号

（4）按表 2-2-6 选配连杆轴承上、下瓦。

表 2-2-6　连杆轴瓦选配表

连杆大头孔/mm	上连杆轴瓦/mm	连杆轴颈/mm	下连杆轴瓦/mm
A(53.000~53.005)	A红(1.483~1.487)	1(49.996~50.000)	A红(1.483~1.487)
A	A红	2(49.992~49.996)	B蓝(1.487~1.491)
A	A红	3(49.988~49.992)	C黄(1.491~1.495)
A	A红	4(49.984~49.988)	D黑(1.495~1.499)
B(53.005~53.010)	B蓝(1.487~1.491)	1	A红
B	B蓝	2	B蓝
B	B蓝	3	C黄
B	B蓝	4	D黑
C(53.010~53.015)	C黄(1.491~1.495)	1	A红
C	C黄	2	B蓝
C	C黄	3	C黄
C	C黄	4	C黄
D(53.015~53.019)	D黑(1.495~1.499)	1	A红
D	D黑	2	B蓝
D	D黑	3	C黄
D	D黑	4	D黑

（5）沿图 2-2-10 箭头方向小心安装曲轴上主轴承瓦 1，使各主轴承的上瓦槽口应与气缸体对齐；安装后，曲轴主轴承上瓦上的油道孔 2 应与气缸体上的油道孔对齐。

4. 曲轴主轴颈/连杆轴颈直径及配合间隙

① 曲轴主轴颈直径规格为 52mm，极限值 51.981mm。

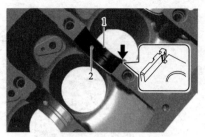

图 2-2-10　曲轴主轴瓦安装方法

如果曲轴主轴颈直径不在规定的范围内，则更换新的主轴轴瓦，并检查曲轴主轴承配合间隙。更换新的主轴颈轴瓦后，主轴承配合间隙仍不在规定范围内，则更换曲轴。

② 曲轴主轴承配合间隙（0.020～0.048)mm。

如果曲轴主轴承配合间隙不在规定范围内，则安装新主轴承轴瓦。如有必要则更换曲轴总成。

③ 曲轴连杆轴颈直径规格为 50mm，极限值 49.984mm。

如果连杆轴颈直径不在规定的范围内，则更换新的连杆轴瓦，并检查连杆轴瓦间隙。

更换新的连杆轴瓦后，连杆轴瓦径向间隙仍不在规定范围内，则更换曲轴。

④ 曲轴连杆轴承配合间隙（0.035～0.067)mm。

如果连杆轴瓦径向间隙不在规定范围内，则更换连杆轴瓦。如有必要则更换曲轴总成。

四、瑞虎 3/瑞虎 5/艾瑞泽 5（1.5L SQRE4G15C）

1. 检查气缸直径与活塞间隙

（1）使用量缸表测量气缸直径并计算与活塞间隙，应如表 2-2-7 所示。

表 2-2-7　气缸直径与活塞间隙

测量项目	规格/mm	极限值/mm
气缸直径	77	77.105
活塞与气缸的间隙	0.04	0.115

如果气缸直径超出极限值，则更换气缸体，如活塞与气缸的间隙超出规定值，则检查气缸直径与活塞直径。并做相应更换。

（2）用千分尺在活塞裙部的下端 10mm 处，沿活塞销垂直方向测量活塞直径。

标准值：(76.950±0.009)mm。

如果活塞直径不在规定范围内，则更换活塞连杆总成。

2. 主轴瓦的选配

（1）曲轴主轴承上瓦的选配。

气缸体上有相关的字母标记（A 和 B)，如图 2-2-11 所示的 BBBBA，从左到右每个字母对应的是曲轴主轴颈上瓦型号。第一个字母 B 是用于曲轴第一主轴颈的主轴承上瓦，第五个字母 A 为曲轴第五主轴颈的主轴承上瓦。A 表示选用红瓦，B 表示选用蓝瓦。

（2）曲轴主轴承下瓦的选配。

曲轴前端的第一平衡器上有相关标记（包括 A 和 B)，如图 2-2-12 所示的 BBBBA，从左到右每个字母对应的是曲轴主轴颈下瓦型号。第一个字母 B 是用于曲轴第一主轴颈的主轴承下瓦，第五个字母 A 为曲轴第五主轴颈的主轴承下瓦。A 表示选用红瓦，B 表示选用蓝瓦。

（3）曲轴主轴瓦装配注意事项。

① 主轴上轴瓦有瓦槽和油孔，在装配时应与缸体上油孔对齐，主轴下轴瓦没有油孔。

② 在安装前，主轴瓦内表面要涂抹一层发动机机油，装配时轴瓦背面不可以有机油或任何杂物，并要保证轴瓦背面和内表面的清洁。

图 2-2-11　主轴颈上瓦选配型号　　　　图 2-2-12　主轴颈下瓦选配型号

3. 连杆轴瓦的选配

（1）连杆轴承上瓦的选配。

① 连杆轴承上瓦分为红瓦和蓝瓦两种。连杆轴瓦盖上有相关标志，根据标记选择相关连杆轴承瓦，A 表示选用红瓦，B 表示选用蓝瓦。

② 如图 2-2-13 所示，在连杆上的标记 BC 中，B 表示蓝瓦。

（2）连杆轴承下瓦的选配。

曲轴前端的第一平衡器上有相关数字标记（包括 1和 2），如图 2-2-12 所示的 1221，第一个数字 1 是用于曲轴第一个连杆轴颈的下瓦型号，第四个数字 1 为曲轴第四个连杆轴颈的下瓦型号。1 表示选用红瓦，2 表示选用蓝瓦。

（3）连杆轴瓦装配注意事项。

① 连杆上下轴瓦通用，没有油槽，但其中一个连杆轴瓦有油孔。

② 在同一台发动机上，应使用配套规格的连杆轴瓦。

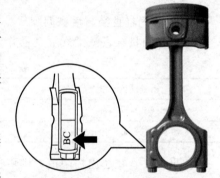

图 2-2-13　连杆上瓦选配型号

③ 在安装前连杆轴瓦内表面要涂抹一层发动机机油，装配时轴瓦背面不可以有机油或任何杂物，并要保证轴瓦背面和内表面的清洁。

4. 曲轴主轴颈/连杆轴颈直径及配合间隙

① 曲轴主轴颈直径规格为 54mm，极限值 53.984mm。

如果曲轴主轴颈直径不在规定的范围内，则更换新的主轴轴瓦，并检查曲轴主轴承配合间隙。更换新的主轴颈轴瓦后，主轴承配合间隙仍不在规定范围内，则更换曲轴。

② 曲轴主轴承配合间隙（0.021～0.060）mm。

如果曲轴主轴承配合间隙不在规定范围内，则安装新主轴承轴瓦。如有必要则更换曲轴总成。

③ 曲轴连杆轴颈直径规格为（47.884～47.9）mm。

如果连杆轴颈直径不在规定的范围内，则更换新的连杆轴瓦，并检查连杆轴瓦间隙。

更换新的连杆轴瓦后，连杆轴瓦径向间隙仍不在规定范围内，则更换曲轴。

④ 曲轴连杆轴承配合间隙（0.016～0.061）mm。

如果连杆轴瓦径向间隙不在规定范围内，则更换连杆轴瓦。如有必要则更换曲轴总成。

第三节　上汽荣威汽车

一、荣威 350（1.5L NSE）

1. 检查气缸直径与活塞间隙

（1）使用量缸表测量气缸直径。

气缸直径：(74.985～75.000)mm。

（2）用千分尺测量活塞销垂直方向距离活塞裙部 11mm 处的位置，测量活塞直径。

标准值：(74.941～74.959)mm。

注意：活塞和连杆以总成的形式供货，由于连杆按质量分组，所以必须保证四缸所装配的活塞连杆总成属于同一组。

（3）气缸体的修理尺寸应如表 2-3-1 所示。

表 2-3-1　气缸体修理尺寸

缸径尺寸分组	缸径/mm	活塞裙部最大直径/mm	配缸间隙/mm
正常尺寸	74.985～75.000	74.941～74.959	0.026～0.059
A(+0.5)	75.485～75.500	75.441～75.459	0.026～0.059
B(+1.0)	75.985～76.000	75.941～75.959	0.026～0.059
C(+1.5)	76.485～76.500	76.441～76.459	0.026～0.059

2. 主轴瓦的选配

（1）主轴瓦选配规律：上主轴瓦按照主轴承孔尺寸分组（A 为蓝色，B 为红色）。

主轴承孔直径：

等级 A：53.690～53.700mm。

等级 B：53.680～53.690mm。

（2）在缸体上记上主轴瓦标记号码（主轴承孔尺寸分组），如图 2-3-1 所示。

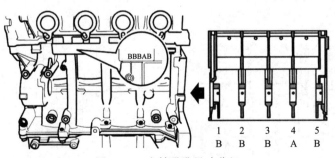

图 2-3-1　主轴承孔尺寸分组

（3）下主轴瓦按照曲轴主轴颈的尺寸分组（1 为蓝色，0 为红色）。

主轴颈直径：

等级 0：49.993～50.000mm。

等级 1：49.984～49.992mm。

（4）从曲轴后端记下主轴瓦标记号码（主轴颈尺寸分组），如图 2-3-2 所示。

注意：有油槽和油孔的瓦安装在机体主轴承孔上，无油槽和油孔的安装在主轴承盖内。

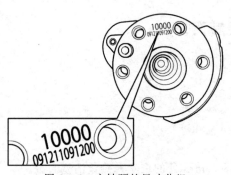

图 2-3-2　主轴颈的尺寸分组

3. 连杆轴瓦的选配

连杆轴瓦不分组，但是同一台发动机上活塞连杆总成质量分组应为同一组别，不得装错。如在维修时不能选配到同一组别的活塞连杆总成，则更换全部活塞连杆总成，以保证活塞连杆总成质量在同一组别。

4. 曲轴主轴颈/连杆轴颈直径及配合间隙

① 曲轴主轴颈直径规格为 49.984～50.000mm。

② 曲轴主轴承配合间隙 0.020～0.054mm。

③ 曲轴连杆轴颈直径规格为 47.984～48.000mm。

④ 曲轴连杆轴承配合间隙 0.020～0.071mm。

二、荣威 550/750/W5（1.8T 18K4G）

1. 检查气缸、活塞直径

（1）使用量缸表测量气缸直径。

气缸直径：80.000～80.030mm。

（2）用千分尺在活塞销垂直方向测量活塞直径。

标准值：79.974～79.990mm。

注意：活塞和连杆以总成的形式供货，由于连杆按质量分组，所以必须保证四个缸所装配的活塞连杆总成属于同一组。

2. 主轴瓦的选配

（1）从缸体轴承座处记录主轴瓦标记号码（主轴承孔尺寸分组），如图 2-3-3 所示。

（2）从曲轴前围处记录主轴瓦标记号码（主轴颈尺寸分组），如图 2-3-4 所示。

（3）主轴颈直径的尺寸分组如下。

等级 1：48.000～48.007mm。

等级 2：47.993～48.000mm。

等级 3：47.986～47.993mm。

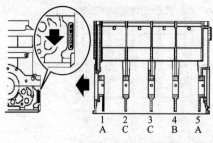

图 2-3-3　主轴承孔尺寸代码

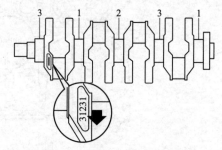

图 2-3-4　主轴颈的尺寸代码

（4）按表 2-3-2 选配主轴瓦。

表 2-3-2　主轴瓦选配表

主轴承孔直径等级	主轴颈直径等级		
	等级 1	等级 2	等级 3
等级 A	蓝色-蓝色	红色-蓝色	红色-红色

主轴承孔 直径等级	主轴颈直径等级		
	等级 1	等级 2	等级 3
等级 B	蓝色-绿色	蓝色-蓝色	红色-蓝色
等级 C	绿色-绿色	蓝色-绿色	蓝色-蓝色

提示：

① 轴瓦边上标识轴瓦厚度的颜色号是：绿色＝薄、蓝色＝中等、红色＝厚。

② 如果两个颜色不同的轴瓦要用在同一个轴颈上，厚一点的轴承应该用在轴承座上。

③ 第二、三、四主轴颈上轴瓦有油道，第一、五上轴瓦及所有下轴瓦无油道。

3. 连杆轴瓦的选配

（1）记录连杆大头孔径的数字，其分为 5、6、7 三个尺寸等级。如图 2-3-5 所示，数字位于连杆大头盖上。

（2）如图 2-3-6 所示，从曲轴后平衡块上读取连杆轴颈直径尺寸分组代码。从左向右，第一个代码是第一连杆轴颈的直径等级。

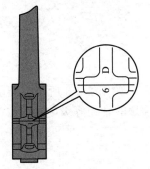

图 2-3-5　连杆大头孔径等级

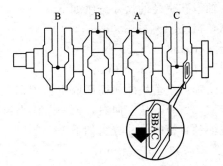

图 2-3-6　连杆轴颈直径等级

（3）连杆轴颈直径的尺寸分组如下。

等级 A：48.000～48.007mm。

等级 B：47.993～48.000mm。

等级 C：47.986～47.993mm。

（4）从表 2-3-3 中选择合适的连杆轴瓦。

表 2-3-3　连杆轴瓦选配表

连杆大头 孔径等级	连杆轴颈直径等级		
	等级 A	等级 B	等级 C
等级 5	蓝色-蓝色	红色-蓝色	红色-红色
等级 6	蓝色-黄色	蓝色-蓝色	红色-蓝色
等级 7	黄色-黄色	蓝色-黄色	蓝色-蓝色

提示：

① 轴瓦上标识轴瓦厚度的颜色代码是：黄色＝薄、蓝色＝中等、红色＝厚。

② 如果两个颜色不同的轴瓦要用在同一连杆轴颈上，厚的轴瓦装在连杆大头盖上。

4. 曲轴主轴颈/连杆轴颈直径及配合间隙

① 曲轴主轴颈直径规格为 47.986～48.007mm。

② 曲轴主轴承配合间隙为 0.013～0.043mm。

③ 曲轴连杆轴颈直径规格为 47.986～48.007mm。

④ 曲轴连杆轴承配合间隙为 0.021～0.049mm。

三、荣威 750（2.5L 25K4F/KV6）

1. 检查气缸直径

使用量缸表测量气缸直径。

气缸直径：80.000～80.015mm。

注意：活塞和连杆以总成的形式供货，由于连杆按质量分组，所以必须保证四个缸所装配的活塞连杆总成属于同一组。

2. 主轴瓦的选配

（1）从缸体的前面记录主轴承孔的代码字母，如图 2-3-7 所示。主轴承孔分 A、B、C 三个等级。从左向右读取，第一个字母对应第一个（前）主轴承孔代码。

（2）主轴承孔直径的尺寸分组如下。

等级 A：71.593～71.600mm。

等级 B：71.586～71.593mm。

等级 C：71.579～71.586mm。

（3）从曲轴后平衡块外侧面读取主轴颈直径分组代码，如图 2-3-8 所示。上层数字为主轴颈等级（1、2、3），从左向右，第一个代码为第一主轴颈的直径等级，共四位数。

（4）主轴颈直径的尺寸分组如下。

等级 1：67.743～67.749mm。

等级 2：67.737～67.743mm。

等级 3：67.731～67.737mm。

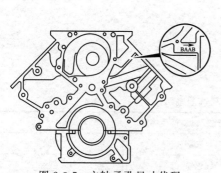

图 2-3-7　主轴承孔尺寸代码

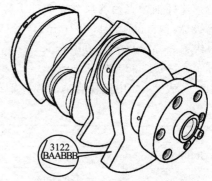

图 2-3-8　主轴颈的尺寸代码

（5）按表 2-3-4 选配主轴瓦。

表 2-3-4　主轴瓦选配表

主轴承孔 直径等级	主轴颈直径等级		
	等级 1	等级 2	等级 3
等级 A	绿色	蓝色	红色

主轴承孔直径等级	主轴颈直径等级		
	等级 1	等级 2	等级 3
等级 B	黄色	绿色	蓝色
等级 C	黑色	黄色	绿色

（6）根据主轴瓦边上的颜色确定主轴瓦的厚度，从厚到薄分别为：红—蓝—绿—黄—黑。

3. 连杆轴瓦的选配

（1）如图 2-3-9 所示，从连杆大端的轴承盖上记录下连杆大端孔径，连杆大端孔分 7、8、9 三个直径等级。

（2）连杆大头孔径的尺寸分组如下。

等级 7：57.671～57.677mm。

等级 8：57.665～57.671mm。

等级 9：57.659～57.665mm。

（3）如图 2-3-8 所示，从曲轴后平衡块外侧面读取连杆轴颈的尺寸分组代码。下层为连杆轴颈等级，分 A、B、C 三等，从左向右读，第一个代码为第一连杆轴颈的直径等级，共六个字母。

（4）连杆轴颈直径的尺寸分组如下。

等级 A：54.049～54.055mm。

等级 B：54.043～54.049mm。

等级 C：54.037～54.043mm。

（5）从表 2-3-5 中选择合适的连杆轴瓦。

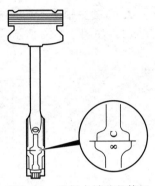

图 2-3-9　连杆大端孔径等级

表 2-3-5　连杆轴瓦选配表

连杆大头孔径等级	连杆轴颈直径等级		
	等级 A	等级 B	等级 C
等级 7	绿色	蓝色	红色
等级 8	黄色	绿色	蓝色
等级 9	黑色	黄色	绿色

（6）根据轴瓦边上的颜色代码确定连杆轴瓦的厚度，从厚到薄分别为：红—蓝—绿—黄—黑。

4. 曲轴主轴颈/连杆轴颈直径及配合间隙

① 曲轴主轴颈直径规格为 67.731～67.749mm。

② 曲轴主轴承配合间隙 0.021～0.039mm。

③ 曲轴连杆轴颈直径规格为 54.037～54.055mm。

④ 曲轴连杆轴承配合间隙 0.021～0.049mm。

四、荣威 W5（3.2L G32D）

1. 曲轴主轴承上瓦的选配

（1）在曲轴箱下端部（油底壳接合面）的进气歧管侧有 7 处冲印标记，冲印标记（图 2-3-10

所示箭头）与各主轴承安装位置一致，根据此冲印标记选择曲轴箱侧主轴承。

（2）根据表 2-3-6 所示的冲印标记选择曲轴主轴颈上瓦。

图 2-3-10　主轴颈上瓦冲印标记

表 2-3-6　曲轴主轴颈上瓦选配表

冲印标记	轴承颜色
●	蓝色
●●	黄色
●●●	红色

2. 曲轴主轴承下瓦的选配

（1）如图 2-3-11 所示，根据曲轴主轴颈的标记选择合适的曲轴主轴承下瓦。

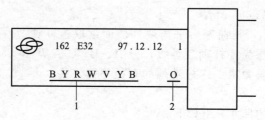

图 2-3-11　主轴颈下瓦标记

1—曲轴主轴承下瓦标记（1～7）；2—止推等级 0～2.45mm、1～2.46mm

（2）根据表 2-3-7 所示的标记选择曲轴主轴颈下瓦。

表 2-3-7　曲轴主轴颈下瓦选配表

标记	颜色	轴承颜色
B	蓝色	蓝色
Y	黄色	黄色
R	红色	红色
W	白色	白色
V	紫罗兰色	紫罗兰色

3. 曲轴主轴颈/连杆轴颈直径

① 曲轴主轴颈直径规格为 57.940～57.960mm。

在 1、2、4、6、8、10、12 号曲轴平衡块上，以（●）形式标有主轴颈直径的颜色标记。这些标记代表的曲轴主轴颈直径如表 2-3-8 所示。

表 2-3-8　曲轴主轴颈直径标记

颜色标记	曲轴主轴颈直径/mm	颜色标记	曲轴主轴颈直径/mm
蓝色	57.960～57.965	白色	57.945～57.950
黄色	57.960～57.966	紫罗兰色	57.940～57.945
红色	57.950～57.955		

② 曲轴连杆轴颈直径规格为 47.940～47.960mm。

五、荣威 RX5（2.0T NLE）

1. 检查气缸直径

（1）从活塞裙部下面向上 10mm 的地方测量活塞直径。标准值为（87.965±0.009）mm。

（2）使用内径千分表在各缸的不同的点测量缸径，检查磨损、不圆度和锥度。缸径标准值为 88～88.01mm。

2. 主轴瓦的选配

（1）从曲轴飞轮连接处查看曲轴主轴颈分级标识，如图 2-3-12 所示。数字为主轴颈等级（1、2、3），主轴颈直径的尺寸分组如下。

等级 1：51.9810～51.9879mm。

等级 2：51.9880～51.9939mm。

等级 3：51.9940～52.0000mm。

（2）检查主轴颈的直径。

（3）从缸体、裙架上查看各自的分级标识，主轴承孔直径的尺寸分组如下。

等级 A：56.000～56.005mm。

等级 B：56.006～56.011mm。

等级 C：56.012～56.019mm。

（4）轴承选配顺序是从发动机从前往后，正时链盖位置为前。

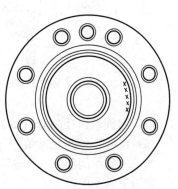

图 2-3-12　主轴颈的尺寸代码

（5）根据缸体/裙架、曲轴上分组编号，对应表 2-3-9 选择正确的主轴承。

表 2-3-9　曲轴主轴瓦选配表

曲轴主轴颈分级		1		2		3	
要安装的主轴承		上	下	上	下	上	下
缸体、裙架分级	A	红色	蓝色	红色	黄色	红色	蓝色
	B	黄色	蓝色	黄色	黄色	黄色	蓝色
	C	蓝色	蓝色	蓝色	黄色	蓝色	蓝色

（6）轴瓦边上标识轴瓦厚度的颜色号是：黄色＝薄、蓝色＝中等、红色＝厚。

六、荣威 RX5（1.5T SGE）

1. 检查活塞、气缸直径和配缸间隙

（1）在气缸盖衬垫表面下 37mm 处测量缸径。

（2）将测量结果与规定值进行比较。

主要：（74±0.008）mm。其他：（74±0.011）mm。

（3）如果缸径超过规定值，则可将气缸体的尺寸增大 0.25mm。只有一种大号尺寸的活塞和活塞环可供维修。

（4）在垂直于活塞销中心线的止推面处，用外径千分尺测量活塞顶部下方 38mm 处的活塞直径，应为 73.957～73.971mm。

（5）用气缸直径减去活塞直径即为配合间隙。

活塞与气缸的配合间隙：0.02～0.051mm。

（6）如果测量得出的间隙大于所提供的规定值且缸径在规定值之内，更换活塞。

2. 曲轴轴承的选配

有两种方法测量轴承间隙，方法一给出更多数据，所以是首选。测量轴承间隙以确定要更换的轴承正确尺寸。

方法一：

（1）如图 2-3-13 所示，错开 90°，用千分尺 1 在多处测量曲轴主轴颈直径，并计算测量值的平均值〔规定值：(47±0.008)mm〕。

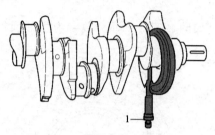

图 2-3-13　测量曲轴主轴颈直径

（2）测量曲轴主轴颈的锥度和跳动量（0.035mm）。

（3）装上轴承，安装下曲轴箱，并将轴承盖螺栓力矩拧紧到规定值。

轴承盖螺栓力矩：15N·m＋(176～184)°。

（4）如图 2-3-14 所示，错开 90°，在多处测量主轴承内径，并计算测量值的平均值。

曲轴主轴承孔内径：

主要：(51.875±0.007)mm。其他：(51.875±0.011)mm。

（5）用轴承内径测量值减去轴颈测量值以确定间隙值。

（6）将间隙值与标准值作比较，确定间隙是否在规定范围内。

曲轴主轴承间隙（1号轴承）标准值：0.011～0.070mm。

曲轴主轴承间隙（2、3、4、5号轴承）标准值：0.012～0.067mm。

（7）如果超过规定范围，则选择另一轴承。

提示： 主轴瓦上瓦有油孔和油槽，其中1号上主轴瓦有涂层，4号上主轴瓦为带有止推片的翻边轴瓦。其他三个轴瓦型号一致。

（8）用内径千分尺，测量沿连杆长度上同一方向的连杆大端孔径。

连杆孔径（轴承端）：47.186～47.202mm。

连杆轴承间隙 0.013～0.068mm。

方法二：

（1）清洁使用过的轴承。

（2）安装使用过的轴承。

（3）将塑料测隙规横跨整个轴承宽度放置。

（4）安装轴承盖。

（5）安装轴承盖螺栓至规定值。

（6）拆下轴承盖，使塑料测隙规离开原处。测隙规塑料是否粘在轴颈或轴承盖上并不重要。切勿转动曲轴。

（7）如图 2-3-15 所示，根据印在塑料测隙规组件上的刻度 1，测得塑料测隙规的最宽点。

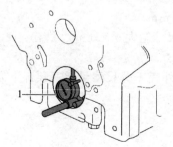

图 2-3-14　测量主轴承内径

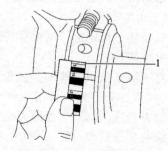

图 2-3-15　测量主轴承间隙

（8）拆下塑料测隙规。

第四节 一汽奔腾汽车

一、奔腾 B30（1.6L CA4GB16）

1. 检查活塞、气缸直径与活塞间隙

（1）在止推方向使用量缸表测量气缸直径。

规定值：76.505～76.515mm。最大气缸缸径：76.535mm。

（2）如果不在规定范围内，则更换气缸体或活塞。

（3）清除活塞积炭并清洁活塞，使用外径千分尺在活塞底部以上10mm处测量活塞直径。

规定值：75.45～75.46mm。

（4）使用气缸直径测量值减去活塞直径测量值，得出活塞间隙。

标准间隙：0.045～0.065mm。最大间隙：0.065mm。

（5）如果间隙大于最大值，则根据其测量值更换带连杆的活塞或气缸体。

2. 检查连杆油膜间隙

（1）拆下2个螺栓和连杆盖。

（2）清洁曲柄销和轴瓦。

（3）将塑料间隙规摆放在曲柄销上，安装连杆盖。

（4）拆下2个螺栓和连杆盖。

（5）测量塑料间隙规最宽处。

标准油膜间隙：0.018～0.041mm。最大油膜间隙：0.041mm。

（6）如果油膜间隙大于最大值，则更换连杆轴瓦。如有必要，则研磨或更换曲轴。

（7）如果更换连杆轴瓦，则选择与连杆上标记数字相同的新轴承。标准轴瓦有3种尺寸，分别标有数字1、2、3。

标准连杆大头内径：

标记1：48.800～48.805mm。

标记2：48.805～48.810mm。

标记3：48.810～48.815mm。

标准连杆轴瓦中心壁厚：

标记1：1.397～1.402mm。

标记2：1.402～1.407mm。

标记3：1.407～1.412mm。

3. 曲轴主轴颈/连杆轴颈直径及配合间隙

① 曲轴主轴颈直径尺寸分为三组：

等级A：49.972～49.978mm。

等级B：49.966～49.972mm。

等级C：49.960～49.966mm。

② 曲轴主轴承配合间隙0.025～0.043mm。

③ 连杆轴颈（曲柄销）直径分为三组：

等级A：45.972～45.978mm。

等级B：45.966～45.972mm。

等级 C：45.960～45.966mm。

④ 连杆轴承配合间隙为 0.018～0.041mm。

二、奔腾 B50（1.6L BWH）

1. 曲轴主轴瓦的选择（方法一）

（1）如图 2-4-1 所示，在缸体下端面（排气侧）有曲轴轴瓦的颜色标记，用于标记曲轴轴瓦的厚度、安装位置。

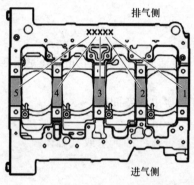

图 2-4-1　曲轴轴瓦的颜色标记

R—红色；G—黄色；B—蓝色；W—白色

1～5—第一气缸到第五气缸

（2）若看不清标记，则选择蓝色轴瓦。

（3）选择正确的轴瓦后，再按方法二测主轴瓦间隙，以保证合适的间隙。

2. 曲轴主轴瓦的选择（方法二）

若缸体下端面无颜色标记，则直接用测量径向间隙的方法选择轴瓦。

（1）拆下轴承盖，擦干主轴颈和轴瓦上的机油。

（2）将塑料间隙规放置在沿轴方向的主轴颈上。

（3）以 40N·m 的力矩安装主轴承和轴承盖。

（4）拆下轴承盖，读取间隙规上的数值，将此间隙值与标尺进行对比，从而选择合适的轴瓦。

径向间隙标准：0.01～0.04mm。磨损极限：0.07mm。

3. 检查连杆轴瓦径向间隙

（1）拆下连杆盖，擦干连杆轴瓦和连杆轴颈上的机油。

（2）将塑料间隙规放置在沿轴方向的连杆轴颈上。

（3）以 30N·m 的力矩安装连杆轴承和连杆盖。

（4）拆下连杆盖，读取间隙规上的数值，将此间隙值与标准进行对比，从而选择合适的轴瓦。

径向间隙标准：0.01～0.06mm。磨损极限：0.09mm。

提示：连杆轴瓦不用选择，需要更换时，用备件直接更换即可。

三、奔腾 T33/T77（1.2T CA4GA12TD）

1. 曲轴主轴瓦的选配

曲轴主轴瓦的厚度是根据曲轴主轴承孔尺寸和主轴颈直径来选择的。

（1）曲轴主轴承孔尺寸分为 3 组。

分组 1：50.037～50.043mm。

分组 2：50.031～50.037mm。

分组 3：50.025～50.031mm。

（2）分组号打印在气缸体底部端面上，如图 2-4-2 所示。

（3）曲轴主轴颈、连杆轴颈直径分为 3 组。

主轴颈分组尺寸：

分组 3：45.994～46.000mm。

分组 2：45.988～45.994mm。

分组 1：45.982～45.988mm。

连杆轴颈分组尺寸：

分组 3：39.994～40.000mm。

分组 2：39.988～39.994mm。

分组 1：39.982～39.988mm。

（4）分组号打印在曲轴后端端面上，如图 2-4-3 所示。其中 4 个并排的数字为连杆轴颈分组代号，5 个并排的数字为曲轴主轴颈分组代号。

图 2-4-2　主轴承孔分组号

图 2-4-3　主轴颈、连杆轴颈分组号

（5）曲轴主轴瓦的选配方法（包括上、下瓦）如下：

$$主轴瓦分组代号＝7－（主轴承孔分组代号＋主轴颈分组代号）$$

曲轴主轴瓦间隙：0.025～0.043mm。

（6）主轴瓦壁厚分为 5 组，如表 2-4-1 所示。上主轴瓦有油孔。

2. 连杆轴瓦的选配

（1）连杆轴瓦尺寸分为 4 组，如表 2-4-2 所示。

表 2-4-1　主轴瓦的分组

分组代号	颜色标记	分组尺寸/mm
5	青	$2^{+0.012}_{-0.009}$
4	黑	$2^{-0.009}_{+0.006}$
3	褐	$2^{-0.006}_{-0.003}$
2	绿	$2^{-0.003}_{0}$
1	黄	$2^{0}_{-0.003}$

表 2-4-2　连杆轴瓦的分组

分组代号	颜色标记	分组尺寸/mm
4	黑	$1.5^{+0.009}_{+0.006}$
3	褐	$1.5^{+0.006}_{+0.003}$
2	绿	$1.5^{+0.003}_{0}$
1	黄	$1.5^{0}_{-0.003}$

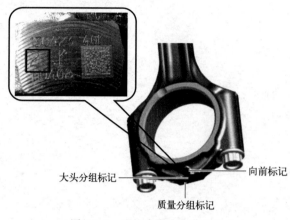

大头分组标记 —

质量分组标记 —

— 向前标记

图 2-4-4　连杆大头孔径分组号

连杆轴瓦间隙：0.017～0.035mm。

（2）分组号位于轴瓦定位唇侧（颜色标记）。

（3）连杆轴颈分组号打印在曲轴后端端面上，如图 2-4-3 所示。

（4）连杆大头孔径分为两组，打印在轴承盖上，如图 2-4-4 所示。

分组 2：43.017～43.023mm。

分组 1：43.023～43.029mm。

（5）连杆轴瓦是根据连杆轴颈直径等级和连杆大头孔径等级来选择的。

连杆轴瓦分组代号＝6－（连杆大头孔分组代号＋连杆轴颈分组代号）

四、奔腾 B70/T99（2.0T CA4GC20TD）

1. 活塞的选配

活塞是根据气缸的缸径级别来确定的，气缸的缸径级别用数字或字母表示，一般位于缸体的后侧。缸径级别按气缸顺序排列，第一个数字或字母为 1 缸的缸径级别。

奔腾 T99 汽车 CA4GC20TD 发动机活塞的选配方法如图 2-4-5 所示。根据缸孔尺寸选取活塞，配缸间隙为 0.039～0.061mm。

2. 曲轴主轴瓦的选配

曲轴主轴瓦的厚度是根据曲轴主轴承孔尺寸和主轴颈直径来选择的。

（1）曲轴主轴承孔尺寸分为 3 组。

分组 1：53.037～53.043mm。

分组 2：53.031～53.037mm。

缸孔尺寸标记	活塞外径/mm	缸孔尺寸/mm
A	82.455±0.006	82.455±0.006
B	82.465±0.006	82.515±0.005

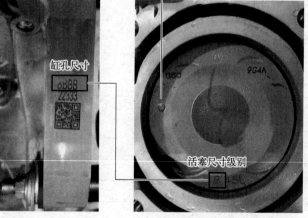

活塞向前标记

缸孔尺寸

活塞尺寸级别

图 2-4-5　缸孔尺寸与活塞的选配

分组 3：53.025～53.031mm。

（2）主轴承孔、缸孔分组标记打印在气缸体后部支承框架上，如图 2-4-6 所示。

（3）曲轴主轴颈、连杆轴颈直径分为 3 组。

主轴颈分组尺寸：

分组 1：47.994～48.000mm。

分组 2：47.988～47.994mm。

分组 3：47.982～47.988mm。

连杆轴颈分组尺寸：

分组 A：49.994～50.000mm。

分组 B：49.988～49.994mm。

分组 C：49.982～49.988mm。

（4）分组号打印在曲轴后端端面上，如图 2-4-7 所示。其中 4 个并排的字母为连杆轴颈分组代号，5 个并排的数字为曲轴主轴颈分组代号。

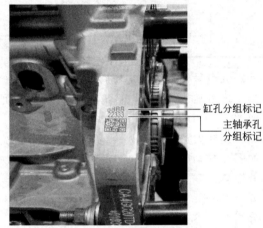

图 2-4-6　主轴承孔分组号

图 2-4-7　主轴颈、连杆轴颈分组号

（5）曲轴主轴瓦的选配方法如表 2-4-3 所示。

最小孔＋最大轴＝使用最薄瓦。

最大孔＋最小轴＝使用最厚瓦。

表 2-4-3　主轴瓦的选配方法

主轴承孔分组	主轴颈分组	上瓦分组	下瓦分组	最小间隙/mm	最大间隙/mm
1	1	2	2		
	2	3	2		
	3	3	3		
2	1	2	1		
	2	2	2	0.013	0.037
	3	2	3		
3	1	1	1		
	2	1	2		
	3	2	2		

（6）曲轴主轴瓦的分组标记在瓦背上，厚度如表2-4-4所示。上主轴瓦有油孔。

表2-4-4　主轴瓦的分组

分组号	L（合金厚度）/mm	T（总厚度）/mm
1（红）		2.5（+0.006/0）
2（蓝）	0.3±0.1	2.5（+0.012/+0.006）
3（黄）		2.5（+0.018/+0.012）

3. 连杆轴瓦的选配

（1）连杆轴瓦按壁厚分为3组，如表2-4-5所示。分组号打印在轴瓦背面。上瓦和下瓦不可对调（瓦口位置不一致）

表2-4-5　连杆轴瓦的分组

分组号	L（合金厚度）/mm	T（总厚度）/mm
1（红）		1.5（−0.002/−0.008）
2（蓝）	0.3±0.1	1.5（+0.004/−0.002）
3（黄）		1.5（+0.010/+0.004）

图2-4-8　连杆大头孔径分组号
35—连杆质量分组；B—连杆大头
孔径分组；2—连杆小头孔径分组

（2）分组号位于轴瓦定位唇侧（颜色标记）。

（3）连杆轴颈分组号打印在曲轴后端端面上，如图2-4-7所示。

（4）连杆大头孔径分为两组，打印在轴承盖上，如图2-4-8所示。

分组A：53.018～53.022mm。

分组B：53.022～53.026mm。

分组C：53.026～53.030mm。

（5）根据连杆大头孔径分组号和连杆轴颈分组号，按表2-4-6选配连杆轴瓦。

提示：如果轴瓦背面标注的是A、B、C，则A＝1，B＝2，C＝3。

表2-4-6　连杆轴瓦的选配方法

连杆大头孔分组	连杆轴颈分组	连杆上瓦分组	连杆下瓦分组	最小间隙/mm	最大间隙/mm
A	A	1（红）	1（红）	0.022	0.044
	B	1（红）	2（蓝）		
	C	2（蓝）	2（蓝）		
B	A	2（蓝）	1（红）	0.022	0.042
	B	2（蓝）	2（蓝）		
	C	2（蓝）	3（黄）		
C	A	2（蓝）	2（蓝）	0.018	0.040
	B	3（黄）	2（蓝）		
	C	3（黄）	3（黄）		

4. 活塞销选取

（1）根据连杆小头孔径分组标记选配活塞销。

（2）连杆小头孔径分组标记打印在轴承盖上，如图 2-4-8 所示。

分组 1：22.005～22.008mm。

分组 2：22.008～22.011mm。

（3）分组 1 的连杆小头孔选配"1（红）"的活塞销，分组 2 的连杆小头孔选配"2（蓝）"的活塞销。活塞销的分组标记如图 2-4-9 所示。

分组 1（红）：21.997～22.000mm。

分组 2（蓝）：22.000～22.003mm。

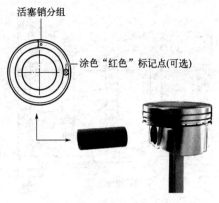

图 2-4-9 活塞销分组标记

第五节 长安汽车

一、长安 CS15/欧尚/悦翔（1.4L JL473Q4/1.5L JL473QF）

1. 检查气缸直径与活塞间隙

（1）使用千分尺，从活塞裙底部向上 9mm 处活塞销的垂直方向测量活塞直径。

标准值：72.958～72.970mm。

（2）使用量缸表在距离缸体顶面 10mm 处截面的两个方向测量缸孔直径，如果两测量值的平均值大于 73.025mm，则更换曲轴箱。

（3）活塞间隙是气缸直径和活塞直径间的差值。活塞间隙应在规格范围内。若超差，则检查缸孔直径或活塞直径，更换相应超差零件。

标准活塞间隙：0.030～0.056mm。

（4）JL473Q4 和 JL473QF 发动机的缸径、活塞直径和配合间隙如表 2-5-1 所示。

表 2-5-1 缸径、活塞直径和配合间隙　　　　　　　　　　　单位：mm

机型	曲轴箱缸径	活塞直径	配合间隙
JL473Q4	73～73.014	72.958～72.970	0.030～0.056
JL473QF	78～78.01	77.948～77.962	0.038～0.062

2. 主轴瓦的选择

（1）检查曲轴主轴颈直径。曲柄上有五个打印的数字（1、2、3）代表主轴颈直径，如图 2-5-1 所示。

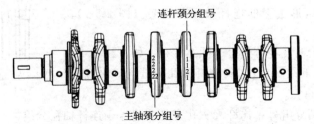

图 2-5-1 曲轴轴颈分组号

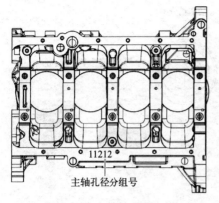

11212

主轴孔径分组号

图 2-5-2　主轴承孔分组号

（2）检查曲轴孔（主轴承孔）直径。如图 2-5-2 所示，打印在缸体上的第一、第二、第三、第四和第五（从左到右）这五个数字分别代表主轴承 1～5 的曲轴孔直径。

（3）有五种标准的主轴瓦。为了区别它们，在轴瓦的背面打印有 2、3、4、5、6 标识。

（4）根据打印在曲轴曲柄上的数字和打印在缸体配合表面上的数字，结合表 2-5-2 选择符合标准的曲轴主轴瓦。

注意： 曲轴主轴颈分组号＋主轴承孔分组号＋主轴瓦分组号＝8。

表 2-5-2　主轴瓦的选配方法　　　　单位：mm

配合间隙 0.006~0.026		曲轴主轴颈直径分组组别（JL473Q4）					
		1		2		3	
标记	分组尺寸范围	$\phi 45^{\ 0}_{-0.006}$		$\phi 45^{-0.0061}_{-0.012}$		$\phi 45^{-0.0121}_{-0.018}$	
曲轴箱主轴孔径　1	$\phi 49^{0.006}_{0}$	6	$2.0^{-0.003}_{-0.007}$	5	$2.0^{\ 0}_{-0.004}$	4	$2.0^{0.003}_{-0.001}$
2	$\phi 49^{0.012}_{0.0061}$	5	$2.0^{\ 0}_{-0.004}$	4	$2.0^{0.003}_{-0.001}$	3	$2.0^{0.006}_{0.002}$
3	$\phi 49^{0.018}_{0.0121}$	4	$2.0^{0.003}_{-0.001}$	3	$2.0^{0.006}_{0.002}$	2	$2.0^{0.009}_{0.005}$
配合间隙 0.006~0.026		曲轴主轴颈直径分组组别（JL473QF）					
		1		2		3	
标记	分组尺寸范围	$\phi 49^{\ 0}_{-0.006}$		$\phi 49^{-0.0061}_{-0.012}$		$\phi 49^{-0.0121}_{-0.018}$	
曲轴箱主轴孔径　1	$\phi 53^{0.006}_{0}$	6	$2.0^{-0.005}_{-0.009}$	5	$2.0^{-0.002}_{-0.006}$	4	$2.0^{+0.001}_{-0.003}$
2	$\phi 53^{0.012}_{0.0061}$	5	$2.0^{-0.002}_{-0.006}$	4	$2.0^{+0.001}_{-0.003}$	3	$2.0^{+0.004}_{0}$
3	$\phi 53^{0.018}_{0.0121}$	4	$2.0^{+0.001}_{-0.003}$	3	$2.0^{+0.004}_{0}$	2	$2.0^{+0.007}_{+0.003}$

（5）用塑料间隙规，检查新选择的标准轴瓦的轴瓦间隙。如果间隙仍超出其极限值，用下一个较厚的轴瓦并再检查间隙。

（6）在更换曲轴或缸体时，参照打印在新曲轴上的数字或打印在新缸体配合面上的字母，选择要装的新的标准轴瓦。

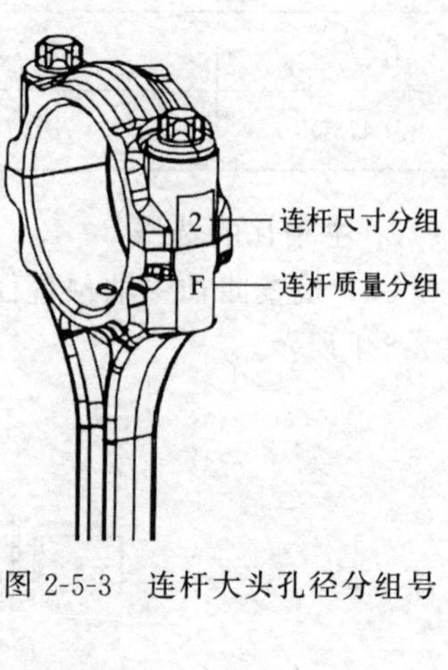

3. 连杆轴瓦的选择

（1）查看曲轴扇形板上的连杆轴颈分组号（图 2-5-1），如：1121。

（2）查看连杆大头孔径分组号（图 2-5-3），如：2222。

（3）按表 2-5-3 和表 2-5-4 进行连杆轴瓦的选配，对应的连杆轴瓦分组号为 4434。

2 —— 连杆尺寸分组
F —— 连杆质量分组

图 2-5-3　连杆大头孔径分组号

注意： 连杆轴颈分组号＋连杆大头孔直径分组号＋连杆轴瓦分组号＝7

注意： 连杆大头孔和轴瓦瓦背处不要涂抹机油。

表 2-5-3 连杆轴瓦的选配方法（一）　　　　　　　单位：mm

配合间隙 0.020~0.040			曲轴连杆轴颈直径分组组别(JL473Q4)					
			分组标记					
			1		2		3	
	标记	分组尺寸范围	$\phi 38_{-0.006}^{0}$		$\phi 38_{-0.012}^{-0.0061}$		$\phi 38_{-0.018}^{-0.0121}$	
连杆大头孔径	1	$\phi 41_{0}^{0.006}$	5	$1.5_{-0.014}^{-0.010}$	4	$1.5_{-0.011}^{-0.007}$	3	$1.5_{-0.008}^{-0.004}$
	2	$\phi 41_{0.0061}^{0.012}$	4	$1.5_{-0.011}^{-0.007}$	3	$1.5_{-0.008}^{-0.004}$	2	$1.5_{-0.005}^{-0.001}$
	3	$\phi 41_{0.0121}^{0.018}$	3	$1.5_{-0.008}^{-0.004}$	2	$1.5_{-0.005}^{-0.001}$	1	$1.5_{-0.002}^{0.002}$

表 2-5-4 连杆轴瓦的选配方法（二）　　　　　　　单位：mm

配合间隙 0.020~0.040			曲轴连杆轴颈直径分组组别(JL473QF)					
			分组标记					
			1		2		3	
	标记	分组尺寸范围	$\phi 40_{-0.006}^{0}$		$\phi 40_{-0.012}^{-0.0061}$		$\phi 40_{-0.018}^{-0.0121}$	
连杆大头孔径	1	$\phi 43_{0}^{0.006}$	5	$1.5_{-0.014}^{-0.010}$	4	$1.5_{-0.011}^{-0.007}$	3	$1.5_{-0.008}^{-0.004}$
	2	$\phi 43_{0.0061}^{0.012}$	4	$1.5_{-0.011}^{-0.007}$	3	$1.5_{-0.008}^{-0.004}$	2	$1.5_{-0.005}^{-0.001}$
	3	$\phi 43_{0.0121}^{0.018}$	3	$1.5_{-0.008}^{-0.004}$	2	$1.5_{-0.005}^{-0.001}$	1	$1.5_{-0.002}^{0.002}$

4. 检查连杆轴瓦间隙

（1）清洁连杆轴瓦和连杆轴颈。

（2）将轴瓦安装在连杆轴颈和瓦盖上。

（3）当与轴瓦连接时，与曲轴轴线平行放一片塑料塞尺在连杆轴颈上，避开油孔。

（4）安装连杆盖。在安装连杆盖时，连杆盖的凸台应与活塞顶箭头方向相一致，指向发动机前端。以标准扭矩（15N·m+90°）紧固连杆盖螺栓。

注意：不要旋转带有塑料塞尺的曲轴。

（5）取下瓦盖，将标尺放在塑料塞尺上，在间隙最宽点测量塑料塞规宽度。

标准连杆轴瓦间隙：0.02~0.04mm。

注意：如果间隙超出标准范围，则安装新尺寸的轴瓦，并重新测量间隙。

二、长安 CS35/逸动（1.6L JL478QEE）

1. 检查气缸直径与活塞间隙

（1）使用千分尺，从活塞裙底部向上 10mm 处活塞销的垂直方向测量活塞直径。

标准值：77.948~77.962mm。

（2）用量缸表在两个方向和 3 个部位（距离缸体顶面 10mm、49.25mm、88.5mm 处）测量气缸直径，应不超过 78.02mm。

（3）活塞间隙是气缸直径和活塞直径间的差值。活塞间隙应在规格范围内。若超差，则检查缸孔直径或活塞直径，更换相应超差零件。

标准值：0.038~0.063mm。

2. 主轴瓦的选择

（1）打印在缸体上的第一、第二、第三、第四和第五（从左到右）这五个数字分别代表主轴承 1~5 的曲轴孔（主轴承孔）直径。

（2）有五种标准的轴瓦。为了区别它们，在轴瓦的背面打印有 1、2、3、4、5 标识。轴承厚度及配合关系按照表 2-5-5 进行。

表 2-5-5　主轴瓦的选配方法　　　　　　单位：mm

配合间隙 0.012~0.032				曲轴主轴颈直径分组组别					
				1		2		3	
				分组标记					
				1		2		3	
				$\phi45^{0}_{-0.006}$		$\phi45^{-0.0061}_{-0.012}$		$\phi45^{-0.0121}_{-0.018}$	
	组别	标记	分组尺寸范围						
曲轴箱主轴孔	1	1	$\phi50^{+0.006}_{0}$	5	$2.5^{-0.006}_{-0.01}$	4	$2.5^{-0.003}_{-0.007}$	3	$2.5^{0}_{-0.004}$
	2	2	$\phi50^{+0.012}_{+0.0061}$	4	$2.5^{-0.003}_{-0.007}$	3	$2.5^{0}_{-0.004}$	2	$2.5^{+0.003}_{-0.001}$
	3	3	$\phi50^{+0.018}_{+0.0121}$	3	$2.5^{0}_{-0.004}$	2	$2.5^{+0.003}_{-0.001}$	1	$2.5^{+0.006}_{+0.002}$

（3）用塑料间隙规，检查新选择的标准轴瓦的轴瓦间隙。如果间隙仍超出其极限值，用下一个较厚的轴瓦并再检查间隙。

（4）在更换曲轴或缸体时，参照打印在新曲轴上的数字或打印在新缸体配合面上的字母，选择新的标准轴瓦。

3. 连杆轴瓦的选择

（1）查看曲轴扇形板上的连杆轴颈分组号，如：2223。

（2）查看连杆大头孔直径分组号，如：2222。

（3）按表 2-5-6 进行连杆轴瓦的选配，对应的连杆轴瓦分组号为 2221。

表 2-5-6　连杆轴瓦的选配方法　　　　　　单位：mm

配合间隙 0.020~0.046				曲轴连杆轴颈直径分组组别					
				1		2		3	
				分组标记					
				1		2		3	
				$\phi43^{0}_{-0.006}$		$\phi43^{-0.0061}_{-0.012}$		$\phi43^{-0.0121}_{-0.018}$	
	组别	标记	分组尺寸范围						
连杆孔径	1	1	$\phi46^{+0.006}_{0}$	3	$1.5^{-0.01}_{-0.014}$	3	$1.5^{-0.01}_{-0.014}$	2	$1.5^{-0.005}_{-0.01}$
	2	2	$\phi46^{+0.012}_{+0.0061}$	3	$1.5^{-0.01}_{-0.014}$	2	$1.5^{-0.005}_{-0.01}$	1	$1.5^{-0.001}_{-0.005}$
	3	3	$\phi46^{+0.018}_{+0.0121}$	2	$1.5^{-0.005}_{-0.01}$	1	$1.5^{-0.001}_{-0.005}$	1	$1.5^{-0.001}_{-0.005}$

三、长安 CS55/CS75（1.5T JL476ZQCD/JL476ZQCF）

1. 检查气缸直径与活塞间隙

（1）使用千分尺，从活塞裙底部向上 10mm 处活塞销的垂直方向测量活塞直径。

标准值：75.948~75.972mm。

（2）用量缸表在两个方向和 3 个部位（距离缸体顶面 5mm、55mm、105mm 处）测量气缸直径，应不超过 76.02mm。

（3）活塞间隙是气缸直径和活塞直径间的差值。活塞间隙应在规格范围内。若超差，则检查缸孔直径或活塞直径，更换相应超差零件。

标准值：0.038~0.063mm。

2. 主轴瓦的选择

（1）打印在缸体上的第一、第二、第三、第四和第五（从左到右）这五个数字分别代表主轴承 1～5 的曲轴孔（主轴承孔）直径。

（2）有五种标准的轴瓦。为了区别它们，在轴瓦的背面打印有 1、2、3、4、5 标识。轴承厚度及配合关系按照表 2-5-7 进行。

表 2-5-7　主轴瓦的选配方法　　　　　　　　　　　　单位：mm

配合间隙 0.012～0.032				曲轴主轴颈直径分组组别					
				1		2		3	
				分组标记					
				1		2		3	
	组别	标记	分组尺寸范围	$\phi 45^{0}_{-0.006}$		$\phi 45^{-0.0061}_{-0.012}$		$\phi 45^{-0.0121}_{-0.018}$	
曲轴箱主轴孔	1	1	$\phi 50^{+0.006}_{0}$	5	$2.5^{-0.006}_{-0.01}$	4	$2.5^{-0.003}_{-0.007}$	3	$2.5^{0}_{-0.004}$
	2	2	$\phi 50^{+0.012}_{+0.0061}$	4	$2.5^{-0.003}_{-0.007}$	3	$2.5^{0}_{-0.004}$	2	$2.5^{+0.003}_{+0.001}$
	3	3	$\phi 50^{+0.018}_{+0.0121}$	3	$2.5^{0}_{-0.004}$	2	$2.5^{+0.003}_{+0.001}$	1	$2.5^{+0.006}_{+0.002}$

（3）用塑料间隙规，检查新选择的标准轴瓦的轴瓦间隙。如果间隙仍超出其极限值，用下一个较厚的轴瓦并再检查间隙。

（4）在更换曲轴或缸体时，参照打印在新曲轴上的数字或打印在新缸体配合面上的字母，选择要装的新的标准轴瓦。

3. 连杆轴瓦的选择

（1）查看曲轴扇形板上的连杆轴颈分组号，如：2223。

（2）查看连杆大头孔直径分组号，如：2222。

（3）按表 2-5-8 进行连杆轴瓦的选配，对应的连杆轴瓦分组号为 2221。

表 2-5-8　　连杆轴瓦的选配方法　　　　　　　　　　单位：mm

配合间隙 0.020～0.046				曲轴连杆轴颈直径分组组别					
				1		2		3	
				分组标记					
				1		2		3	
	组别	标记	分组尺寸范围	$\phi 43^{0}_{-0.006}$		$\phi 43^{-0.0061}_{-0.012}$		$\phi 43^{-0.0121}_{-0.018}$	
连杆孔径	1	1	$\phi 46^{+0.006}_{0}$	3	$1.5^{-0.01}_{-0.014}$	3	$1.5^{-0.01}_{-0.014}$	2	$1.5^{-0.005}_{-0.01}$
	2	2	$\phi 46^{+0.012}_{+0.0061}$	3	$1.5^{-0.01}_{-0.014}$	2	$1.5^{-0.005}_{-0.01}$	1	$1.5^{-0.001}_{-0.005}$
	3	3	$\phi 46^{+0.018}_{+0.0121}$	2	$1.5^{-0.005}_{-0.01}$	1	$1.5^{-0.001}_{-0.005}$	1	$1.5^{-0.001}_{-0.005}$

四、长安 CS75（1.8T JL486ZQ2）

1. 检查气缸直径与活塞间隙

（1）使用千分尺，从活塞裙底部向上 10mm 处活塞销的垂直方向测量活塞直径。

标准值：85.948～85.972mm。

（2）用量缸表在两个方向和 3 个部位（距离缸体顶面 6mm、60mm、110mm 处）测量气缸直径，应不超过 86.02mm。

（3）活塞间隙是气缸直径和活塞直径间的差值。活塞间隙应在规格范围内。若超差，则检查缸孔直径或活塞直径，更换相应超差零件。

标准值：0.038～0.062mm。

2. 主轴瓦的选择

（1）打印在缸体上的第一、第二、第三、第四和第五（从左到右）这五个数字分别代表主轴承 5、4、3、2、1 的曲轴孔（主轴承孔）直径。

（2）有五种标准的轴瓦。为了区别它们，在轴瓦的背面打印有 1、2、3、4、5 标识。轴承厚度及配合关系按照表 2-5-9 进行。

表 2-5-9 主轴瓦的选配方法 单位：mm

配合间隙 0.03～0.058				曲轴主轴颈直径分组组别					
				1		2		3	
				分组标记					
				1		2		3	
	组别	标记	分组尺寸范围	$\phi56^{-0.01}_{-0.016}$		$\phi56^{-0.0161}_{-0.022}$		$\phi56^{-0.0221}_{-0.028}$	
曲轴箱主轴孔径分组标记	1	1	$\phi60^{+0.006}_{0}$	3	$2^{-0.010}_{-0.014}$	3	$2^{-0.010}_{-0.014}$	2	$2^{-0.006}_{-0.010}$
	2	2	$\phi60^{+0.012}_{+0.0061}$	3	$2^{-0.010}_{-0.014}$	2	$2^{-0.006}_{-0.010}$	1	$2^{-0.002}_{-0.006}$
	3	3	$\phi60^{+0.018}_{+0.0121}$	2	$2^{-0.006}_{-0.010}$	1	$2^{-0.002}_{-0.006}$	1	$2^{-0.002}_{-0.006}$

（3）用塑料间隙规，检查新选择的标准轴瓦的轴瓦间隙。如果间隙仍超出其极限值，用下一个较厚的轴瓦并再检查间隙。

（4）在更换曲轴或缸体时，参照打印在新曲轴上的数字或打印在新缸体配合面上的字母，选择要装的新的标准轴瓦。

3. 连杆轴瓦的选择

（1）查看曲轴扇形板上的连杆轴颈分组号，如：2223。

（2）查看连杆大头孔直径分组号，如：2222。

（3）按表 2-5-10 进行连杆轴瓦的选配，对应的连杆轴瓦分组号为 2221。

表 2-5-10 连杆轴瓦的选配方法 单位：mm

配合间隙 0.024～0.052				曲轴连杆轴颈直径分组组别					
				1		2		3	
				分组标记					
				1		2		3	
	组别	标记	分组尺寸范围	$\phi48^{0}_{-0.006}$		$\phi48^{-0.0061}_{-0.012}$		$\phi48^{-0.0121}_{-0.018}$	
连杆孔径	1	1	$\phi51^{+0.006}_{0}$	3	$1.5^{-0.012}_{-0.016}$	3	$1.5^{-0.012}_{-0.016}$	2	$1.5^{-0.008}_{-0.012}$
	2	2	$\phi51^{+0.012}_{+0.0061}$	3	$1.5^{-0.012}_{-0.016}$	2	$1.5^{-0.008}_{-0.012}$	1	$1.5^{-0.004}_{-0.008}$
	3	3	$\phi51^{+0.018}_{+0.0121}$	2	$1.5^{-0.008}_{-0.012}$	1	$1.5^{-0.004}_{-0.008}$		$1.5^{-0.004}_{-0.008}$

五、长安 CS85/CS95（2.0T JL486ZQ3/JL486ZQ4）

1. 检查气缸直径与活塞间隙

（1）使用千分尺，从活塞裙底部向上 12mm 处活塞销的垂直方向测量活塞直径。标准值：85.956～85.975mm。

（2）用量缸表在两个方向和 3 个部位（距离缸体顶面 6mm、60mm、110mm 处）测量气缸直径，应不超过 86.02mm。

（3）活塞间隙是气缸直径和活塞直径间的差值。活塞间隙应在规格范围内。若超差，则检查缸孔直径或活塞直径，更换相应超差零件。

标准值：0.035～0.054mm。

2. 主轴瓦的选择

（1）打印在缸体上的第一、第二、第三、第四和第五（从左到右）这五个数字分别代表主轴承5、4、3、2、1的曲轴孔（主轴承孔）直径。

（2）有五种标准的轴瓦。为了区别它们，在轴瓦的背面打印有1、2、3、4、5标识。轴承厚度及配合关系按照表2-5-11进行。

表 2-5-11　主轴瓦的选配方法　　　　　　　　单位：mm

配合间隙 0.03~0.058				曲轴主轴颈直径分组组别					
				1		2		3	
				分组标记					
				1		2		3	
				$\phi 56_{-0.016}^{-0.01}$		$\phi 56_{-0.022}^{-0.0161}$		$\phi 56_{-0.028}^{-0.0221}$	
	组别	标记	分组尺寸范围						
曲轴箱主轴孔径分组标记	1	1	$\phi 60_{0}^{+0.006}$	3	$2_{-0.014}^{-0.010}$	3	$2_{-0.014}^{-0.010}$	2	$2_{-0.010}^{-0.006}$
	2	2	$\phi 60_{+0.0061}^{+0.012}$	3	$2_{-0.014}^{-0.010}$	2	$2_{-0.010}^{-0.006}$	1	$2_{-0.006}^{-0.002}$
	3	3	$\phi 60_{+0.0121}^{+0.018}$	2	$2_{-0.010}^{-0.006}$	1	$2_{-0.006}^{-0.002}$	1	$2_{-0.006}^{-0.002}$

（3）用塑料间隙规，检查新选择的标准轴瓦的轴瓦间隙。如果间隙仍超出其极限值，用下一个较厚的轴瓦并再检查间隙。

（4）在更换曲轴或缸体时，参照打印在新曲轴上的数字或打印在新缸体配合面上的字母，选择要装的新的标准轴瓦。

3. 连杆轴瓦的选择

（1）查看曲轴扇形板上的连杆轴颈分组号，如：2223。

（2）查看连杆大头孔直径分组号，如：2222。

（3）按表2-5-12进行连杆轴瓦的选配，对应的连杆轴瓦分组号为2221。

表 2-5-12　连杆轴瓦的选配方法　　　　　　　　单位：mm

配合间隙 0.024~0.052				曲轴连杆轴颈直径分组组别					
				1		2		3	
				分组标记					
				1		2		3	
				$\phi 48_{-0.006}^{0}$		$\phi 48_{-0.012}^{-0.0061}$		$\phi 48_{-0.018}^{-0.0121}$	
	组别	标记	分组尺寸范围						
连杆孔径	1	1	$\phi 51_{0}^{+0.006}$	3	$1.5_{-0.016}^{-0.012}$	3	$1.5_{-0.016}^{-0.012}$	2	$1.5_{-0.0012}^{-0.008}$
	2	2	$\phi 51_{+0.0061}^{+0.012}$	3	$1.5_{-0.016}^{-0.012}$	2	$1.5_{-0.012}^{-0.008}$	1	$1.5_{-0.008}^{-0.004}$
	3	3	$\phi 51_{+0.0121}^{+0.018}$	2	$1.5_{-0.008}^{-0.008}$	1	$1.5_{-0.008}^{-0.004}$	1	$1.5_{-0.008}^{-0.004}$

六、长安 CS35 PLUS/逸动（1.4T JL473ZQ3/JL473ZQ9）

1. 主轴瓦的选择

（1）打印在缸体上的第一、第二、第三、第四和第五（从左到右）这五个数字分别代表主轴承1～5的曲轴孔（主轴承孔）直径。

（2）有五种标准（厚度）的轴瓦。为了区别它们，在轴瓦的背面打印有1、2、3、4、5

标识。轴承厚度及配合关系按照表 2-5-13 进行。

表 2-5-13　主轴瓦的选配方法　　　　　　　单位：mm

配合间隙 0.014~0.032				曲轴主轴颈直径分组组别					
				1		2		3	
				分组标记					
				1		2		3	
	组别	标记	分组尺寸范围	$\phi48^{-0}_{-0.006}$		$\phi48^{-0.0061}_{-0.012}$		$\phi48^{-0.0121}_{-0.018}$	
曲轴箱主轴孔径分组标记	1	1	$\phi52^{+0.006}_{0}$	5	$2^{-0.007}_{-0.01}$	4	$2^{-0.004}_{-0.007}$	3	$2^{-0.001}_{-0.004}$
	2	2	$\phi52^{+0.012}_{+0.0061}$	4	$2^{-0.004}_{-0.007}$	3	$2^{-0.001}_{-0.004}$	2	$2^{+0.002}_{+0.001}$
	3	3	$\phi52^{+0.018}_{+0.0121}$	3	$2^{-0.001}_{-0.004}$	2	$2^{+0.002}_{-0.001}$	1	$2^{+0.005}_{+0.002}$

（3）用塑料间隙规，检查新选择的标准轴瓦的轴瓦间隙。如果间隙仍超出其极限值，用下一个较厚的轴瓦并再检查间隙。

（4）在更换曲轴或缸体时，参照打印在新曲轴上的数字或打印在新缸体配合面上的字母，选择要装的新的标准轴瓦。

2. 连杆轴瓦的选择

（1）查看曲轴扇形板上的连杆轴颈分组号，如：2223。

（2）查看连杆大头孔直径分组号，如：2222。

（3）按表 2-5-14 进行连杆轴瓦的选配，对应的连杆轴瓦分组号为 2221。

表 2-5-14　连杆轴瓦的选配方法　　　　　　　单位：mm

配合间隙 0.014~0.042				曲轴连杆轴颈直径分组组别					
				1		2		3	
				分组标记					
				1		2		3	
	组别	标记	分组尺寸范围	$\phi44^{-0}_{-0.006}$		$\phi44^{-0.0061}_{-0.012}$		$\phi44^{-0.0121}_{-0.018}$	
连杆孔径	1	1	$\phi47^{+0.006}_{0}$	3	$1.5^{-0.007}_{-0.011}$	3	$1.5^{-0.007}_{-0.011}$	2	$1.5^{-0.003}_{-0.007}$
	2	2	$\phi47^{+0.012}_{+0.0061}$	3	$1.5^{-0.007}_{-0.011}$	2	$1.5^{-0.003}_{-0.007}$	1	$1.5^{+0.001}_{-0.003}$
	3	3	$\phi47^{+0.018}_{+0.0121}$	2	$1.5^{-0.003}_{-0.007}$	1	$1.5^{+0.001}_{-0.003}$	1	$1.5^{+0.001}_{-0.003}$

（4）连杆轴瓦间隙应如表 2-5-15 所示。

表 2-5-15　连杆轴瓦间隙　　　　　　　单位：mm

配合间隙 0.014~0.042			曲轴连杆轴颈直径分组组别		
			1	2	3
			分组标记		
			1	2	3
	组别	标记	分组尺寸范围	间隙	
连杆孔径	1	1	$\phi47^{+0.006}_{0}$	0.014~0.034	0.0201~0.04
	2	2	$\phi47^{+0.012}_{+0.0061}$	0.0201~0.04	0.0182~0.038
	3	3	$\phi47^{+0.018}_{+0.0121}$	0.0181~0.038	0.0162~0.036

（说明：表 2-5-15 中「连杆孔径」各行对应三个分组组别的间隙值如下）

分组尺寸范围	1	2	3
$\phi47^{+0.006}_{0}$	0.014~0.034	0.0201~0.04	0.0181~0.038
$\phi47^{+0.012}_{+0.0061}$	0.0201~0.04	0.0182~0.038	0.0162~0.036
$\phi47^{+0.018}_{+0.0121}$	0.0181~0.038	0.0162~0.036	0.0222~0.042

七、长安 CS55 PLUS/UNI-T/UNI-V/锐程 CC/锐程 PLUS/逸达（1.5T JL473ZQ5/JL473ZQ7/JL473ZQA）

1. 主轴瓦的选择

（1）打印在缸体上的第一、第二、第三、第四和第五（从左到右）这五个数字分别代表主轴承 1~5 的曲轴孔（主轴承孔）直径。

（2）有五种标准（厚度）的轴瓦。为了区别它们，在轴瓦的背面打印有 1、2、3、4、5 标识。轴承厚度及配合关系按照表 2-5-16 进行。

表 2-5-16　主轴瓦的选配方法　　　　　　单位：mm

配合间隙 0.014~0.032			曲轴主轴颈直径分组组别					
			1		2		3	
			分组标记					
			1		2		3	
			$\phi48^{-0}_{-0.006}$		$\phi48^{-0.0061}_{-0.012}$		$\phi48^{-0.0121}_{-0.018}$	
	组别	标记	分组尺寸范围					
曲轴箱主轴孔径分组标记	1	1	$\phi52^{+0.006}_{0}$	5	$2^{-0.007}_{-0.01}$	4	$2^{0.004}_{-0.007}$	3	$2^{-0.001}_{-0.004}$
	2	2	$\phi52^{+0.012}_{+0.0061}$	4	$2^{-0.004}_{-0.007}$	3	$2^{-0.001}_{-0.004}$	2	$2^{+0.002}_{-0.001}$
	3	3	$\phi52^{+0.018}_{+0.0121}$	3	$2^{-0.001}_{-0.004}$	2	$2^{+0.002}_{-0.001}$	1	$2^{+0.005}_{+0.002}$

（3）用塑料间隙规，检查新选择的标准轴瓦的轴瓦间隙。如果间隙仍超出其极限值，用下一个较厚的轴瓦并再检查间隙。

（4）在更换曲轴或缸体时，参照打印在新曲轴上的数字或打印在新缸体配合面上的字母，选择要装的新的标准轴瓦。

2. 连杆轴瓦的选择

（1）查看曲轴扇形板上的连杆轴颈分组号，如：2223。

（2）查看连杆大头孔直径分组号，如：2222。

（3）按表 2-5-17 进行连杆轴瓦的选配，对应的连杆轴瓦分组号为 2221。

表 2-5-17　连杆轴瓦的选配方法　　　　　　单位：mm

配合间隙 0.014~0.042			曲轴连杆轴颈直径分组组别					
			1		2		3	
			分组标记					
			1		2		3	
			$\phi44^{0}_{-0.006}$		$\phi44^{-0.0061}_{-0.012}$		$\phi44^{-0.0121}_{-0.018}$	
	组别	标记	分组尺寸范围					
连杆孔径	1	1	$\phi47^{+0.006}_{0}$	3	$1.5^{-0.007}_{-0.011}$	3	$1.5^{-0.007}_{-0.011}$	2	$1.5^{-0.003}_{-0.007}$
	2	2	$\phi47^{+0.012}_{+0.0061}$	3	$1.5^{-0.007}_{-0.011}$	2	$1.5^{-0.003}_{-0.007}$	1	$1.5^{+0.001}_{-0.003}$
	3	3	$\phi47^{+0.018}_{+0.0121}$	2	$1.5^{-0.003}_{-0.007}$	1	$1.5^{+0.001}_{-0.003}$	1	$1.5^{+0.001}_{-0.003}$

（4）连杆轴瓦间隙应如表 2-5-18 所示。

表 2-5-18　连杆轴瓦间隙　　　　　　　　　　　　　单位：mm

配合间隙 0.014~0.042			曲轴连杆轴颈直径分组组别		
			1	2	3
			分组标记		
			1	2	3
连杆孔径	组别	标记	分组尺寸范围	间隙		
	1	1	$\phi 47^{+0.006}_{0}$	0.014~0.034	0.0201~0.04	0.0181~0.038
	2	2	$\phi 47^{+0.012}_{+0.0061}$	0.0201~0.04	0.0182~0.038	0.0162~0.036
	3	3	$\phi 47^{+0.018}_{+0.0121}$	0.0181~0.038	0.0162~0.036	0.0222~0.042

第六节　长城汽车

一、哈弗 H6/M6 PLUS（1.5T GW4G15F）

1. 活塞配缸间隙的检查

长城哈弗 H6/M6 PLUS 汽车 GW4G15F 发动机配缸间隙的检查方法如下：

（1）使用千分尺，测量活塞 10mm 高度处直径（外径），如图 2-6-1 所示。

标准值：74.951~74.969mm。

（2）如图 2-6-2 所示，在气缸内按高度选择 3 个截面（截面 C 测量深度距缸体顶面 10mm，截面 D 测量深度 40mm，截面 E 测量深度 70mm），每个截面中选择相互垂直的两个方向（A、B）测量缸孔内径。

标准值：75.00~75.01mm。

（3）根据活塞外径和气缸最小内径计算活塞配缸间隙。

标准值：0.031~0.059mm。

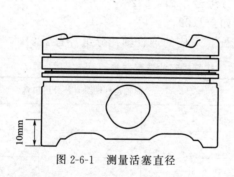

图 2-6-1　测量活塞直径

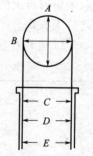

图 2-6-2　测量缸孔内径

2. 曲轴主轴承的选配

曲轴主轴承的厚度是根据缸体主轴承孔尺寸和主轴颈尺寸来选择的。

（1）确认缸体主轴承孔直径分组。如图 2-6-3 所示，数字从左到右分别为第一至第五主轴承孔的直径分组标记位置，各组的尺寸如表 2-6-1 所示。

（2）确认曲轴主轴颈直径分组。如图 2-6-4 所示，数字为第一至第五主轴颈直径的分组标记位置。各组的尺寸如表 2-6-2 所示。

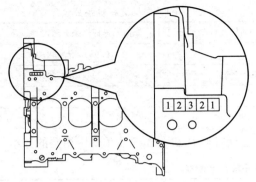

图 2-6-3 缸体主轴承孔直径分组

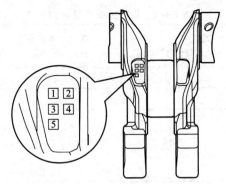

图 2-6-4 曲轴主轴颈直径分组

表 2-6-1 主轴承孔分组尺寸

主轴承孔分组号	主轴承孔分组尺寸/mm
0	$50.000 \leqslant d < 50.004$
1	$50.004 \leqslant d < 50.008$
2	$50.008 \leqslant d < 50.012$
3	$50.012 \leqslant d \leqslant 50.016$

表 2-6-2 主轴颈直径分组尺寸

曲轴主轴颈分组号	主轴颈分组尺寸/mm
1	$45.985 \leqslant D < 45.990$
2	$45.990 \leqslant D < 45.995$
3	$45.995 \leqslant D \leqslant 46.000$

（3）通过表 2-6-3 所示方法选配曲轴主轴瓦，上主轴瓦和下主轴瓦采用相同的分组。

表 2-6-3 曲轴主轴瓦选配表

主轴承孔分组号＋（4－曲轴主轴颈分组号）	主轴瓦颜色/分组号
1～2	黄色/1
3～4	无色/2
5～6	蓝色/3

3. 连杆轴承的选配

连杆轴瓦是根据连杆轴颈（曲柄销）直径等级和连杆大端孔径等级来选择的，连杆轴瓦常用数字和颜色来表示尺寸级别。

（1）确认连杆大头孔径分组。如图 2-6-5 所示，A 处为质量组别标记（英文字母），B 处为大头孔径组别标记（阿拉伯数字）。各组的尺寸如表 2-6-4 所示。

（2）确认曲轴连杆轴颈分组。如图 2-6-6 所示，数字为第一至第四连杆轴颈的直径分组标记位置。各组的尺寸如表 2-6-5 所示。

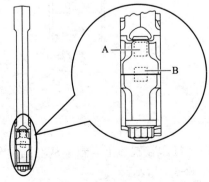

图 2-6-5 连杆大头孔径分组

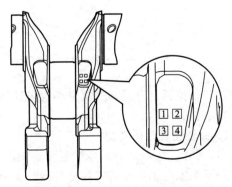

图 2-6-6 曲轴连杆轴颈直径分组

表 2-6-4 连杆大头孔径分组尺寸	
连杆大头孔径分组号	连杆大头孔径分组尺寸/mm
1	$43.000 \leqslant D \leqslant 43.008$
2	$43.008 < D \leqslant 43.016$

表 2-6-5 曲轴连杆轴颈分组尺寸	
曲轴连杆轴颈分组号	曲轴连杆轴颈分组尺寸/mm
1	$39.985 \leqslant d < 39.990$
2	$39.990 \leqslant d < 39.995$
3	$39.995 \leqslant d \leqslant 40.000$

（3）通过表 2-6-6 所示方法选配连杆轴瓦，上连杆轴瓦和下连杆轴瓦采用相同的分组。

表 2-6-6 曲轴连杆轴瓦选配表

连杆大头孔径分组号	曲轴连杆轴颈分组号	连杆轴瓦分组号
1	1	2（无色）
1	2	1（蓝色）
1	3	1（蓝色）
2	1	3（黄色）
2	2	2（无色）
2	3	2（无色）

二、哈弗 H6/H9/魏派 VV7（2.0T GW4C20）

1. 活塞配缸间隙的检查

长城哈弗 H6/H9/魏派 VV7 汽车 GW4C20 发动机配缸间隙的检查方法如下：

（1）使用千分尺，测量活塞 12mm 高度处直径，如图 2-6-7 所示。

标准值：82.441～82.459mm。

（2）如图 2-6-8 所示，在气缸内按高度选择 3 个截面（截面 C 测量深度距缸体顶面 10mm，截面 D 测量深度 50mm，截面 E 测量深度 70mm），每个截面中选择相互垂直的两个方向测量缸孔内径（A、B）。

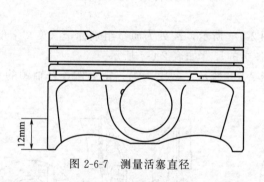

图 2-6-7 测量活塞直径

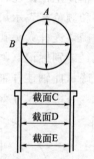

图 2-6-8 测量缸孔内径

（3）根据活塞外径和气缸最小内径计算活塞配缸间隙。

标准值：0.041～0.069mm。

2. 曲轴主轴瓦的选配

（1）如图 2-6-9 所示，每个缸体主轴承孔直径级别号打印在缸体上。数字从左到右分别为第一至第五主轴承孔的直径分组号，各组的尺寸如表 2-6-7 所示。

（2）主轴颈直径级别号被打印在曲轴上，如图 2-6-10 所示。数字为第一至第五主轴颈的直径分组号。各组的尺寸如表2-6-8所示。

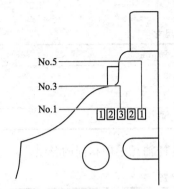

图 2-6-9 缸体主轴承孔直径分组

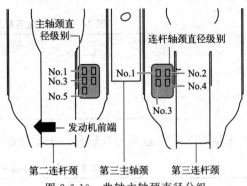

图 2-6-10 曲轴主轴颈直径分组

表 2-6-7 主轴承孔分组尺寸

级别	主轴承孔分组尺寸/mm
1	$64.000 \leqslant d < 64.005$
2	$64.005 \leqslant d < 64.010$
3	$64.010 \leqslant d \leqslant 64.015$

表 2-6-8 主轴颈直径分组尺寸

级别	主轴颈分组尺寸/mm
1	$58.995 \leqslant D < 59.000$
2	$58.990 \leqslant D < 58.995$
3	$58.985 \leqslant D \leqslant 58.990$

（3）通过表2-6-9选择合适的主轴瓦。

表 2-6-9 曲轴主轴瓦选配表

上主轴瓦		主轴承孔直径级别		
		1	2	3
曲轴主轴颈直径级别	1	红	蓝	蓝
	2	红	蓝	黄
	3	蓝	蓝	黄
下主轴瓦		主轴承孔直径级别		
		1	2	3
曲轴主轴颈直径级别	1	红	红	蓝
	2	蓝	蓝	蓝
	3	蓝	黄	黄

3. 连杆轴瓦的选配

连杆轴瓦是根据连杆轴颈直径等级和连杆大端孔径等级来选择的。

（1）确认连杆大头孔径级别。各组的尺寸如表2-6-10所示。

表 2-6-10 连杆大头孔径分组尺寸

级别	连杆大头孔径分组尺寸/mm
1	$50.600 \sim 50.605$
2	$50.605 \sim 50.610$
3	$50.610 \sim 50.615$

（2）确认曲轴连杆轴颈级别。如图 2-6-10 所示，数字为第一至第四连杆轴颈的直径分组标记位置。各组的尺寸如表 2-6-11 所示。

表 2-6-11　曲轴连杆轴颈分组尺寸

级别	曲轴连杆轴颈分组尺寸/mm
1	47.795≤d≤47.800
2	47.790≤d<47.795
3	47.785≤d<47.790

（3）根据表 2-6-12 选配连杆轴瓦，上连杆轴瓦和下连杆轴瓦采用相同的分组。

表 2-6-12　曲轴连杆轴瓦选配表

上连杆轴瓦		连杆轴颈直径级别		
		1	2	3
连杆大头孔径级别	1	红	红	蓝
	2	蓝	蓝	蓝
	3	蓝	黄	黄
下主轴瓦		连杆轴颈直径级别		
		1	2	3
连杆大头孔径级别	1	红	蓝	蓝
	2	红	蓝	黄
	3	蓝	蓝	黄

三、哈弗 H6（1.3TGW4B13）

1. 活塞配缸间隙的检查

长城哈弗 H6 汽车 GW4B13 发动机配缸间隙的检查方法如下：

（1）使用千分尺，测量活塞 10mm 高度处直径（外径），如图 2-6-11 所示。标准值：75.946～75.964mm。

（2）如图 2-6-12 所示，在气缸内按高度选择 3 个截面（截面 C 测量深度距缸体顶面 10mm，截面 D 测量深度 50mm，截面 E 测量深度 90mm），每个截面中选择相互垂直的两个方向测量缸孔内径（A、B）。

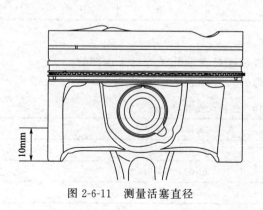

图 2-6-11　测量活塞直径

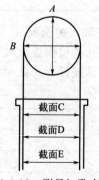

图 2-6-12　测量缸孔内径

（3）根据活塞外径和气缸最小内径计算活塞配缸间隙。

标准值：0.036～0.064mm。

2. 曲轴主轴承的选配

曲轴主轴承的厚度是根据缸体主轴承孔尺寸和主轴颈尺寸来选择的。

（1）确认缸体主轴承孔直径分组。如图 2-6-13 所示，数字自上而下分别为第一至第五主轴承孔的直径分组标记位置，各组的尺寸如表 2-6-13 所示。

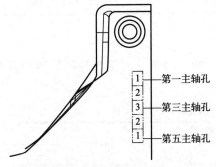

图 2-6-13　缸体主轴承孔直径分组

表 2-6-13　主轴承孔分组尺寸

分组号	主轴承孔分组尺寸/mm
0	$50.000 \leqslant d \leqslant 50.004$
1	$50.004 < d \leqslant 50.008$
2	$50.008 < d \leqslant 50.012$
3	$50.012 < d \leqslant 50.016$

（2）确认曲轴主轴颈直径分组。如图 2-6-14 所示，数字为第一至第五主轴颈直径的分组标记位置。各组的尺寸如表 2-6-14 所示。

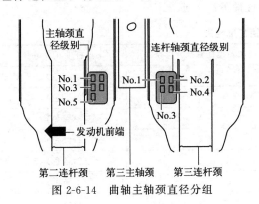

图 2-6-14　曲轴主轴颈直径分组

表 2-6-14　主轴颈直径分组尺寸

分组号	主轴颈分组尺寸/mm
1	$45.985 \leqslant D < 45.990$
2	$45.990 \leqslant D < 45.995$
3	$45.995 \leqslant D \leqslant 46.000$

（3）通过表 2-6-15 所示方法选配曲轴主轴瓦，上主轴瓦和下主轴瓦采用相同的分组。

（4）主轴瓦分组尺寸如表 2-6-16 所示。

表 2-6-15　曲轴主轴瓦选配表

主轴承孔分组号＋ （4－曲轴主轴颈分组号）	主轴瓦的颜色/分组号
1～2	黄色/1
3～4	无色/2
5～6	蓝色/3

表 2-6-16　主轴瓦分组尺寸

分组颜色	厚度/mm
黄色/1	1.989～1.993
无/2	1.993～1.997
蓝色/3	1.997～2.001

3. 连杆轴承的选配

（1）确认连杆大头孔径分组。如图 2-6-15 所示，"2"为大头孔径分组标记，"D"为质量分组标记。各组的尺寸如表 2-6-17 所示。

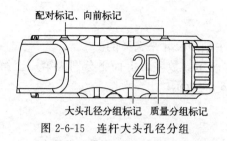

配对标记、向前标记

大头孔径分组标记 质量分组标记

图 2-6-15 连杆大头孔径分组

表 2-6-17 连杆大头孔径分组尺寸

分组号	连杆大头孔径分组尺寸/mm
1	43.000≤D≤43.005
2	43.005<D≤43.010
3	43.010<D≤43.016

（2）确认曲轴连杆轴颈分组。如图 2-6-14 所示，数字为第一至第四连杆轴颈的直径分组标记位置。各组的尺寸如表 2-6-18 所示。

表 2-6-18 连杆轴颈分组尺寸

分组号	曲轴连杆轴颈分组尺寸/mm
1	39.985≤d<39.990
2	39.990≤d<39.995
3	39.995≤d≤40.000

（3）通过表 2-6-19 所示方法选配连杆轴瓦。上连杆轴瓦分组号根据连杆大头孔径直径分组号选配，下连杆轴瓦分组号根据曲轴连杆颈直径分组号选配。

表 2-6-19 连杆轴瓦选配表

连杆大头孔径分组号	上连杆轴瓦分组号	曲轴连杆轴颈分组号	下连杆轴瓦分组号
1	1(红色)	3	1(红色)
		2	2(蓝色)
		1	3(黄色)
2	2(蓝色)	3	1(红色)
		2	2(蓝色)
		1	3(黄色)
3	3(黄色)	3	1(红色)
		2	2(蓝色)
		1	3(黄色)

（4）上连杆轴瓦和下连杆轴瓦的分组尺寸分别如表 2-6-20 和表 2-6-21 所示。

表 2-6-20 上连杆轴瓦分组尺寸

分组颜色	厚度/mm
黄色/3	1.495～1.500
蓝色/2	1.490～1.495
红色/1	1.485～1.490

表 2-6-21 下连杆轴瓦分组尺寸

分组颜色	厚度/mm
黄色/3	1.494～1.500
蓝色/2	1.488～1.490
红色/1	1.482～1.488

4. 凸轮轴瓦的选配

（1）确认凸轮轴孔径分组。如图 2-6-16 所示，凸轮轴孔径分组号位于气缸盖前端，用数字表示。各组的尺寸如表 2-6-22 所示。

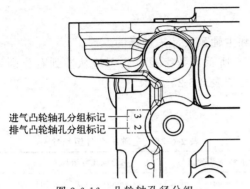

进气凸轮轴孔分组标记
排气凸轮轴孔分组标记

图 2-6-16 凸轮轴孔径分组

表 2-6-22 凸轮轴孔径分组尺寸

分组号	凸轮轴孔径分组尺寸/mm
1	$42.000 \leqslant D < 42.009$
2	$42.009 \leqslant D < 42.017$
3	$42.017 \leqslant D \leqslant 42.025$

（2）通过表 2-6-23 所示方法选配凸轮轴瓦。

（3）凸轮轴瓦分组尺寸如表 2-6-24 所示。凸轮轴瓦颜色标记在轴瓦两侧窄边。

表 2-6-23 凸轮轴瓦选配表

气缸盖凸轮轴孔分组号	凸轮轴上瓦分组号	凸轮轴下瓦分组号
1	1（红色）	1（红色）
2	2（蓝色）	2（蓝色）
3	3（黄色）	3（黄色）

表 2-6-24 凸轮轴瓦分组尺寸

分组颜色	厚度/mm
1（红）	$2.499 \leqslant d < 2.504$
2（蓝）	$2.503 \leqslant d < 2.508$
3（黄）	$2.507 \leqslant d \leqslant 2.512$

四、哈弗 H6S（1.5TGW4B15D）

1. 活塞配缸间隙的检查

长城哈弗 H6S 汽车 GW4B15D 发动机配缸间隙的检查方法如下：

（1）使用千分尺，测量活塞 11mm 高度处直径（外径），如图 2-6-17 所示。

标准值：74.951～74.969mm。

（2）如图 2-6-18 所示，在气缸内按高度选择 3 个截面（截面 C 测量深度距缸体顶面 10mm，截面 D 测量深度 40mm，截面 E 测量深度 70mm），每个截面中选择相互垂直的两个方向测量缸孔内径（A、B）。

标准值：75.00～75.01mm。

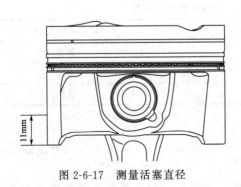

图 2-6-17 测量活塞直径

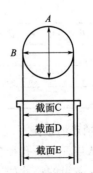

图 2-6-18 测量缸孔内径

（3）根据活塞外径和气缸最小内径计算活塞配缸间隙。

标准值：0.031～0.059mm。

2. 曲轴主轴承的选配

曲轴主轴承的厚度是根据缸体主轴承孔尺寸和主轴颈尺寸来选择的。

（1）确认缸体主轴承孔直径分组。如图2-6-19所示，数字自上到下或从左到右分别为第一至第五主轴承孔的直径分组标记，各组的尺寸如表2-6-25所示。

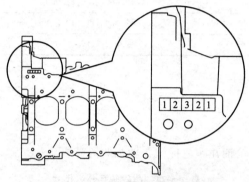

图 2-6-19　缸体主轴承孔直径分组

表 2-6-25　主轴承孔分组尺寸

主轴承孔分组号	主轴承孔分组尺寸/mm
0	$50.000 \leqslant d \leqslant 50.004$
1	$50.004 < d \leqslant 50.008$
2	$50.008 < d \leqslant 50.012$
3	$50.012 < d \leqslant 50.016$

（2）确认曲轴主轴颈直径分组。如图2-6-20所示，数字为第一至第五主轴颈直径的分组标记位置。各组的尺寸如表2-6-26所示。

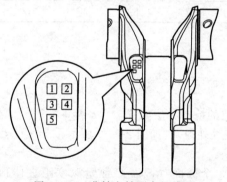

图 2-6-20　曲轴主轴颈直径分组

表 2-6-26　主轴颈直径分组尺寸

曲轴主轴颈分组号	主轴颈分组尺寸/mm
1	$45.985 \leqslant D < 45.990$
2	$45.990 \leqslant D < 45.995$
3	$45.995 \leqslant D \leqslant 46.000$

（3）根据表2-6-27选配主轴瓦，上主轴瓦和下主轴瓦采用相同的分组。

表 2-6-27　曲轴主轴瓦选配表

主轴承孔分组号＋（4－曲轴主轴颈分组号）	主轴瓦的颜色/分组号
＝1～2	黄色/1
＝3～4	无色/2
＝5～6	蓝色/3

3. 连杆轴承的选配

（1）确认连杆大头孔径分组。如图2-6-21所示，"2"为大头孔径分组标记，"D"为质量分组标记。各组的尺寸如表2-6-28所示。

（2）确认曲轴连杆轴颈分组。如图2-6-22所示，数字为第一至第四连杆轴颈的直径分组标记位置。各组的尺寸如表 2-6-29 所示。

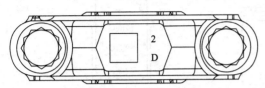

图 2-6-21　连杆大头孔径分组

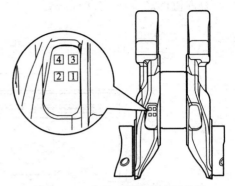

图 2-6-22　曲轴连杆轴颈直径分组

表 2-6-28　连杆大头孔径分组尺寸

分组号	连杆大头孔径分组尺寸/mm
1	47.000≤D≤47.008
2	47.005<D≤47.010
3	47.010<D≤47.015

表 2-6-29　曲轴连杆轴颈分组尺寸

曲轴连杆轴颈分组号	曲轴连杆轴颈分组尺寸/mm
1	43.985≤d<43.990
2	43.990≤d<43.995
3	43.995≤d≤44.000

（3）根据表 2-6-30 选配连杆轴瓦。上连杆轴瓦分组号根据连杆大头孔径直径分组号选配，下连杆轴瓦分组号根据曲轴连杆颈直径分组号选配。

表 2-6-30　曲轴连杆轴瓦选配表

连杆大头孔径分组号	上连杆轴瓦分组号	曲轴连杆轴颈分组号	下连杆轴瓦分组号
1	1(红色)	3	1(红色)
		2	2(蓝色)
		1	3(黄色)
2	2(蓝色)	3	1(红色)
		2	2(蓝色)
		1	3(黄色)
3	3(黄色)	3	1(红色)
		2	2(蓝色)
		1	3(黄色)

五、哈弗 M6（1.5T GW4G15B）/哈弗初恋（1.5T GW4G15K）

1. 活塞配缸间隙的检查

长城哈弗 M6 汽车 GW4G15B 发动机、哈弗初恋 GW4G15K 发动机配缸间隙的检查方法如下：

（1）使用千分尺，测量活塞 10mm 高度处直径，如图 2-6-23 所示。

标准值：74.951～74.969mm。

（2）如图 2-6-24 所示，在气缸内按高度选择 3 个截面（截面 C 测量深度距缸体顶面10mm，截面 D 测量深度 40mm，截面 E 测量深度 70mm），每个截面中选择相互垂直的两个方向测量缸孔内径（A、B）。

标准值：75.00～75.01mm。

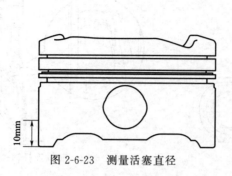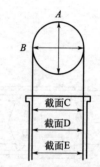

图 2-6-23　测量活塞直径　　　　图 2-6-24　测量缸孔内径

（3）根据活塞外径和气缸最小内径计算活塞配缸间隙。

标准值：0.031～0.059mm。

2. 曲轴主轴承的选配

曲轴主轴承的厚度是根据缸体主轴承孔尺寸和主轴颈尺寸来选择的。

（1）确认缸体主轴承孔直径分组。如图 2-6-25 所示，数字从左到右分别为第一至第五主轴承孔的直径分组标记，各组的尺寸如表 2-6-31 所示。

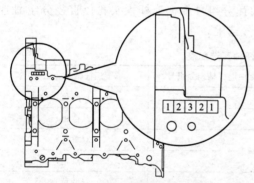

图 2-6-25　缸体主轴承孔直径分组

表 2-6-31　主轴承孔分组尺寸

分组号	主轴承孔分组尺寸/mm
0	$50.000 \leqslant d < 50.004$
1	$50.004 \leqslant d < 50.008$
2	$50.008 \leqslant d < 50.012$
3	$50.012 \leqslant d \leqslant 50.016$

（2）确认曲轴主轴颈直径分组。如图 2-6-26 所示，数字为第一至第五主轴径直径的分组标记位置。各组的尺寸如表 2-6-32 所示。

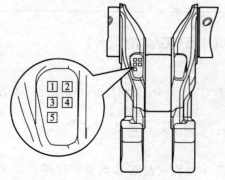

图 2-6-26　曲轴主轴颈直径分组

表 2-6-32　主轴颈直径分组尺寸

分组号	主轴颈分组尺寸/mm
1	$45.985 \leqslant D < 45.990$
2	$45.990 \leqslant D < 45.995$
3	$45.995 \leqslant D \leqslant 46.000$

（3）通过表 2-6-33 所示方法选配主轴瓦，上主轴瓦和下主轴瓦采用相同的分组。

表 2-6-33　曲轴主轴瓦选配表

主轴承孔分组号＋（4－曲轴主轴颈分组号）	主轴瓦的颜色/分组号
1～2	黄色/1
3～4	无色/2
5～6	蓝色/3

3. 连杆轴承的选配

（1）确认连杆大头孔径分组。如图 2-6-27 所示，A 处为质量组别标记（英文字母），B 处为大头孔径组别标记（阿拉伯数字）。各组的尺寸如表 2-6-34 所示。

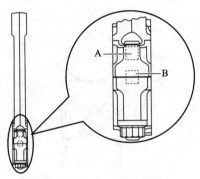

图 2-6-27　连杆大头孔径分组

表 2-6-34　连杆大头孔径分组尺寸

连杆大头孔径分组号	连杆大头孔径分组尺寸/mm
1	$43.000 \leqslant D \leqslant 43.008$
2	$43.008 < D \leqslant 43.016$

（2）确认曲轴连杆轴颈分组。如图 2-6-28 所示，数字为第一至第四连杆轴颈的直径分组标记位置。各组的尺寸如表 2-6-35 所示。

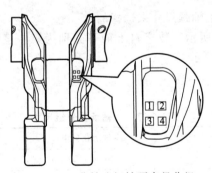

图 2-6-28　曲轴连杆轴颈直径分组

表 2-6-35　曲轴连杆轴颈分组尺寸

分组号	曲轴连杆轴颈分组尺寸/mm
1	$39.985 \leqslant d < 39.990$
2	$39.990 \leqslant d < 39.995$
3	$39.995 \leqslant d \leqslant 40.000$

（3）通过表 2-6-36 所示方法选配连杆轴瓦，上连杆轴瓦和下连杆轴瓦采用相同的分组。

表 2-6-36　曲轴连杆轴瓦选配表

连杆大头孔径分组号	曲轴连杆轴颈分组号	连杆轴瓦分组号	连杆大头孔径分组号	曲轴连杆轴颈分组号	连杆轴瓦分组号
1	1	2(无色)	2	1	3(黄色)
1	2	1(蓝色)	2	2	2(无色)
1	3	1(蓝色)	2	3	2(无色)

六、哈弗 F5/F7（1.5T GW4B15A/GW4B15）

1. 活塞配缸间隙的检查

长城哈弗 F5/F7 汽车 GW4B15A/GW4B15 发动机配缸间隙的检查方法如下：

（1）使用千分尺，测量活塞 10mm 高度处直径（外径），如图 2-6-29 所示。

标准值：75.946～75.964mm。

（2）如图 2-6-30 所示，在气缸内按高度选择 3 个截面（截面 C 测量深度距缸体顶面 10mm，截面 D 测量深度 40mm，截面 E 测量深度 70mm），每个截面中选择相互垂直的两个方向测量缸孔内径（A、B）。

标准值：76.00～76.01mm。

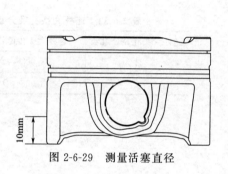

图 2-6-29　测量活塞直径

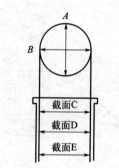

图 2-6-30　测量缸孔内径

（3）根据活塞外径和气缸最小内径计算活塞配缸间隙。

标准值：0.036～0.064mm。

2. 曲轴主轴承的选配

曲轴主轴承的厚度是根据缸体主轴承孔尺寸和主轴颈尺寸来选择的。

（1）确认缸体主轴承孔直径分组。如图 2-6-31 所示，数字自上而下分别为第一至第五主轴承孔的直径分组标记，各组的尺寸如表 2-6-37 所示。

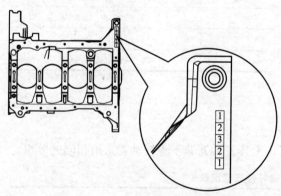

图 2-6-31　缸体主轴承孔直径分组

表 2-6-37　主轴承孔分组尺寸

分组号	主轴承孔分组尺寸/mm
0	$50.000 \leqslant d \leqslant 50.004$
1	$50.004 < d \leqslant 50.008$
2	$50.008 < d \leqslant 50.012$
3	$50.012 < d \leqslant 50.016$

（2）确认曲轴主轴颈直径分组。如图 2-6-32 所示，数字为第一至第五主轴颈直径的分组标记。各组的尺寸如表 2-6-38 所示。

（3）根据表 2-6-39 选配曲轴主轴瓦，上主轴瓦和下主轴瓦采用相同的分组。

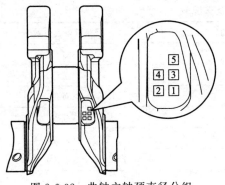

图 2-6-32　曲轴主轴颈直径分组

表 2-6-38　主轴颈直径分组尺寸

分组号	主轴颈分组尺寸/mm
1	$45.985 \leqslant D < 45.990$
2	$45.990 \leqslant D < 45.995$
3	$45.995 \leqslant D \leqslant 46.000$

表 2-6-39　曲轴主轴瓦选配表

主轴承孔分组号＋（4－曲轴主轴颈分组号）	主轴瓦的颜色/分组号
＝1～2	黄色/1
＝3～4	无色/2
＝5～6	蓝色/3

3. 连杆轴承的选配

（1）确认连杆大头孔径分组。如图 2-6-33 所示，"2" 为大头孔径分组标记，"D" 为质量分组标记。各组的尺寸如表 2-6-40 所示。

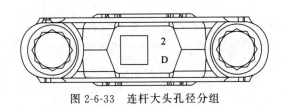

图 2-6-33　连杆大头孔径分组

表 2-6-40　连杆大头孔径分组尺寸

分组号	连杆大头孔径分组尺寸/mm
1	$43.000 \leqslant D \leqslant 43.005$
2	$43.005 < D \leqslant 43.010$
3	$43.010 < D \leqslant 43.016$

（2）确认曲轴连杆轴颈分组。如图 2-6-34 所示，数字为第一至第四连杆轴颈的直径分组标记。各组的尺寸如表 2-6-41 所示。

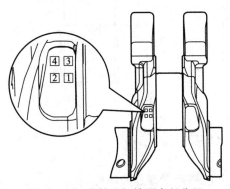

图 2-6-34　曲轴连杆轴颈直径分组

表 2-6-41　连杆轴颈分组尺寸

分组号	连杆轴颈分组尺寸/mm
1	$39.985 \leqslant d < 39.990$
2	$39.990 \leqslant d < 39.995$
3	$39.995 \leqslant d \leqslant 40.000$

（3）通过表 2-6-42 所示方法选配连杆轴瓦。上连杆轴瓦分组号根据连杆大头孔径直径分组号选配，下连杆轴瓦分组号根据曲轴连杆颈直径分组号选配。

表 2-6-42 连杆轴瓦选配表

连杆大头孔径分组号	上连杆轴瓦分组号	连杆轴颈分组号	下连杆轴瓦分组号
1	1(红色)	3	1(红色)
		2	2(蓝色)
		1	3(黄色)
2	2(蓝色)	3	1(红色)
		2	2(蓝色)
		1	3(黄色)
3	3(黄色)	3	1(红色)
		2	2(蓝色)
		1	3(黄色)

七、哈弗 F7/H7/H9（2. 0T GW4C20NT/GW4C20B）与坦克 300（2. 0T E20CB）

1. 活塞配缸间隙的检查

长城哈弗 F7/H7/H9 汽车 GW4C20NT/GW4C20B 发动机及坦克 300 汽车 E20CB 发动机配缸间隙的检查方法如下：

（1）如果活塞表面刮伤，或咬黏明显，或活塞上有裂纹，应更换活塞。

（2）使用千分尺，测量活塞 12mm 高度处直径，如图 2-6-35 所示。

标准值：82.446～82.464mm。

（3）如图 2-6-36 所示，在气缸内按高度选择 3 个截面（截面 C 测量深度距缸体顶面 10mm，截面 D 测量深度 50mm，截面 E 测量深度 70mm），每个截面中选择相互垂直的两个方向测量缸孔内径（A、B）。

标准值：82.50～82.51mm。

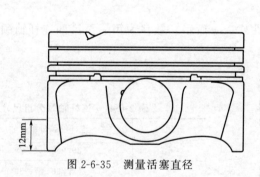

图 2-6-35 测量活塞直径

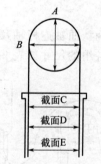

图 2-6-36 测量缸孔内径

（4）根据活塞外径和气缸最小内径计算活塞配缸间隙。

标准值：0.036～0.064mm。

提示： 间隙超出标准值时，应更换活塞环，必要时更换活塞连杆组件。

2. 曲轴主轴瓦的选配

（1）如图 2-6-37 所示，每个缸体主轴承孔直径级别号被打印在缸体上。数字从左到右分别为第一至第五主轴承孔的直径分组号。

（2）主轴颈直径级别号被打印在曲轴上，如图 2-6-38 所示。数字为第一至第五主轴颈的直径分组号。

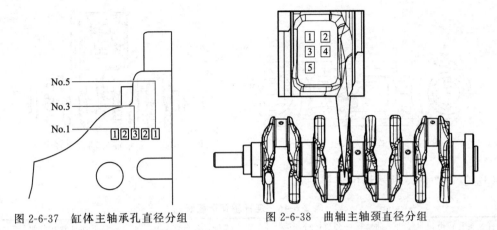

图 2-6-37　缸体主轴承孔直径分组　　　　　图 2-6-38　曲轴主轴颈直径分组

（3）按表 2-6-43 选择合适的主轴瓦。

表 2-6-43　曲轴主轴瓦选配表

主轴承孔径分组号	主轴颈直径分组号	上主轴瓦分组号	下主轴瓦分组号
1	1	1（红）	1（红）
1	2	1（红）	2（蓝）
1	3	2（蓝）	2（蓝）
2	1	2（蓝）	1（红）
2	2	2（蓝）	2（蓝）
2	3	2（蓝）	3（黄）
3	1	2（蓝）	2（蓝）
3	2	3（黄）	2（蓝）
3	3	3（黄）	3（黄）

提示： 若气缸体分组号－曲轴主轴颈的分组号＝2，则上下主轴瓦皆选择蓝瓦；若≠2，则按步骤（4）选配主轴瓦。

（4）主轴瓦选配方法。

上主轴瓦的选配如表 2-6-44 所示，下主轴瓦的选配如表 2-6-45 所示。

表 2-6-44　上主轴瓦选配表

主轴承孔孔径分组号	主轴承孔直径/mm	上主轴瓦颜色
1	$64.000 \leqslant d < 64.005$	红
2	$64.005 \leqslant d < 64.010$	蓝
3	$64.010 \leqslant d < 64.015$	黄

表 2-6-45　下主轴瓦选配表

曲轴主轴径分组号	曲轴主轴颈直径/mm	下主轴瓦颜色
1	$58.995 \leqslant D \leqslant 59.000$	红
2	$58.990 \leqslant D < 58.995$	蓝
3	$58.985 \leqslant D < 58.990$	黄

3. 连杆轴瓦的选配

（1）每个连杆大头孔直径分组号被打印在连杆盖上，如图 2-6-39 所示。

（2）曲轴连杆轴颈直径级别号被打印在曲轴上，如图 2-6-40 所示。数字为第一至第四连杆轴颈的直径分组标记位置。

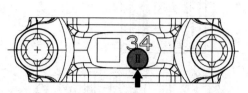

图 2-6-39　连杆大头孔直径分组

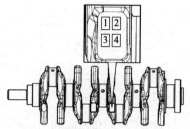

图 2-6-40　曲轴连杆轴颈直径分组

（3）按表 2-6-46 所示选配连杆轴瓦。

表 2-6-46　连杆轴瓦选配表

连杆大头孔径分组号	曲轴连杆颈直径分组号	上连杆轴瓦分组号	下连杆轴瓦分组号
I	1	1（红）	1（红）
I	2	1（红）	2（蓝）
I	3	2（蓝）	2（蓝）
II	1	2（蓝）	1（红）
II	2	2（蓝）	2（蓝）
II	3	2（蓝）	3（黄）
III	1	2（蓝）	2（蓝）
III	2	3（黄）	2（蓝）
III	3	3（黄）	3（黄）

提示：若连杆大头孔径分组号－曲轴连杆轴颈分组号＝2，则上下连杆轴瓦皆选择蓝瓦；若≠2，则按步骤（4）选配连杆轴瓦。

（4）连杆轴瓦选配方法。

上连杆轴瓦的选配如表 2-6-47 所示，下连杆轴瓦的选配如表 2-6-48 所示。

表 2-6-47　上连杆轴瓦选配表

连杆大头孔径分组号	连杆大头孔直径/mm	上连杆轴瓦颜色
I	50.600～50.605	红
II	50.605～50.610	蓝
III	50.610～50.615	黄

表 2-6-48　下连杆轴瓦选配表

曲轴连杆轴颈分组号	连杆轴颈直径/mm	下连杆轴瓦颜色
1	$47.795 \leqslant d \leqslant 47.800$	红
2	$47.790 \leqslant d < 47.795$	蓝
3	$47.785 \leqslant d < 47.790$	黄

第七节　吉利汽车

一、帝豪 GL/缤瑞（1.4T JLB-4G14TB）

1. 活塞的选配

吉利帝豪 GL 汽车 JLB-4G14TB 发动机的活塞直径为（74.96±0.009）mm。根据缸孔尺寸选取活塞，配缸间隙为 0.031～0.068mm。

2. 曲轴主轴承的选配

（1）检查曲轴主轴瓦配合间隙。

① 检查主轴颈和主轴瓦是否有点蚀和刮痕。

② 安装曲轴主轴承上轴瓦。

③ 将曲轴放置在气缸体上。

④ 将一条塑料间隙规横跨放置在每个主轴颈上（主轴颈直径：47.982～48mm）。

⑤ 在气缸体上安装带有下轴瓦的主轴承盖，并使主轴承盖的向前标记朝向发动机前端。按规定力矩拧紧主轴承盖螺栓。

注意：不要转动曲轴。

⑥ 拆卸主轴承盖。

⑦ 用塑料间隙规测量间隙的最大宽点。

标准间隙：0.016～0.046mm。

（2）如果间隙超出此范围，则更换曲轴主轴承，必要时更换曲轴。如果更换曲轴主轴承，则必须选择具有相同号码的主轴承。

（3）如果不能确定主轴承的号码，可以将印在气缸体和印在曲轴上的号码相加，计算出正确的主轴承号码。然后用计算出来的号码选择一个新的主轴承。（缸体主轴承孔分组号＋曲轴主轴颈分组号＝要使用的轴承号）

3. 连杆轴承的选配

（1）检查连杆轴承的配合间隙。

① 将一条塑料间隙规放在连杆轴颈上（连杆轴颈直径：43.982～44mm）。

② 安装连杆盖（连杆盖的向前标识应朝向发动机的前端），并按规定力矩拧紧连杆螺栓。

③ 拆卸连杆盖。

④ 用塑料间隙规测量间隙的最大宽点。标准值：0.018～0.048mm。

（2）如果间隙超过标准范围，则更换连杆轴承。

（3）如果更换连杆轴承，可以根据印在连杆体上的连杆大头孔分组号与印在曲轴上的连杆轴颈分组号相加，来选择正确的连杆轴承。（连杆轴承盖上分组号＋曲轴上连杆轴颈分组号＝要使用的连杆轴承号。）

二、帝豪 GL/GS/远景 X6（1.8L JLC-4G18）

1. 活塞的选配

吉利帝豪 GL 汽车 JLC-4G18 发动机的配缸间隙为 0.0425～0.0705mm。测量活塞至气缸之间的间隙，如不在规定范围内，则更换活塞。

2. 曲轴主轴承的选配

（1）检查曲轴主轴瓦配合间隙。

① 检查主轴颈和主轴瓦是否有点蚀和刮痕。

② 安装曲轴主轴承上轴瓦。

③ 将曲轴放置在气缸体上。

④ 将一条塑料间隙规横跨放置在每个主轴颈上（主轴颈直径：47.982～48mm）。

⑤ 在气缸体上安装带有下轴瓦的主轴承盖，并使主轴承盖的向前标记朝向发动机前端。按规定力矩拧紧主轴承盖螺栓。

注意：不要转动曲轴。

⑥ 拆卸主轴承盖。

⑦ 用塑料间隙规测量间隙的最大宽点。

标准间隙：0.013～0.031mm。最大间隙：0.043mm。

（2）如果间隙超出此范围，则更换曲轴主轴承，必要时更换曲轴。如果更换曲轴主轴承，则必须选择具有相同号码的主轴承。

（3）如果不能确定主轴承的号码，可以将印在气缸体和印在曲轴上的号码相加，计算出正确的主轴承号码。然后用计算出来的号码选择一个新的主轴承。（缸体主轴承孔分组号＋曲轴主轴颈分组号＝要使用的主轴承号）

三、远景 X3（1.5L JLB-4G15）

1. 活塞的选配

吉利远景 X3 汽车 JLB-4G15 发动机的活塞直径为（74.96±0.009)mm。根据缸孔尺寸选取活塞，配缸间隙为 0.031～0.068mm。

2. 曲轴主轴承的选配

（1）检查曲轴主轴瓦配合间隙。

① 检查主轴颈和主轴瓦是否有点蚀和刮痕。

② 安装曲轴主轴承上轴瓦。

③ 将曲轴放置在气缸体上。

④ 将一条塑料间隙规横跨放置在每个主轴颈上（主轴颈直径：47.982～48mm）。

⑤ 在气缸体上安装带有下轴瓦的主轴承盖，并使主轴承盖的向前标记朝向发动机前端。按规定力矩拧紧主轴承盖螺栓。

注意：不要转动曲轴。

⑥ 拆卸主轴承盖。

⑦ 用塑料间隙规测量间隙的最大宽点。

标准间隙：0.016～0.046mm。

（2）如果间隙超出此范围，则更换曲轴主轴承，必要时更换曲轴。

3. 连杆轴承的选配

（1）检查连杆轴承的配合间隙。

① 将一条塑料间隙规放在连杆轴颈上。

② 安装连杆盖（连杆盖的向前标识应朝向发动机的前端），并按规定力矩拧紧连杆螺栓。

③ 拆卸连杆盖。

④ 用塑料间隙规测量间隙的最大宽点。

标准值：0.018～0.048mm。最大值：0.063mm。

（2）如果间隙超过最大值，则更换连杆轴承。

四、博越/博瑞（2.0L JLD-4G20/2.4L JLD-4G24）

1. 活塞的选配

（1）如图 2-7-1 所示，用千分尺在与活塞销孔垂直的方向，距活塞底部 13mm 处测量活塞直径。

标准值：JLD-4G20 为（84.965±0.0075)mm，JLD-4G24 为（88.665±0.0075)mm。

（2）计算配缸间隙：用缸孔直径测量值减去活塞直径测量值。

标准间隙：0.0275～0.0575mm。

（3）如果间隙不在范围内，则更换活塞。必要时更换气缸体。

如果更换活塞，可以根据印在活塞销上的直径分组号和印在活塞上的活塞销孔直径分组号来选择正确的活塞。

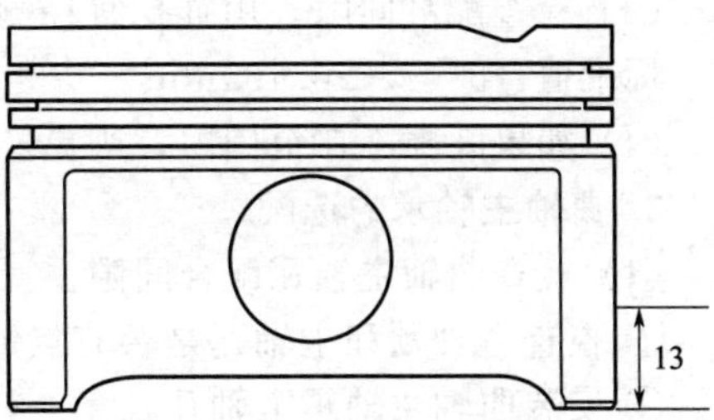

图 2-7-1　测量活塞直径

2. 连杆轴承的选配

（1）检查连杆轴承的配合间隙。

① 将一条塑料间隙规放在连杆轴颈上。

② 安装连杆盖（连杆盖的向前标识应朝向发动机的前端），并按规定力矩拧紧连杆螺栓。

③ 拆卸连杆盖。

④ 用塑料间隙规测量间隙的最大宽点。

标准值：0.018～0.044mm。

（2）如果间隙超过最大值范围内，则更换连杆轴承。

（3）如果更换连杆轴承，可以根据印在连杆体上的连杆大头孔分组号与印在曲轴上的连杆轴颈分组号相加，来选择正确的连杆轴承。（连杆轴承盖上分组号＋曲轴上连杆轴颈分组号＝要使用的连杆轴承号。）

3. 检查曲轴主轴颈直径和连杆轴颈直径

（1）检查主轴颈直径。

① 在每个主轴颈的两个截面，测量 X、Y（互相垂直）方向上的直径并记录。

主轴颈直径标准值：

第 1 组：（54.797±0.003）mm。

第 2 组：（54.791±0.003）mm。

第 3 组：（54.785±0.003）mm。

② 如果超出标准值，则更换曲轴。

（2）检查连杆轴颈直径。

① 在每个连杆轴颈的两个截面，测量 X、Y（互相垂直）方向上的直径并记录。

连杆轴颈直径标准值：

第 1 组：（47.997±0.003）mm。

第 2 组：（47.991±0.003）mm。

第 3 组：（47.985±0.003）mm。

② 如果超出标准值，则更换曲轴。

五、博越/博瑞（1.8T JLE-4G18TD）

1. 活塞的选配

（1）检查发动机机体缸孔直径。

标准值：80.505～82.515mm。

（2）用测微计在与活塞销孔垂直的方向，距活塞底部 10mm 处测量活塞直径。

标准值：（82.42±0.009）mm。

（3）检查配缸间隙，用缸孔直径测量值减去活塞直径测量值。

标准值：0.076～0.104mm。

（4）如果间隙不在范围内，则更换活塞。必要时更换气缸体。

2. 曲轴主轴承的选配

（1）检查曲轴主轴瓦配合间隙。

① 检查主轴颈和主轴瓦是否有点蚀和刮痕。

② 安装曲轴主轴承上轴瓦。

③ 将曲轴放置在气缸体上。

④ 将一条塑料间隙规横跨放置在每个主轴颈上（主轴颈直径：51.985～52.000mm）。

⑤ 在气缸体上安装带有下轴瓦的主轴承盖，并使主轴承盖的向前标记朝向发动机前端。按规定力矩拧紧主轴承盖螺栓。

注意：不要转动曲轴。

⑥ 拆卸主轴承盖。

⑦ 用塑料间隙规测量间隙的最大宽点。

标准间隙：0.024～0.046mm。

（2）如果间隙超出此范围，则更换曲轴主轴承，必要时更换曲轴。如果更换曲轴主轴承，则必须选择具有相同号码的主轴承。

（3）如果不能确定主轴承的号码，可以将印在气缸体和印在曲轴上的号码相加，计算出正确的主轴承号码。然后用计算出来的号码选择一个新的主轴承。（缸体主轴承孔分组号＋曲轴主轴颈分组号＝要使用的主轴承号）

3. 连杆轴承的选配

（1）检查连杆轴承的配合间隙。

① 将一条塑料间隙规放在连杆轴颈上（连杆轴颈直径：47.785～48.000mm）。

② 安装连杆盖（连杆盖的向前标识应朝向发动机的前端），并按规定力矩拧紧连杆螺栓。

③ 拆卸连杆盖。

④ 用塑料间隙规测量间隙的最大宽点。

标准值：0.022～0.044mm。

（2）如果间隙超过最大值范围，则更换连杆轴承。

（3）如果更换连杆轴承，可以根据印在连杆体上的连杆大头孔分组号与印在曲轴上的连杆轴颈分组号相加的结果，来选择正确的连杆轴承。（连杆轴承盖上分组号＋曲轴上连杆轴颈分组号＝要使用的连杆轴承号）

六、帝豪（1.5L JLγ-4G15）

1. 活塞的选配

（1）检查发动机机体缸孔直径。

（2）用测微计在与活塞销孔垂直的方向，距活塞底部 12mm 处测量活塞直径。

（3）检查配缸间隙，用缸孔直径测量值减去活塞直径测量值。

标准值：0.0275～0.0575mm。

（4）如果间隙不在范围内，则更换活塞。必要时更换气缸体。

如果更换活塞，可以根据印在活塞销上的直径分组号和印在活塞上的活塞销孔直径分组号来选择正确的活塞。

2. 曲轴主轴承的选配

（1）检查曲轴主轴瓦配合间隙。

① 用塑料测隙规测量所有曲轴主轴承间隙。

② 安装曲轴主轴承上轴瓦。

③ 将曲轴放置在气缸体上。

④ 将一条塑料间隙规横跨放置在每个主轴颈上。

⑤ 安装曲轴箱体，并按规定力矩和顺序拧紧主轴承盖螺栓。

力矩：第一次 44N・m，第二次 60N・m。

注意：不要转动曲轴。

⑥ 拆卸曲轴箱体。

⑦ 用塑料间隙规测量间隙的最大宽点。

标准间隙：0.015～0.033mm。

（2）如果间隙超出此范围，则更换曲轴主轴承，必要时更换曲轴。

（3）根据表 2-7-1 选配主轴瓦。

表 2-7-1　曲轴主轴瓦选配表

主轴承孔内径/mm	曲轴主轴颈外径/mm	选用主轴瓦的厚度/mm
52.005～52.011（编号 1）	47.994～48.000（编号 1）	1.993≤t≤1.996（编号 2）
52.011～52.017（编号 2）	47.994～48.000（编号 1）	1.996<t≤1.999（编号 3）
52.005～52.011（编号 1）	47.988～47.994（编号 2）	
52.017～52.021（编号 3）	47.994～48.000（编号 1）	1.999<t≤2.002（编号 4）
52.005～52.011（编号 1）	47.982～47.988（编号 3）	
52.011～52.017（编号 2）	47.982～47.988（编号 3）	2.002<t≤2.005（编号 5）
52.017～52.021（编号 3）	47.988～47.994（编号 2）	
52.017～52.021（编号 3）	47.982～47.988（编号 3）	2.005<t≤2.008（编号 6）

3. 连杆轴承的选配

（1）检查连杆轴承的配合间隙。

① 将一条塑料间隙规放在连杆轴颈上。

② 安装连杆盖（连杆盖的向前标识应朝向发动机的前端），并按规定力矩拧紧连杆螺栓。

③ 拆卸连杆盖。

④ 用塑料间隙规测量间隙的最大宽点。

标准值：0.018～0.048mm。最大值：0.063mm。

（2）如果间隙超过最大值，则更换连杆轴承。

第八节　五菱/宝骏车系

一、五菱宏光/宝骏 510/宝骏 730（1.5L L2B）

1. 检查活塞间隙

（1）测量从活塞底部往上 15mm 处的活塞外径 1，如图 2-8-1 所示。

标准值：(74.672±0.007)mm。

低于标准值必要时更换活塞。

（2）测量从缸体表面向下50mm处的气缸内径。

标准值：74.71mm。

如超过标准值，必要时更换缸体。

（3）用步骤2中的测量数据减去步骤1中的测量数据即为活塞与缸孔间隙。

超过标准值：0.035mm。

超过标准值必要时更换相关零件。

2. 测量连杆轴颈与连杆轴瓦间隙

方法一：

（1）先测量并记录连杆装配好轴瓦时的内径，如图2-8-2所示。

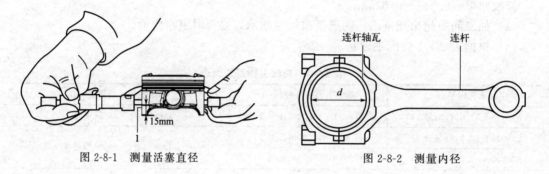

图 2-8-1　测量活塞直径　　　　　　图 2-8-2　测量内径

（2）再测量并记录连杆轴颈直径。

标准值：$40^{-0.021}_{-0.005}$mm。

若超过标准值，必要时更换曲轴。

（3）用步骤（1）的测量数据减去步骤（2）的测量数据，得到连杆轴颈与连杆轴瓦间隙。

标准值：0.018～0.050mm。

必要时更换轴瓦，直到间隙在规定范围内。

方法二：

（1）在连杆轴颈与轴瓦上涂少许机油，切下长度与轴瓦宽度相同的塑料测量条，与轴颈平行放在连杆轴颈与轴瓦之间，注意避开油孔。

（2）安装连杆盖和连杆轴瓦，拧紧连杆螺栓至20N·m＋(90°±4°)。

（3）拆下连杆盖和轴瓦，用提供的量尺测量塑料测量条的宽度得出连杆轴颈与轴瓦间隙。必要时更换轴瓦或相关零件。

3. 测量主轴颈与主轴瓦间隙

（1）测量主轴颈直径。

标准值：$49^{-0.017}_{-0.005}$mm。

（2）方法一：如图2-8-3所示，将曲轴主轴承盖、上下主轴瓦安装到缸体上，拧紧主轴承盖螺栓至30N·m＋(30°～35°)，测量主轴瓦内径，主轴瓦内径与相应的主轴颈直径差值即为主轴颈与主轴瓦间隙。

标准值：0.018～0.050mm。

若超过标准值更换主轴瓦以获得合适的间隙。

（3）方法二：如图 2-8-4 所示，在主轴颈与主轴瓦上涂少许机油，切下长度与轴瓦宽度相同的塑料测量条，与轴颈平行放在主轴颈与主轴瓦之间（注意避开油孔），安装主轴承盖，拧紧主轴承盖螺栓至 30N·m＋（30°～35°），拆下主轴承盖和主轴瓦，用量尺测量塑料测量条的宽度即为间隙，若超过标准值则更换主轴瓦。

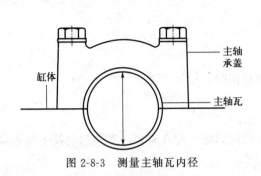

图 2-8-3　测量主轴瓦内径　　　　　　　　图 2-8-4　测量主轴间隙

二、五菱宏光（1.2L LMU）

1. 检查活塞间隙

（1）测量从活塞底部往上 15mm 处的活塞外径 1，如图 2-8-5 所示。

（2）测量从缸体表面向下 50mm 处的气缸内径。

标准值：$69.7^{+0.01}_{-0.02}$ mm。

（3）用步骤 2 中的测量数据减去步骤 1 中的测量数据即为活塞与缸孔间隙。

若超过标准值（0.035mm），必要时更换相关零件。

2. 测量连杆轴颈与连杆轴瓦间隙

方法一：

（1）先测量并记录连杆装配好轴瓦时的内径，如图 2-8-6 所示。

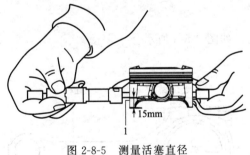
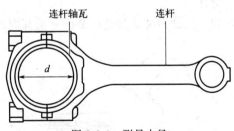

图 2-8-5　测量活塞直径　　　　　　　　图 2-8-6　测量内径

（2）再测量并记录连杆轴颈直径。

标准值：$38^{-0.017}_{-0.005}$ mm。

若超过标准值，必要时更换曲轴。

（3）用步骤（1）的测量数据减去步骤（2）的测量数据，得到连杆轴颈与连杆轴瓦间隙。

标准值：0.020～0.052mm。极限：0.060mm。

超过极限则根据连杆大端直径与连杆轴颈直径选择合适的轴瓦以达到规定的间隙。

方法二：

（1）将连杆轴颈与轴瓦上轻微涂机油，以便在拆卸连杆盖时确保塑料测量条不会撕裂。

（2）按轴瓦宽度剪切测量条，沿轴向放在连杆轴瓦与轴颈之间，并拧紧连杆盖螺栓。

（3）拆下连杆盖，测量展平后的塑料测量条的宽度。

（4）检查间隙值是否超过极限值。

3. 测量主轴颈与主轴瓦间隙

（1）测量主轴颈直径。

标准值：$49^{-0.017}_{-0.005}$ mm。

（2）测量方法与连杆轴颈与轴瓦间隙的测量相同，计算方法：

间隙＝主轴瓦内径－曲轴主轴颈直径。

标准：0.018～0.050mm。极限：0.062mm。

（3）超过极限则更换合适的主轴瓦获得正确的间隙。若有必要，则一起更换主轴承盖与缸体。

三、五菱荣光/荣光新卡/荣光小卡（1.5L L3C）

1. 检查活塞间隙

（1）测量从活塞底部往上 15mm 处的活塞外径 1，如图 2-8-7 所示。

标准值：（74.672±0.007）mm。

若低于标准值，必要时更换活塞。

（2）测量从缸体表面向下 50mm 处的气缸内径。

标准值：74.71mm。

超过标准值，必要时更换。

（3）用步骤（2）中的测量数据减去步骤（1）中的测量数据，即为活塞与缸孔间隙。

超过标准值：0.035mm。

超过标准值，必要时更换相关零件。

2. 测量连杆轴颈与连杆轴瓦间隙

方法一：

（1）先测量并记录连杆装配好轴瓦时的内径，如图 2-8-8 所示。

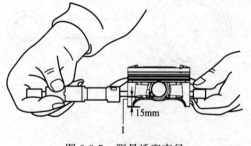

图 2-8-7　测量活塞直径

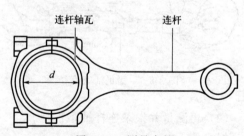

图 2-8-8　测量内径

（2）再测量并记录连杆轴颈直径。

标准值：$40^{-0.021}_{-0.005}$ mm。

若超过标准值，必要时更换曲轴。

（3）用步骤（1）的测量数据减去步骤（2）的测量数据，得到连杆轴颈与连杆轴瓦间隙。

标准值：0.020～0.056mm。

必要时更换轴瓦，直到间隙在规定范围内。

方法二：

（1）在连杆轴颈与轴瓦上涂少许机油，切下长度与轴瓦宽度相同的塑料测量条，与轴颈平行放在连杆轴颈与轴瓦之间，注意避开油孔。

（2）安装连杆盖和连杆轴瓦，拧紧连杆螺栓至20N·m＋（90°±4°）。

（3）拆下连杆盖和轴瓦，用提供的量尺测量塑料测量条的宽度得出连杆轴颈与轴瓦间隙。必要时更换轴瓦或相关零件。

3. 测量主轴颈与主轴瓦间隙

（1）测量主轴颈直径。

标准值：$49^{-0.021}_{-0.005}$mm。

（2）方法一：如图2-8-9所示，将曲轴主轴承盖、上下主轴瓦安装到缸体上，拧紧主轴承盖螺栓至30N·m＋（26°～34°），测量主轴瓦内径，主轴瓦内径与相应的主轴颈直径差值即为主轴颈与主轴瓦间隙。

标准值：0.018～0.058mm。

若超过标准值，更换主轴瓦以获得合适的间隙。

（3）方法二：如图2-8-10所示，在主轴颈与主轴瓦上涂少许机油，切下长度与轴瓦宽度相同的塑料测量条，与轴颈平行放在主轴颈与主轴瓦之间（注意避开油孔），安装主轴承盖，拧紧主轴承盖螺栓至30N·m＋（26°～34°），拆下主轴承盖和主轴瓦，用量尺测量塑料测量条的宽度即为间隙，若超过标准值则更换主轴瓦。

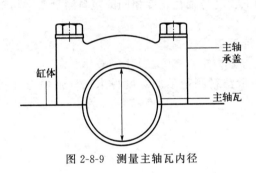

图 2-8-9　测量主轴瓦内径

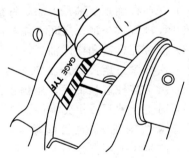

图 2-8-10　测量主轴间隙

四、五菱荣光新卡（1.8L LJ479QE2）

1. 检查活塞间隙

（1）测量从活塞底部往上15mm处的活塞外径1，如图2-8-11所示。

标准值：（78.935±0.0075）mm。

若低于标准值，必要时更换活塞。

（2）测量从缸体表面向下50mm处的气缸内径。

标准值：79.000～79.013mm。

超过标准值，必要时更换。

（3）用步骤（2）中的测量数据减去步骤（1）中的测量数据即为活塞与缸孔间隙。

超过标准值：0.0425～0.0785mm。

超过标准值，必要时更换相关零件。

2. 测量连杆轴颈与连杆轴瓦间隙

方法一：

（1）先测量并记录连杆装配好轴瓦时的内径，如图 2-8-12 所示。

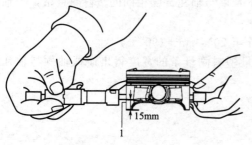

图 2-8-11　测量活塞直径

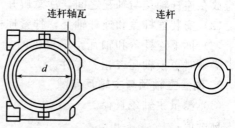

图 2-8-12　测量内径

（2）再测量并记录连杆轴颈直径。

标准值：$44_{-0.016}^{0}$ mm。

若超过标准值，必要时更换曲轴。

（3）用步骤（1）的测量数据减去步骤（2）的测量数据，得到连杆轴颈与连杆轴瓦间隙。

标准值：0.018～0.044mm。

必要时更换轴瓦，直到间隙在规定范围内。

方法二：

（1）在连杆轴颈与轴瓦上涂少许机油，切下长度与轴瓦宽度相同的塑料测量条，与轴颈平行放在连杆轴颈与轴瓦之间，注意避开油孔。

（2）安装连杆盖和连杆轴瓦，分两次拧紧连杆盖螺栓。

第一次拧紧力矩：（20±2）N·m。第二次拧紧力矩：（50±2）N·m。

（3）拆下连杆盖和轴瓦，用提供的量尺测量塑料测量条的宽度得出连杆轴颈与轴瓦间隙。必要时更换轴瓦或相关零件。

3. 测量主轴颈与主轴瓦间隙

（1）测量主轴颈直径。

标准值：47.982～48.000mm。

（2）方法一：如图 2-8-13 所示，将曲轴主轴承盖、上下主轴瓦安装到缸体上，拧紧主轴承盖螺栓，第一遍紧固至（44±2）N·m，第二遍紧固至（60±4）N·m，测量主轴瓦内径，主轴瓦内径与相应的主轴颈直径差值即为主轴颈与主轴瓦间隙。

标准值：0.013～0.031mm。

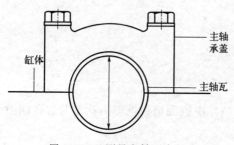

图 2-8-13　测量主轴瓦内径

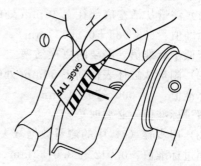

图 2-8-14　测量主轴间隙

若超过标准值，更换主轴瓦以获得合适的间隙。

（3）方法二：如图 2-8-14 所示，在主轴颈与主轴瓦上涂少许机油，切下长度与轴瓦宽度相同的塑料测量条，与轴颈平行放在主轴颈与主轴瓦之间（注意避开油孔），安装主轴承盖，第一遍紧固至（44±2）N·m，第二遍紧固至（60±4）N·m，拆下主轴承盖和主轴瓦，用量尺测量塑料测量条的宽度即为间隙，若超过标准值更换主轴瓦。

第九节　猎豹汽车

一、猎豹飞腾/CS7（2.0L 4G94）

1. 连杆轴瓦间隙的检查

（1）擦掉连杆轴颈和连杆轴瓦上的所有机油。

（2）在连杆轴颈上放置塑料间隙规，将它切成与轴瓦宽度相同的长度。塑料间隙规必须位于连杆轴颈的中心，并与其轴线平行。

（3）轻轻地把连杆盖放置在其位置上，并将螺栓拧紧到规定力矩。

（4）拆下螺栓，慢慢地拆下连杆盖。

（5）用印刷在塑料间隙规袋上的标尺，在最宽点测量塑料间隙规的被挤压部分。

标准值：0.015～0.048mm。极限值：0.1mm。

2. 主轴承间隙的检查

（1）擦去曲轴主轴颈和轴承内表面上所有的机油。

（2）安装轴承。

（3）把塑料间隙规的长度切成与轴承宽度相匹配，然后沿轴颈的轴线方向将它放在主轴颈上。

（4）轻轻地装上曲轴轴瓦盖，并将螺栓拧紧到规定力矩。

（5）拆下螺栓，并轻轻地拆下曲轴轴瓦盖。

（6）用印刷在塑料间隙规袋上的标尺，在最宽点测量塑料间隙规的被挤压部分。

标准值：0.015～0.048mm。极限值：0.1mm。

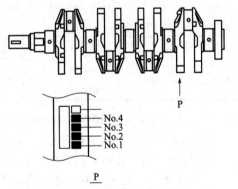

图 2-9-1　连杆轴颈分组标记

3. 连杆轴瓦的选配

（1）曲轴连杆轴颈的分组标记如图 2-9-1 所示。

（2）连杆轴瓦由曲轴连杆轴颈的级别决定，如表 2-9-1 所示。

表 2-9-1　连杆轴瓦选配表

曲轴级别曲轴记号	连杆识别记号	轴瓦识别记号
Ⅰ.（1）		Ⅰ.（1）
Ⅱ.（2）		Ⅱ.（2）
Ⅲ.（3）		Ⅲ.（3）

4. 主轴瓦的选配

（1）曲轴主轴颈的尺寸分组标记如图 2-9-2 所示。

（2）曲轴主轴承孔的尺寸分组标记如图 2-9-3 所示。

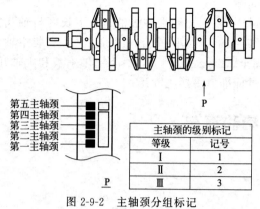

主轴颈的级别标记	
等级	记号
I	1
II	2
III	3

图 2-9-2　主轴颈分组标记

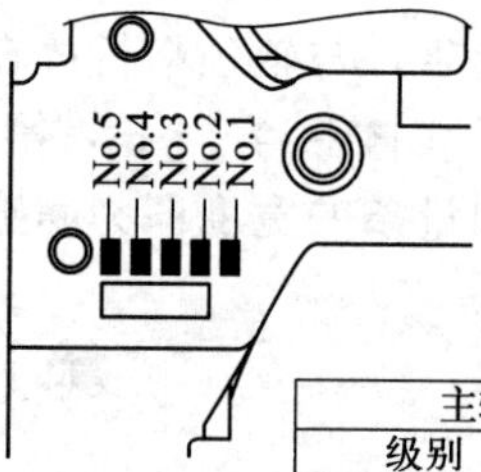

主轴承孔级别	
级别	标记
0	0
I	1
II	2

图 2-9-3　主轴承孔分组标记

（3）根据主轴颈和主轴颈孔的识别记号或颜色选择主轴瓦（表 2-9-2）。

表 2-9-2　曲轴主轴瓦选配表

曲轴主轴颈		主轴承孔	主轴瓦
识别记号	主轴颈直径/mm	识别记号	识别记号
1	49.994～50.000	0	1
		1	2
		2	3
2	49.988～49.994	0	2
		1	3
		2	4
3	49.982～49.988	0	3
		1	4
		2	5

（4）如果它们不能识别，则应测量曲轴主轴颈，并选择相应的轴承与其匹配。

① 如果测得的主轴颈是直径 50.000mm，则它相当于表中的第一类。

② 如果主轴承孔径上的识别记号是 1，则应选择识别记号 2 的轴瓦。

（5）所有的上轴瓦都有油槽，所有下轴瓦都无油槽。

二、猎豹 CS6/Q6（2.4L 4G64）

1. 连杆轴瓦间隙的检查

（1）擦掉连杆轴颈和连杆轴瓦上的所有机油。

（2）在连杆轴颈上放置塑料间隙规，将它切成与轴瓦宽度相同的长度。塑料间隙规必须位于连杆轴颈的中心，并与其轴线平行。

（3）轻轻地把连杆盖放置在其位置上，并将螺栓拧紧到规定力矩。

（4）拆下螺栓，慢慢地拆下连杆盖。

（5）用印刷在塑料间隙规包装袋上的量尺，在最宽点测量塑料间隙规的被挤压部分。

标准值：0.02～0.05mm。极限值：0.1mm。

2. 主轴承间隙的检查

（1）擦去曲轴主轴颈和轴承内表面上所有的机油。

（2）安装主轴承。

（3）把塑料间隙规的长度切成与轴承宽度相匹配，然后沿轴颈的轴线方向将它放在主轴颈上。

（4）轻轻地装上主轴承盖，并将螺栓拧紧到规定力矩。

（5）拆下螺栓，小心地拆下主轴承盖。

（6）用印刷在塑料间隙规袋上的量尺，在最宽点测量塑料间隙规的被挤压部分。

标准值：0.02～0.04mm。极限值：0.1mm。

3. 连杆轴瓦的选配

（1）测量曲柄销（连杆轴颈）外径，根据表 2-9-3 确定其组别，作为维修件的曲轴，在图 2-9-4 所示位置用油漆颜色进行了尺寸区分。

表 2-9-3 连杆轴颈选配表

组别	曲柄销		连杆轴承		
	识别颜色	外径/mm	识别记号	识别颜色	厚度/mm
I	黄	44.995～45.000	1	黄	1.487～1.491
II	无	44.985～44.995	2	无	1.491～1.495
III	白	44.980～44.985	3	蓝	1.495～1.499

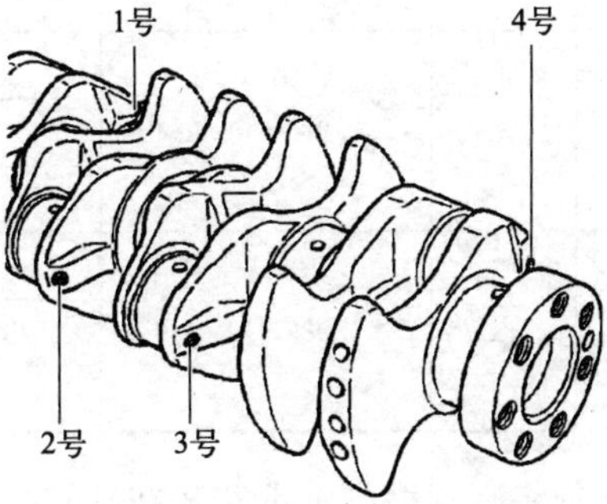

图 2-9-4 连杆轴颈分组标记

（2）连杆轴承的识别记号位于轴瓦背面。

（3）按照（1）和（2）确定的组别，从表 2-9-3 选择轴承。

例如：曲轴销外径的测量值为 44.996mm，则为表 2-9-3 中的 1 组。假如更换曲轴用维修件，检查涂在新曲轴销上的识别颜色。如果为黄色，曲轴销即为 1 组，此时应选择识别记号为 1 的连杆轴承。

4. 主轴瓦的选配

（1）曲轴主轴颈的尺寸分组标记如图 2-9-5 所示。

（2）曲轴主轴承孔的尺寸分组标记如图 2-9-6 所示。

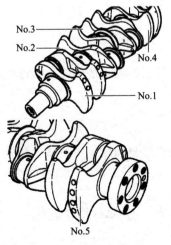

图 2-9-5 主轴颈分组标记

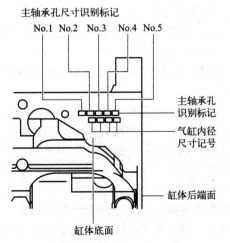

图 2-9-6 主轴承孔分组标记

（3）根据主轴颈和主轴承孔的识别记号或颜色选择主轴瓦（表 2-9-4）。

① 如果曲轴主轴颈识别颜色为黄，主轴孔径识别记号为 1，则选择识别记号为 2，颜色为黄的第 1、2、4、5 轴承及识别记号为 1，识别颜色为绿的第 3 轴承。

② 如果曲轴上无识别颜色漆，则测量主轴颈并根据测量值选择相应组别的轴承。

表 2-9-4　曲轴主轴瓦选配表

曲轴主轴颈			主轴承孔	主轴瓦识别记号及颜色	
组别	颜色	主轴颈直径/mm	识别记号	第 1、2、4、5 主轴承	第 3 主轴承
Ⅰ	黄	56.994～57.000	0	1、绿	0、黑
Ⅰ	黄	56.994～57.000	1	2、黄	1、绿
Ⅰ	黄	56.994～57.000	2	3、无	2、黄
Ⅱ	无	56.988～56.994	0	2、黄	1、绿
Ⅱ	无	56.988～56.994	1	3、无	2、黄
Ⅱ	无	56.988～56.994	2	4、蓝	3、无
Ⅲ	白	56.982～56.988	0	3、无	2、黄
Ⅲ	白	56.982～56.988	1	4、蓝	3、无
Ⅲ	白	56.982～56.988	2	5、红	4、蓝

（4）将有沟槽的轴承安装在气缸体一侧。

（5）将无沟槽的轴承安装在主轴承盖一侧。

三、猎豹 CS9/CS10/飞腾 C5（1.5T 4G15T）

1. 连杆轴瓦间隙的检查

（1）擦掉曲柄销和连杆轴瓦上的所有机油。

（2）切下与轴承宽度相同长度的塑料规材料，将其放置曲柄销上，与销平行。

（3）小心地在塑料规上方安装连杆盖，并且拧紧螺栓至 $(15\pm2)°+(90\sim94)°$。

（4）拆下螺栓，慢慢地拆下连杆盖。

（5）使用印在塑料规包装上的量规，测量塑料规被压至最宽部分的宽度。

标准值：0.014～0.059mm。极限值：0.1mm。

2. 主轴承间隙的检查

（1）擦去曲轴主轴颈和轴承内表面上所有的机油。

（2）安装主轴承。

（3）把塑料间隙规的长度切成与轴承宽度相匹配，然后沿轴颈的轴线方向将它放在主轴颈上。

（4）轻轻地装上主轴承盖，并将螺栓拧紧到规定力矩。

（5）拆下螺栓，小心地拆下主轴承盖。

（6）用印刷在塑料间隙规袋上的量尺，在最宽点测量塑料间隙规的被挤压部分。

标准值：0.014～0.34mm。极限值：0.1mm。

3. 连杆轴瓦的选配

（1）连杆轴承的识别标识位于连杆轴瓦的侧面。按表 2-9-5 选择连杆轴承。

例如：上轴承选择蓝色，那么下轴承必须是红色的。

表 2-9-5　连杆轴瓦选配表

上连杆轴瓦	下连杆轴瓦
蓝色	红色
红色	蓝色
黑色	黑色

（2）将选择的轴承安装在连杆大端和轴承盖上。

4. 主轴瓦的选配

（1）曲轴主轴承孔的识别记号位于气缸体底部表面，如图 2-9-7 所示。

（2）根据表 2-9-6 选择主轴承上瓦。

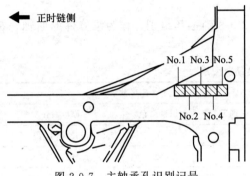

图 2-9-7　主轴承孔识别记号

表 2-9-6　主轴承上瓦选配表

	缸体主轴承孔	曲轴轴承识别颜色
识别记号	主轴承孔直径/mm	
1	50.000～50.005	蓝色
2	50.005～50.010	黑色
3	50.010～50.015	红色

（3）曲轴主轴颈的识别记号如图 2-9-8 所示。

（4）根据表 2-9-7 选择主轴承下瓦。

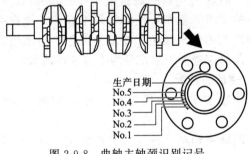

图 2-9-8　曲轴主轴颈识别记号

表 2-9-7　主轴承下瓦选配表

	曲轴主轴颈	曲轴轴承识别颜色
识别记号	主轴颈直径/mm	
P	46.024～46.029	蓝色
Y	46.019～46.024	黑色
N	46.014～46.019	红色
W	46.009～46.014	绿色
B	46.004～46.009	紫色

四、猎豹 CS10/Q6（2.0T 4G63S4T）

1. 连杆轴瓦间隙的检查

（1）擦掉连杆轴颈和连杆轴瓦上的所有机油。

（2）在连杆轴颈上放置塑料间隙规，将它切成与轴瓦宽度相同的长度。塑料间隙规必须位于连杆轴颈的中心，并与其轴线平行。

（3）轻轻地把连杆盖放置在其位置上，并将螺栓拧紧到规定力矩。

（4）拆下螺栓，慢慢地拆下连杆盖。

（5）用印刷在塑料间隙规包装袋上的量尺，在最宽点测量塑料间隙规的被挤压部分。

标准值：0.02～0.05mm。极限值：0.1mm。

2. 主轴承间隙的检查

（1）擦去曲轴主轴颈和轴承内表面上所有的机油。

（2）安装主轴承。

（3）把塑料间隙规的长度切成与轴承宽度相匹配，然后沿轴颈的轴线方向将它放在主轴颈上。

（4）轻轻地装上主轴承盖，并将螺栓拧紧到规定力矩。

（5）拆下螺栓，小心地拆下主轴承盖。

（6）用印刷在塑料间隙规袋上的量尺，在最宽点测量塑料间隙规的被挤压部分。

标准值：0.02～0.04mm。极限值：0.1mm。

3. 连杆轴瓦的选配

（1）测量曲柄销（连杆轴颈）外径，根据表 2-9-8 确定其组别，作为维修件的曲轴，在图 2-9-9 所示位置用油漆颜色进行了尺寸区分。

表 2-9-8　连杆轴颈选配表

曲柄销			连杆轴承		
组别	识别颜色	外径/mm	识别记号	识别颜色	厚度/mm
I	黄	44.995～45.000	1	黄	1.487～1.491
II	无	44.985～44.995	2	无	1.491～1.495
III	白	44.980～44.985	3	蓝	1.495～1.499

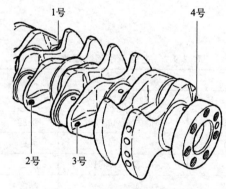

图 2-9-9　连杆轴颈分组标记

（2）连杆轴承的识别记号位于轴瓦背面。

（3）按照（1）和（2）确定的组别，从上表选择轴承。

例如：曲轴销外径的测量值为 44.996mm，则为上表中的 1 组。假如更换曲轴用维修件，检查涂在新曲轴销上的识别颜色。如果为黄色，曲轴销即为 1 组，此时应选择识别记号为 1 的连杆轴承。

4. 主轴瓦的选配

（1）曲轴主轴颈的尺寸分组标记如图 2-9-10 所示。

（2）曲轴主轴承孔的尺寸分组标记如图 2-9-11 所示。

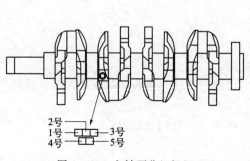

图 2-9-10　主轴颈分组标记

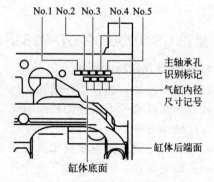

图 2-9-11　主轴承孔分组标记

（3）根据主轴颈和主轴承孔的识别记号选择主轴瓦（表2-9-9）。

① 如果曲轴主轴颈直径识别记为0，且气缸体主轴承孔识别记号为1，则选择识别记号为2的第1、2、4、5轴承及识别记号为1的第3轴承。

② 如果曲轴上无识别记号，则测量主轴颈并根据测量值选择相应组别的轴承。

表 2-9-9　曲轴主轴瓦选配表

曲轴主轴颈			主轴承孔	主轴瓦识别记号	
组别	识别记号	主轴颈直径/mm	识别记号	第1、2、4、5主轴承	第3主轴承
I	0	56.994～57.000	0	1	0
			1	2	1
			2	3	2
II	1	56.988～56.994	0	2	1
			1	3	2
			2	4	3
III	2	56.982～56.988	0	3	2
			1	4	3
			2	5	4

（4）将有沟槽的轴承安装在气缸体一侧。

（5）将无沟槽的轴承安装在主轴承盖一侧。

第十节　上汽大通汽车

一、大通 D90/G10/G20（2.0T 20L4E）

1. 活塞、气缸的直径

（1）气缸直径为 88.00～88.01mm。

（2）相对活塞销垂直角度，从裙部下面向上 10mm 的地方测量活塞的外径，不得超出规定范围（87.965±0.009)mm。

2. 主轴瓦的选配

（1）从曲轴上查看曲轴主轴颈分级标识，如图 2-10-1 所示。

（2）从缸体、裙架上查看主轴承孔分级标识，如图 2-10-2 所示。

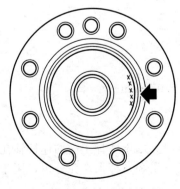

图 2-10-1　主轴颈分级标识

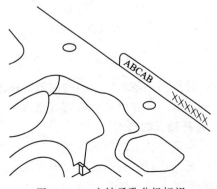

图 2-10-2　主轴承孔分级标识

（3）根据缸体、曲轴上分组编号，对应表 2-10-1 选择正确的主轴承。轴瓦边上标识轴瓦厚度的颜色号是：蓝色—厚、黄色—中等、红色—薄。

表 2-10-1　曲轴主轴瓦选配表

曲轴主轴颈分级/尺寸			1		2		3	
			51.981~51.988mm		51.988~51.994mm		51.994~52.000mm	
要安装的主轴承			上轴承	下轴承	上轴承	下轴承	上轴承	下轴承
主轴承孔分级/尺寸/间隙	A	56.000~56.006mm	红	蓝	红	黄	红	红
		间隙	0.028~0.054		0.028~0.052		0.028~0.052	
	B	56.006~56.012mm	黄	蓝	黄	黄	黄	红
		间隙	0.028~0.053		0.028~0.052		0.028~0.052	
	C	56.012~56.019mm	蓝	蓝	蓝	黄	蓝	红
		间隙	0.028~0.054		0.028~0.054		0.028~0.054	

（4）将上主轴承压入缸体轴承座孔内。对齐轴承至座孔凹槽，确保油孔不被遮挡。

（5）此外，连杆轴瓦间隙为 0.023~0.073mm。

二、大通 G10/G20（2.0T SM20M163Q6A）

1. 气缸、活塞的直径与间隙

（1）用内径千分尺按如图 2-10-3 所示在 3 个不同高度测量气缸缸径。标准值：83.000~83.014mm。磨损极限：0.01mm。

（2）如果测量值与使用极限规格不符，可更换新的气缸体。

（3）在活塞裙底上面 16mm 处测量活塞直径，标准值为 82.938~82.956mm。

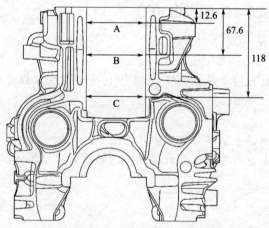

图 2-10-3　测量气缸内径

（4）计算活塞与气缸之间的间隙，标准值为 0.043~0.076mm。

配缸间隙＝气缸内径－活塞直径。

2. 连杆轴瓦的选配

（1）根据曲轴上的标识（图 2-10-4）对应连杆轴颈分组，用于选择正确的连杆轴瓦。

（2）根据连杆轴瓦盖上的标识（图 2-10-5）对应重量分组和连杆大端孔分组，用于选择正确的连杆轴瓦。

重量分组：字母 B~G。

连杆大端孔分组：数字 1 和 2。

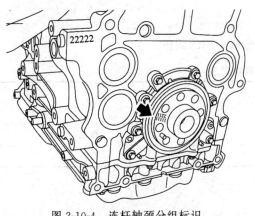

图 2-10-4 连杆轴颈分组标识

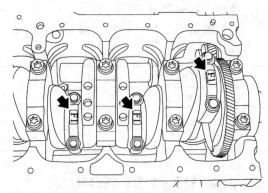

图 2-10-5 连杆分组标识

（3）若更换新连杆，通过读取连杆轴瓦盖上的重量分组标记，选配正确的连杆总成。

（4）连杆轴瓦厚度分组如下：

黑色：1.784~1.788mm。

绿色：1.789~1.793mm。

蓝色：1.794~1.798mm。

（5）根据表 2-10-2 选择连杆轴瓦（上下瓦选取相同的颜色）。

表 2-10-2 连杆轴瓦选配表

连杆大端孔分组 连杆轴颈分组	A	B
1	黑色	绿色
2	绿色	蓝色

3. 主轴瓦的选配

（1）图 2-10-6 所示的缸体标识对应曲轴主轴承孔分组。

（2）图 2-10-7 所示的曲轴端标识对应主轴颈直径分组。

曲轴主轴承孔分组：字母 A 和 B。

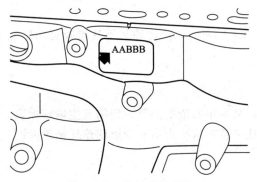

图 2-10-6 主轴承孔分组

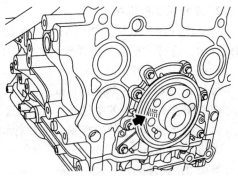

图 2-10-7 主轴颈直径分组

（3）主轴瓦厚度分组如下：

黑色：1.984~1.987mm。

绿色：1.988~1.991mm。

蓝色：1.992~1.995mm。

（4）根据表2-10-3选择曲轴主轴瓦（上下瓦选取相同的颜色）。

表2-10-3 主轴瓦选配表

主轴承孔分组 主轴颈分组	A	B
1	黑色	绿色
2	绿色	蓝色

三、大通 G10（1.9T 19D4N）

1. 气缸、活塞的直径与间隙

（1）在如图2-10-8所示部位与方向测量气缸内径，标准值：80.00~80.01mm。

（2）测量活塞直径，标准值为79.921~79.939mm（距裙部下底面20mm处测量，活塞上有测量标记）。

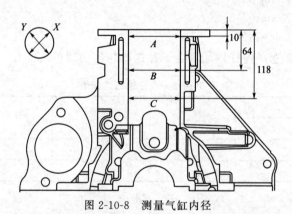

图 2-10-8 测量气缸内径

（3）计算活塞与气缸之间的间隙，标准值为0.061~0.089mm，极限值为0.139mm。如果超过极限值应更换活塞。

配缸间隙＝气缸内径－活塞直径。

2. 连杆轴瓦的选配

（1）连杆轴瓦上片选择见连杆上A处标示（图2-10-9），连杆轴瓦下片选择见曲轴上的轴颈标示。连杆大端直径（无轴瓦）分为两组：

标记1：54.000~54.009mm。

标记2：54.010~54.019mm。

（2）图2-10-10中的主轴颈直径分组标识1，从左至右依次为第一到第五主轴颈标识。

（3）图2-10-10中的连杆轴颈分组标识2，从左至右依次为第一到第四连杆轴颈标识。

等级1：49.984~49.992mm。

等级2：49.993~50.000mm。

（4）按表2-10-4选择连杆轴瓦。

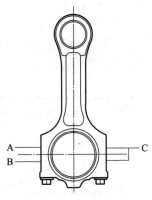

图 2-10-9 连杆标识

A—连杆孔径标识；B—连杆重量分组；C—连杆位置标识

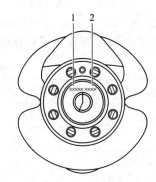

图 2-10-10 曲轴轴颈标识

1—主轴颈直径分组标识；2—连杆轴颈直径分组标识

（5）连杆轴承油膜间隙标准值：0.018～0.053mm。

表 2-10-4 连杆轴瓦选配表

连杆孔分组标识	连杆轴瓦上片分组标识	连杆轴颈分组标识	连杆轴瓦下片分组标识
1	红色	2	红色
1	红色	1	黄色
2	黄色	2	红色
2	黄色	1	黄色

（6）对于旧的连杆，测量连杆大端直径。在没有安装连杆轴瓦的情况下，安装连杆盖，安装连杆螺栓，拧紧扭矩(30±1.5)N·m＋(120±5)°。使用内径千分尺测量连杆大端直径。标准值为 54.000～54.019mm。如果超过极限值，更换连杆。

3. 主轴瓦的选配

（1）查看曲轴后端主轴颈分组标识，如图 2-10-10 中的 1 所示。主轴颈直径分组：

等级 A：59.981～59.988mm。

等级 B：59.989～59.994mm。

等级 C：59.995～60.000mm。

（2）查看缸体主轴承孔分组标示，如图 2-10-11 所示。主轴承孔分组：

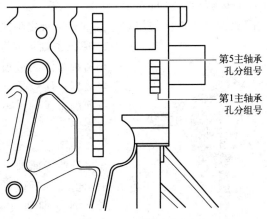

第5主轴承孔分组号

第1主轴承孔分组号

图 2-10-11 主轴承孔分组

等级 1：64.000≤φ＜64.006mm。

等级 2：64.006≤φ＜64.012mm。

等级 3：64.012≤φ＜64.019mm。

（3）按表 2-10-5 选取合适的曲轴主轴瓦。

表 2-10-5　主轴瓦选配表

主轴承孔分组标识	主轴瓦上片分组标识	主轴颈分组标识	主轴瓦下片分组标识
1	红色	C	红色
1	红色	B	黄色
1	红色	A	蓝色
2	黄色	C	红色
2	黄色	B	黄色
2	黄色	A	蓝色
3	蓝色	C	红色
3	蓝色	B	黄色
3	蓝色	A	蓝色

（4）主轴承油膜间隙标准值：0.022～0.052mm。

四、大通 D60/G50（1.5T 15E4E）

1. 检查气缸、活塞直径和配合间隙

（1）在气缸盖衬垫表面下 37mm 处测量缸径。

（2）将测量结果与规定值进行比较。

主要：（74±0.008）mm。其他：（74±0.011）mm。

（3）如果缸径超过规定值，则可将气缸体的尺寸增大 0.25mm。只有一种大号尺寸的活塞和活塞环可供维修。

（4）在垂直于活塞销中心线的止推面处，用外径千分尺测量活塞顶部下方 38mm 处的活塞直径，应为 73.957～73.971mm。

（5）用气缸直径减去活塞直径即为配合间隙。

活塞与气缸的配合间隙：0.02～0.051mm。

（6）如果测量得出的间隙大于所提供的规定值且缸径在规定值之内，则更换活塞。

2. 曲轴主轴承的选配

有两种方法测量轴承间隙，方法一可以给出更多数据，所以是首选。测量轴承间隙以确定要更换的轴承的正确尺寸。

方法一：

（1）如图 2-10-12 所示，错开 90°，用千分尺 1 在多处测量曲轴主轴颈直径，并计算测量值的平均值［规定值：（47±0.008）mm］。

（2）测量曲轴主轴颈的锥度和跳动量（0.035mm）。

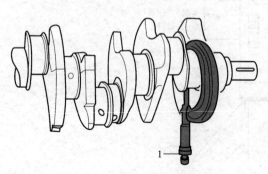

图 2-10-12　测量曲轴主轴颈直径

（3）装上轴承，安装下曲轴箱，并将轴承盖螺栓力矩拧紧到规定值。

轴承盖螺栓力矩：15N·m＋(176～184)°。

（4）如图 2-10-13 所示，错开 90°，在多处测量主轴承内径，并计算测量值的平均值。曲轴主轴承孔内径：

主要：(51.875±0.007)mm。其他：(51.875±0.011)mm。

（5）用轴承内径测量值减去轴颈测量值以确定间隙值。

（6）将间隙值与标准值作比较，确定间隙是否在规定范围内。

曲轴主轴承间隙（1 号轴承）标准值：0.011～0.070mm。

曲轴主轴承间隙（2、3、4、5 号轴承）标准值：0.012～0.067mm。

图 2-10-13　测量主轴承内径

（7）如果超过规定范围，则选择另一轴承。

提示：主轴瓦上瓦有油孔和油槽，其中 1 号上主轴瓦有涂层，4 号上主轴瓦为带有止推片的翻边轴瓦。其他三个轴瓦型号一致。

（8）用内径千分尺，测量沿连杆长度上同一方向的连杆大端孔径。

连杆孔径（轴承端）：47.186～47.202mm。

连杆轴承间隙：0.013～0.068mm。

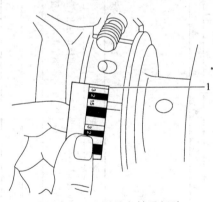

图 2-10-14　测量主轴承间隙

方法二：

（1）清洁使用过的轴承。

（2）安装使用过的轴承。

（3）将塑料测隙规横跨整个轴承宽度放置。

（4）安装轴承盖。

（5）安装轴承盖螺栓至规定值。

（6）拆下轴承盖，使塑料测隙规离开原处。测隙规塑料是否粘在轴颈或轴承盖上并不重要。测量时切勿转动曲轴。

（7）如图 2-10-14 所示，根据印在塑料测隙规组件上的刻度 1，测得塑料测隙规的最宽点。

（8）拆下塑料测隙规。

第十一节　东风汽车

一、风神 S30/H30（1.6L TU5JP4/N6A 10FX3A PSA）

1. 轴瓦选配表

此车型发动机的轴瓦选配表包括标准轴瓦选配表（表 2-11-1）和加厚轴瓦选配表（表 2-11-3）两部分。

表 2-11-1　标准轴瓦选配表

缸体\曲轴	A 53.712	B 53.713	C 53.714	D 53.715	E 53.716	G 53.717	H 53.718	I 53.719	K 53.720	M 53.721	N 53.722	P 53.723	Q 53.724	R 53.725	S 53.726	T 53.727	U 53.728	X 53.729	Y 53.730	Z 53.731
A 49.962	B	B	B	B	B	B	B	B	C	C	C	C	C	C	C	C	C	C	C	C
B 49.963	B	B	B	B	B	B	B	B	B	C	C	C	C	C	C	C	C	C	C	C
C 49.964	B	B	B	B	B	B	B	B	B	B	C	C	C	C	C	C	C	C	C	C
D 49.965	B	B	B	B	B	B	B	B	B	B	B	C	C	C	C	C	C	C	C	C
E 49.966	B	B	B	B	B	B	B	B	B	B	B	B	C	C	C	C	C	C	C	C
G 49.967	B	B	B	B	B	B	B	B	B	B	B	B	B	C	C	C	C	C	C	C
H 49.968	A	B	B	B	B	B	B	B	B	B	B	B	B	B	C	C	C	C	C	C
I 49.969	A	A	B	B	B	B	B	B	B	B	B	B	B	B	B	C	C	C	C	C
K 49.970	A	A	A	B	B	B	B	B	B	B	B	B	B	B	B	B	C	C	C	C
M 49.971	A	A	A	A	B	B	B	B	B	B	B	B	B	B	B	B	B	C	C	C
N 49.972	A	A	A	A	A	B	B	B	B	B	B	B	B	B	B	B	B	B	C	C
P 49.973	A	A	A	A	A	A	B	B	B	B	B	B	B	B	B	B	B	B	B	C
Q 49.974	A	A	A	A	A	A	A	B	B	B	B	B	B	B	B	B	B	B	B	B
R 49.975	A	A	A	A	A	A	A	A	B	B	B	B	B	B	B	B	B	B	B	B
S 49.976	A	A	A	A	A	A	A	A	A	B	B	B	B	B	B	B	B	B	B	B
T 49.977	A	A	A	A	A	A	A	A	A	A	B	B	B	B	B	B	B	B	B	B
U 49.978	A	A	A	A	A	A	A	A	A	A	A	B	B	B	B	B	B	B	B	B
X 49.979	A	A	A	A	A	A	A	A	A	A	A	A	B	B	B	B	B	B	B	B
Y 49.980	A	A	A	A	A	A	A	A	A	A	A	A	A	B	B	B	B	B	B	B
Z 49.981	A	A	A	A	A	A	A	A	A	A	A	A	A	A	B	B	B	B	B	B

（蓝色／黑色／绿色）

标准轴瓦的类别如表 2-11-2 所示。

表 2-11-2　标准轴瓦的类别

	缸体侧轴瓦		主轴承盖侧轴瓦	
轴瓦标记	无油槽的轴瓦（黑） 带油槽的轴瓦（黑）	无油槽的轴瓦（蓝） 带油槽的轴瓦（蓝）	无油槽的轴瓦（黑） 带油槽的轴瓦（黑）	无油槽的轴瓦（绿） 带油槽的轴瓦（绿）
级别	B	A	B	C
厚度／mm	1.858	1.844	1.858	1.869

表 2-11-3　加厚轴瓦选配表二

缸体＼曲轴	A 53.712	B 53.713	C 53.714	D 53.715	E 53.716	G 53.717	H 53.718	I 53.719	K 53.720	M 53.721	N 53.722	P 53.723	Q 53.724	R 53.725	S 53.726	T 53.727	U 53.728	X 53.729	Y 53.730	Z 53.731
49.662	Y	Y	Y	Y	Y	Y	Y	X	X	X	X	X	X	X	X	X	X	X	X	X
49.663	Y	Y	Y	Y	Y	Y	Y	Y	X	X	X	X	X	X	X	X	X	X	X	X
49.664	Y	Y	Y	Y	Y	Y	Y	Y	Y	X	X	X	X	X	X	X	X	X	X	X
49.665	Y	Y	Y	Y	Y	Y	Y	Y	Y	Y	X	X	X	X	X	X	X	X	X	X
49.666	Y	Y	Y	Y	Y	Y	Y	Y	Y	Y	Y	X	X	X	X	X	X	X	X	X
49.667	Y	Y	Y	Y	Y	Y	Y	Y	Y	Y	Y	Y	X	X	X	X	X	X	X	X
49.668	Z	Y	Y	Y	Y	Y	Y	Y	Y	Y	Y	Y	Y	X	X	X	X	X	X	X
49.669	Z	Z	Y	Y	Y	Y	Y	Y	Y	Y	Y	Y	Y	Y	X	X	X	X	X	X
49.670	Z	Z	Z	Y	Y	Y	Y	Y	Y	Y	Y	Y	Y	Y	Y	X	X	X	X	X
49.671	Z	Z	Z	Z	Y	Y	Y	Y	Y	Y	Y	Y	Y	Y	Y	Y	X	X	X	X
49.672	Z	Z	Z	Z	Z	Y	Y	Y	Y	Y	Y	Y	Y	Y	Y	Y	Y	X	X	X
49.673	Z	Z	Z	Z	Z	Z	Y	Y	Y	Y	Y	Y	Y	A	Y	Y	Y	Y	X	X
49.674	Z	Z	Z	Z	Z	Z	Z	Y	Y	Y	Y	Y	A	A	Y	Y	Y	Y	Y	X
49.675	Z	Z	Z	Z	Z	Z	Z	Z	Y	Y	Y	A	A	Y	Y	Y	Y	Y	Y	Y
49.676	Z	Z	Z	Z	Z	Z	Z	Z	Z	A	A	Y	Y	Y	Y	Y	Y	Y	Y	Y
49.677	Z	Z	Z	Z	Z	Z	Z	Z	Z	Z	A	Y	Y	Y	Y	Y	Y	Y	Y	Y
49.678	Z	Z	Z	Z	Z	Z	Z	Z	Z	Z	Z	Y	Y	Y	Y	Y	Y	Y	Y	Y
49.679	Z	Z	Z	Z	Z	Z	Z	Z	Z	Z	Z	Z	Y	Y	Y	Y	Y	Y	Y	Y
49.680	Z	Z	Z	Z	Z	Z	Z	Z	Z	Z	Z	Z	Z	Y	Y	Y	Y	Y	Y	Y
49.681	Z	Z	Z	Z	Z	Z	Z	Z	Z	Z	Z	Z	Z	Z	Y	Y	Y	Y	Y	Y

（图例：蓝色　黑色　绿色）

加厚轴瓦的类别如表 2-11-4 所示。

表 2-11-4　加厚轴瓦的类别

缸体侧轴瓦

轴瓦标记	无油槽的轴瓦（黑）带油槽的轴瓦（黑）	无油槽的轴瓦（蓝）带油槽的轴瓦（蓝）
级别	Y	Z
厚度/mm	2.008	1.994

主轴承盖侧轴瓦

轴瓦标记	无油槽的轴瓦（黑）带油槽的轴瓦（黑）	无油槽的轴瓦（绿）带油槽的轴瓦（绿）
级别	Y	X
厚度/mm	2.008	2.019

2. 配瓦标识

如图 2-11-1 所示，从正时机构端可在曲轴平衡块ⓐ区和缸体前端面ⓑ区看到配瓦标识。

① ⓐ区为曲轴主轴颈直径分组标识（如图中的 NUTTS）。

② ⓑ区为缸体主轴承孔直径分组标识（如图中的 GCEBA）。

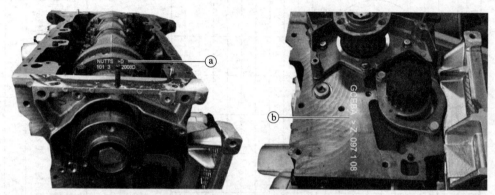

图 2-11-1　曲轴配瓦标识

③ 5 个字符标记的编码，用于对安装轴瓦的鉴别。

④ 第一个字符对应第一道主轴颈（飞轮侧）。

⑤ 箭头表示排序方向。

3. 选配原则

（1）缸体侧主轴瓦全部使用黑色"B"级或"Y"级轴瓦。

（2）主轴承盖侧轴瓦根据配瓦标记或实测尺寸，通过查配瓦表选取。

（3）无油槽的轴瓦安装在 1、3、5 道主轴颈上。

（4）带油槽的轴瓦安装在 2、4 道主轴颈上。

4. 轴瓦选配的三种情况

（1）有配瓦标识的缸体与新备件曲轴。

缸体与曲轴上的标识清晰可见，则可按曲轴瓦选配表一中的字母栏直接选择。

例如，当曲轴第一个字符是"S"，缸体第一个字符是"E"时，对第一道主轴瓦的选择为：主轴承盖上的轴瓦选"A"级蓝色，缸体主轴承座上轴瓦全部选用"B"级黑色。

（2）无标识的缸体或曲轴。

有下列两种情况：

① 缸体或曲轴任何一个无标识或标识不清。

② 曲轴经过使用但磨损量不大，未经加工。

安装主轴承盖及螺栓，拧紧力矩为(20 ± 2)N·m$+(49\pm2)°$，实际测量缸体主轴承孔或曲轴主轴颈尺寸，按表 2-11-1 中的数字栏选择。如缸体上的标识清晰，可不必测量，直接读取字符。

例如，当曲轴第二主轴颈测量尺寸为 49.971mm，缸体上的第二个字符为"X"时，对第二道主轴瓦的选择为：主轴承盖侧轴瓦选"C"级绿色，缸体侧轴瓦全部选"B"级黑色。

（3）翻新后的发动机或加工曲轴后的发动机。

安装主轴承盖及螺栓，拧紧力矩为(20 ± 2)N·m$+(49\pm2)°$，实际测量缸体主轴承孔或曲轴主轴颈尺寸，按照表 2-11-3 中的数字栏选择。

如果缸体主轴承孔未经加工且标识清晰可见，则不必测量，直接读取字符。

注意：此时应选择加厚的 X、Y、Z 级轴瓦。

二、风神 A30/H30/AX3/AX4（1.5L DFMA15/1.6L DFMA16）

1. 主轴瓦的选配

（1）如图 2-11-2 所示，缸体飞轮端面有缸体主轴承孔尺寸级别标记（5 个字母），分为 A、B、C 三个级别。标记中的第一个字母表示第一主轴承孔（最靠近附件传动带一端的主轴承孔）尺寸级别，其他字母依次顺序排列。

（2）如图 2-11-3 所示，在曲轴第四缸（靠近飞轮一侧的气缸）平衡块有一个由 5 位数字组成的标记，它表示曲轴主轴颈尺寸级别（包括 1、2、3 三种）。标记中的第一个数字表示第一曲轴主轴颈（最靠近附件传动带一端的主轴颈）尺寸级别，其他字母依次顺序排列。

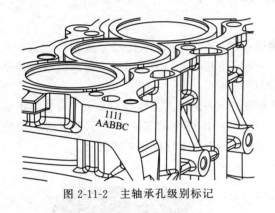

图 2-11-2　主轴承孔级别标记

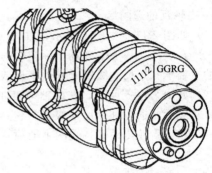

图 2-11-3　主轴颈尺寸级别

（3）主轴瓦的厚度按其公差范围分为 3 个级别，分别在主轴瓦侧面用颜色标记来表示。三种颜色标记分别为绿色、黑色、蓝色。

（4）缸体主轴承孔、曲轴主轴颈之间的主轴瓦选择如表 2-11-5 所示。

表 2-11-5　主轴瓦选配表

轴瓦标记　　　缸体标记 曲轴标记	A	B	C
1	绿色	绿色	黑色
2	绿色	黑色	黑色
3	黑色	黑色	蓝色

（5）主轴瓦和轴颈之间的油膜间隙如下：

标准值：0.018～0.048mm。维修极限：0.054mm。

2. 连杆轴瓦的选配

（1）连杆大端的尺寸级别用 Ⅰ、Ⅱ 来标记，标记打刻在连杆大头侧面。

（2）连杆轴颈代码压印在曲轴上。

在曲轴第四缸平衡块上有一个由 4 个字母组成的标记。曲轴连杆轴颈尺寸分别为 3 个区段，分别用字母 R、G、W 标注。标记中左边第一个字母表示一缸连杆轴颈尺寸的分区状态，其他字母依次顺序分别为二缸、三缸、四缸的分区状态。

（3）利用连杆大端孔径代码和曲轴的连杆轴颈代码从表 2-11-6 中选择适当的轴瓦。

表 2-11-6　连杆轴瓦选配表

→瓦片逐渐增厚

曲轴标记 ＼ 轴瓦标记 ＼ 缸体标记	A	B	C	↓瓦片逐渐增厚
1	绿	绿	黑	
2	绿	黑	黑	
3	黑	黑	蓝	

（4）连杆轴瓦和轴颈之间的油膜间隙如下：

标准值：0.018～0.048mm。维修极限：0.070mm。

三、风神 A60/AX3/AX4/AX5（1.4T DFMA14T）

1. 主轴瓦的选配

（1）如图 2-11-4 中的 1 所示，缸体飞轮端面的有缸体主轴承孔尺寸级别标记（5 个字母），分为 A、B、C 三个级别。标记中的第一个字母表示第一主轴承孔（最靠近附件传动带一端的主轴承孔）尺寸级别，其他字母依次顺序排列。

（2）如图 2-11-5 所示，在曲轴第四缸（飞轮侧）平衡块 1 位置有一个由 5 位数字组成的标记，它表示曲轴主轴颈尺寸级别（包括 1、2、3）。标记中的第一个数字表示第一曲轴主轴颈（最靠近附件传动带一端的主轴颈）尺寸级别，其他字母依次顺序排列。

图 2-11-4　主轴承孔级别标记
1—主轴承孔级别标记

图 2-11-5　曲轴尺寸级别标记
1—主轴颈级别标记；2—连杆轴颈级别标记

（3）主轴瓦的厚度按其公差范围分为 3 个级别，分别在主轴瓦侧面用颜色标记来表示。三种颜色标记分别为绿色、黑色、蓝色。

（4）主轴承孔、曲轴主轴颈之间的主轴瓦选择如表 2-11-7 所示。

表 2-11-7　主轴瓦选配表

曲轴标记 ＼ 轴瓦标记 ＼ 缸体标记	A	B	C
1	绿色	绿色	黑色
2	绿色	黑色	黑色
3	黑色	黑色	蓝色

（5）主轴瓦和轴颈之间的油膜间隙如下：

标准值：0.018～0.048mm。维修极限：0.054mm。

2. 连杆轴瓦的选配

（1）连杆大端的尺寸级别用Ⅰ、Ⅱ来标记，标记打刻在连杆大头侧面。

（2）连杆轴颈代码压印在曲轴上，如图 2-11-5 中的 2 所示。

在曲轴第四缸平衡块上有一个由 4 个字母组成的标记。曲轴连杆轴颈尺寸分别为 3 个区段，分别用字母 R、G、W 标注。标记中左边第一个字母表示一缸连杆轴颈尺寸的分区状态，其他字母依次顺序分别为二缸、三缸、四缸的分区状态。

（3）利用连杆大端孔径代码和曲轴的连杆轴颈代码从表 2-11-8 中选择适当的轴瓦。

表 2-11-8　连杆轴瓦选配表

连杆大端孔		曲轴连杆轴颈	连杆轴瓦
孔径代码	直径/mm	识别记号与轴颈直径	识别颜色
Ⅰ	49(0～0.006)	R 46(−0.006～0)mm	绿色
		G 46(−0.012～0.006)mm	绿色
		W 46(−0.018～0.012)mm	蓝色
Ⅱ	49(0.006～0.0012)	R	绿
		G	蓝色
		W	蓝色

（4）连杆轴瓦和轴颈之间的油膜间隙如下：

标准值：0.018～0.048mm。维修极限：0.080mm。

四、风行景逸/景逸 S50/景逸 X3/景逸 X5/风行 S500/菱智（1.5L 4A91S/1.6L 4A92）

1. 连杆轴承的选配

（1）连杆轴承的识别标识位于其侧面。按表 2-11-9 选择连杆轴承。

表 2-11-9　连杆轴承选配表

连杆上轴承	连杆下轴承
蓝色	红色
红色	蓝色
黄色	黄色

（2）如果上轴承选择蓝色，那么下轴承必须是红色的。如果无识别颜色，则不需分组，直接安装。

（3）将选择的轴承安装在连杆大端和轴承盖上。

2. 连杆轴颈油膜间隙的检查

（1）将连杆轴颈和连杆轴承油膜清除干净。

（2）切下与轴承宽度相同长度的塑料规材料，将其放置于连杆轴颈上，与销平行。

（3）小心地在塑料规上方安装连杆盖，并且拧紧螺栓至(15±2)N·m+(90～94)°。

（4）拆下螺栓，慢慢地拆掉连杆盖。

（5）使用印在塑料规材料包装上的量规，测量塑料规材料被压宽的部分的宽度（最宽的部分）。

标准值：0.014～0.059mm。极限值：0.1mm。

3. 曲轴主轴承的选配

（1）依据气缸体底部的识别记号（图2-11-6）和表2-11-10选择主轴承上瓦。

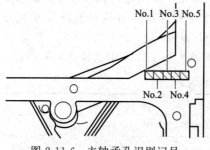

图2-11-6 主轴承孔识别记号

表 2-11-10 主轴承上瓦选配表

主轴承孔识别记号	主轴承孔直径/mm	主轴承识别颜色
1	50.000～50.005	蓝色
2	50.005～50.010	黄色
3	50.010～50.015	红色

（2）依据曲轴后端的识别记号（图2-11-7）和表2-11-11选择主轴承下瓦。

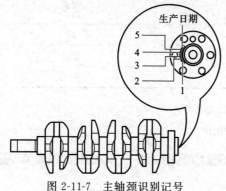

图2-11-7 主轴颈识别记号

表 2-11-11 主轴承下瓦选配表

主轴颈识别记号	主轴颈直径/mm	主轴承识别颜色
P	46.024～46.029	蓝色
Y	46.019～46.024	黄色
N	46.014～46.019	红色
W	46.009～46.014	白色
B	46.004～46.009	紫色

4. 主轴颈油膜间隙的检查

（1）去除曲轴主轴颈表面和轴承内表面的油膜。

（2）安装曲轴。

（3）切下与轴承宽度相同长度的塑料规材料并放置在主轴颈上，与主轴颈平行。

（4）小心放置主轴承盖，并且拧紧螺栓至(35 ± 2)N·m$+(60～64)°$。

（5）小心拆下螺栓。小心拆下主轴承盖。

（6）使用印在塑料规材料包装上的量规，测量塑料规材料被压宽的宽度（最宽的部分）。

标准值：0.014～0.034mm。极限值：0.1mm。

五、风行菱智（1.5L 4G15S/1.6L 4G18S）

1. 连杆轴瓦的选配

（1）连杆轴颈的识别记号和色码压印在曲轴上，如图2-11-8所示。

（2）连杆和连杆轴瓦的识别记号如图2-11-9所示。

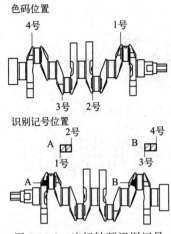

图 2-11-8 连杆轴颈识别记号

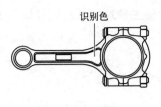

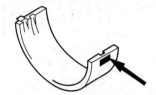

图 2-11-9 连杆和轴瓦识别记号

（3）根据连杆和连杆轴颈的识别记号从表 2-11-12 中选择适当的轴瓦。

表 2-11-12 连杆轴瓦选配表

连杆轴颈识别记号	连杆识别记号	连杆轴瓦识别记号
Ⅰ. 黄色	白色	1
	无	1
	黄色	2
Ⅱ. 无	白色	1
	无	2
	黄色	3
Ⅲ. 白色	白色	2
	无	3
	黄色	3

（4）连杆轴瓦和轴颈之间的油膜间隙如下：

标准值：0.02～0.04mm。维修极限：0.10mm。

2. 主轴瓦的选配

（1）缸体主轴承孔的识别记号如图 2-11-10 所示。

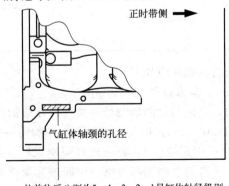

图 2-11-10 主轴承孔识别记号

（2）曲轴主轴颈的识别记号如图 2-11-11 所示。

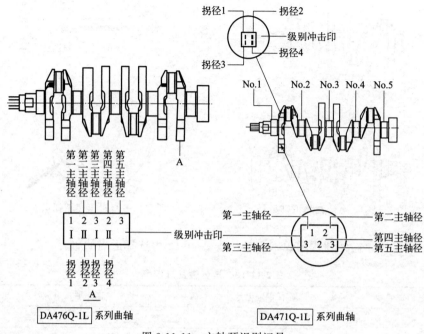

图 2-11-11　主轴颈识别记号

（3）主轴承孔、主轴颈之间的主轴瓦的选择如表 2-11-13 所示。

表 2-11-13　主轴瓦选配表

曲轴主轴颈			主轴承孔	主轴瓦
色码	识别记号	主轴颈直径/mm	识别记号	识别记号
黄色	1	47.995～48.000	0	1
			1	2
			2	3
无色	2	47.988～47.995	0	2
			1	3
			2	4
白色	3	47.982～47.988	0	3
			1	4
			2	5

（4）主轴瓦和轴颈之间的油膜间隙如下：

标准值：0.02～0.04mm。维修极限：0.10mm。

（5）如果它们不能识别，则应测量曲轴轴径，并选择相应的轴承与其匹配。

① 如果测得的轴颈是 48.000mm，则它相当于上表中的第一类。

② 如果缸体主轴承孔的识别记号是 1，则应选择识别记号 2 的轴瓦。

（6）除了中间轴瓦外，所有的上轴瓦都有槽。中间轴瓦无槽但带有支承凸缘。中间轴瓦的上下部分是一样的。

（7）所有下轴瓦都无槽。

六、风行 CM7（2.4L 4G69）

1. 连杆轴承间隙的检查

（1）将连杆轴颈和连杆轴承的机油清洗干净。

（2）如图 2-11-12 所示，将塑料间隙规切成与轴承宽度相同的长度，然后放在曲柄销上，使其与轴中心线平行。

（3）小心地装上连杆盖，将螺母按规定扭矩拧紧。

（4）将连杆盖小心地拆下。

（5）如图 2-11-13 所示，用塑料间隙规包装袋上印有的量尺，测量被压扁的塑料线最宽部位的宽度，得出间隙值。

标准值：0.02～0.05mm。极限值：0.1mm。

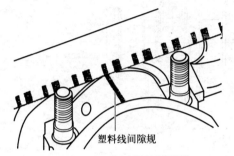
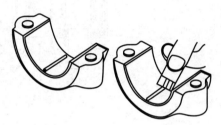

塑料线间隙规

图 2-11-12　放置塑料间隙规　　　　图 2-11-13　测量连杆轴承间隙

2. 主轴承间隙的检查

（1）擦去曲轴主轴颈和轴承内表面上所有的机油。

（2）安装主轴承。

（3）如图 2-11-14 所示，把塑料间隙规的长度切成与轴承宽度相匹配，然后沿轴颈的轴线方向将它放在主轴颈上。

（4）轻轻地装上主轴承盖，并将螺栓拧紧到规定力矩。

（5）拆下螺栓，小心地拆下主轴承盖。

（6）如图 2-11-15 所示，用印刷在塑料间隙规袋上的量尺，在最宽点测量塑料间隙规的被挤压部分。

标准值：0.02～0.04mm。极限值：0.1mm。

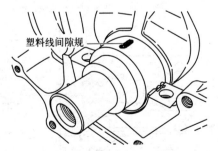
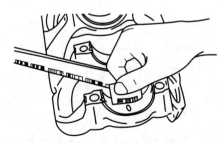

塑料线间隙规

图 2-11-14　放置塑料间隙规　　　　图 2-11-15　主轴承间隙

3. 连杆轴瓦的选配

（1）测量曲柄销（连杆轴颈）外径，根据表 2-11-14 确定其组别，作为维修件的曲轴，在图 2-11-16 所示位置用油漆颜色进行了尺寸区分。

连杆内径：48.000~48.015mm。

表 2-11-14　连杆轴颈选配表

曲柄销			连杆轴承	
组别	识别记号	外径/mm	识别记号	厚度/mm
1	Ⅰ	44.995~45.000	1	1.487~1.491
2	Ⅱ	44.985~44.995	2	1.491~1.495
3	Ⅲ	44.980~44.985	3	1.495~1.499

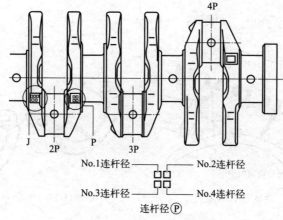

图 2-11-16　连杆轴颈分组标记

（2）连杆轴承的识别记号位于轴瓦背面。

（3）按照（1）和（2）确定的组别，从表 2-11-14 中选择轴承。

例如，曲轴销外径的测量值为 44.996mm，则为上表中的 1 组。假如更换曲轴用维修件，检查涂在新曲轴销上的识别记号。如果为Ⅰ，曲轴销即为 1 组，此时应选择识别记号为 1 的连杆轴承。

4．主轴瓦的选配

（1）曲轴主轴颈的尺寸分组标记如图 2-11-17 所示。

（2）曲轴主轴承孔的尺寸分组标记如图 2-11-18 所示。

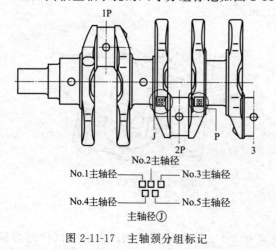

图 2-11-17　主轴颈分组标记　　　　图 2-11-18　主轴承孔分组标记

（3）根据主轴颈和主轴承孔的识别记号或颜色选择主轴瓦（表 2-11-15）。

① 如果曲轴主轴颈的识别记号为 0，主轴孔径识别记号为 1，则选择识别记号为 2 的第 1、2、4、5 轴承及识别记号为 1 的第 3 轴承。

② 如果曲轴上无识别记号，则测量主轴颈并根据测量值选择相应组别的轴承。

表 2-11-15　曲轴主轴瓦选配表

曲轴主轴颈			主轴承孔	主轴瓦识别记号及颜色	
组别	识别记号	主轴颈直径/mm	识别记号	第 1、2、4、5 主轴承	第 3 主轴承
I	0	56.994～57.000	0	1	0
			1	2	1
			2	3	2
II	1	56.988～56.994	0	2	1
			1	3	2
			2	4	3
III	2	56.982～56.988	0	3	2
			1	4	3
			2	5	4

（4）将有沟槽的轴承安装在气缸体一侧。

（5）将无沟槽的轴承安装在主轴承盖一侧。

第十二节　北京汽车

一、绅宝 X25/X35/X55/D50（1.5L A151）

1. 检查活塞间隙

（1）如图 2-12-1 所示，分别测量上部平面 A、中部平面 B、下部平面 C 三个平面位置的止推和轴向的气缸内径。

气缸内径标准值：$75_0^{+0.015}$ mm。圆柱度标准值：0.008mm。

（2）如果超过最大值，则 4 个气缸需要镗孔，必要时更换气缸体。

（3）活塞外径的标准测量点如图 2-12-2 所示。

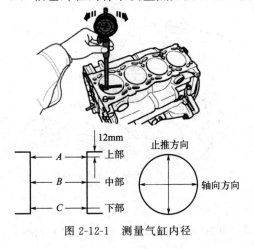

图 2-12-1　测量气缸内径

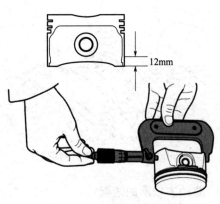

图 2-12-2　测量活塞外径

（4）检查活塞和气缸之间的间隙。

标准值：0.010～0.035mm。

2. 主轴承油膜间隙检查

（1）擦去曲轴主轴颈和轴承内表面上所有的机油。

（2）安装主轴承。

（3）如图 2-12-3 所示，将塑料间隙规沿轴向放在曲轴主轴颈上。

（4）安装曲轴主轴承盖，并拧紧固定螺栓至 33～37N·m＋（60°～64°）。

（5）拆下螺栓，小心地拆下主轴承盖。

（6）如图 2-12-4 所示，使用包装上印刷的刻度测量塑料间隙规被压宽部分的宽度。

标准值：0.014～0.052mm。极限值：0.1mm。

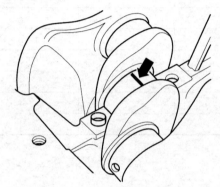
图 2-12-3　放置塑料间隙规

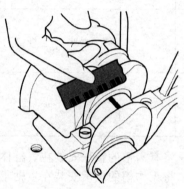
图 2-12-4　测量主轴承间隙

3. 连杆轴承油膜间隙检查

（1）将连杆轴颈和连杆轴承的机油清洗干净。

（2）如图 2-12-5 所示，将塑料间隙规切成与轴承宽度相同的长度，然后放在曲柄销上，使其与轴中心线平行。

（3）小心地装上连杆盖，并拧紧螺栓至 13～17N·m＋（90°～94°）。

（4）将连杆盖小心地拆下。

（5）如图 2-12-6 所示，使用印在塑料规材料包装上的量规，测量塑料规材料被压最宽部分的宽度。

标准值：0.014～0.052mm。极限值：0.1mm。

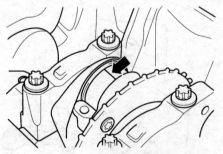
图 2-12-5　放置塑料间隙规

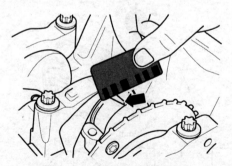
图 2-12-6　测量连杆轴承间隙

4. 曲轴主轴承的选配

（1）依据气缸体底部表面上的识别记号（图 2-12-7）和表 2-12-1 选择曲轴上轴承。

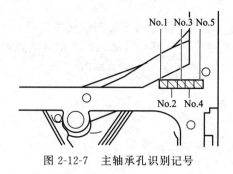

图 2-12-7　主轴承孔识别记号

表 2-12-1　曲轴上轴承选配表

主轴承孔 识别记号	主轴承孔 直径/mm	上轴承 识别颜色
1	50.000～50.005	蓝色(761)
2	50.005～50.010	黄色(762)
3	50.010～50.015	红色(763)

（2）依据曲轴后端的识别记号（图 2-12-8）和表 2-12-2 选择曲轴下轴承。

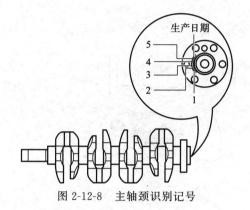

图 2-12-8　主轴颈识别记号

表 2-12-2　曲轴下轴承选配表

主轴颈 识别记号	主轴颈 直径/mm	下轴承 识别颜色
1	46.019～46.024	黑色(757)
2	46.014～46.019	红色(758)
3	46.009～46.014	绿色(759)
4	46.004～46.009	紫色(760)

二、绅宝 X65（2.0T B205E）

1. 检查活塞间隙

（1）如图 2-12-9 所示，分别测量上部平面 A、中部平面 B、下部平面 C 三个平面位置的止推和轴向的气缸内径。

气缸内径标准值：90.006～90.020mm。

（2）如果超过最大值，则 4 个气缸需要镗孔，必要时更换气缸体。

（3）如图 2-12-10 所示，使用千分尺测量活塞 1 的直径。

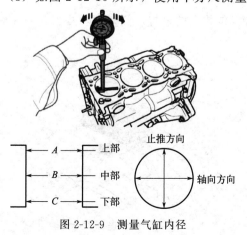

图 2-12-9　测量气缸内径

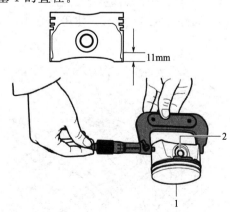

图 2-12-10　测量活塞外径

活塞直径标准值：89.965～89.981mm。

（4）在距离活塞底部11mm高的活塞裙部并与活塞销2垂直的方向测量活塞直径。

（5）如果直径小于标准值，更换活塞。若更换活塞，则活塞与气缸之间的配缸间隙须在0.025～0.055mm范围内。

2. 主轴承油膜间隙检查

（1）擦去曲轴主轴颈和轴承内表面上所有的机油。

（2）安装主轴承。

（3）如图2-12-11所示，将塑料间隙规沿轴向放在曲轴主轴颈上。

（4）安装曲轴主轴承盖，并拧紧固定螺栓至(20±1)N·m＋(70±1)°。

（5）卸下曲轴主轴承盖。

（6）如图2-12-12所示，使用包装上印刷的刻度测量塑料间隙规被压宽部分的宽度。

标准值：0.014～0.062mm。

（7）如果曲轴主轴承油隙不符合标准，更换曲轴主轴瓦，必要时更换曲轴。

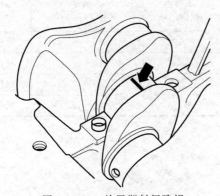
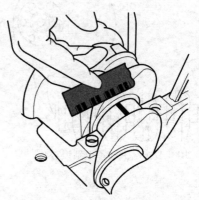

图2-12-11　放置塑料间隙规　　　　　图2-12-12　测量主轴承间隙

3. 连杆轴承油膜间隙检查

（1）将连杆轴颈和连杆轴承的机油清洗干净。

（2）如图2-12-13所示，将塑料间隙规切成与轴承宽度相同的长度，然后放在曲柄销上，使其与轴中心线平行。

（3）小心地装上连杆盖，并拧紧螺栓至(25±2)N·m＋(100±3)°。

（4）将连杆盖小心地拆下。

（5）如图2-12-14所示，使用印在塑料规材料包装上的量规，测量塑料规材料被压最宽部分的宽度。

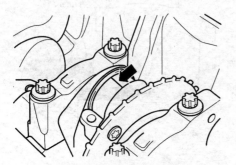
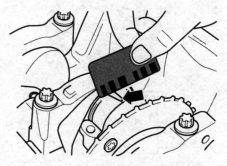

图2-12-13　放置塑料间隙规　　　　　图2-12-14　测量连杆轴承间隙

标准值：0.020～0.068mm。

三、北汽 E130/E150（1.3L 4A90M/1.5L 4A91S）

1. 主轴承油膜间隙检查

（1）擦去曲轴主轴颈和轴承内表面上所有的机油。

（2）安装主轴承。

（3）如图 2-12-15 所示，将塑料间隙规沿轴向放在曲轴主轴颈上

（4）安装曲轴主轴承盖，并拧紧固定螺栓至（35±2）N·m＋60°。

（5）拆下螺栓，小心地拆下主轴承盖。

（6）如图 2-12-16 所示，使用包装上印刷的刻度测量塑料间隙规被压宽部分的宽度。

标准值：0.014～0.034mm。极限值：0.1mm。

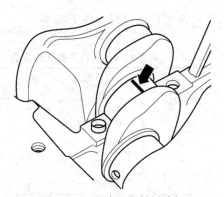 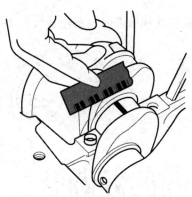

图 2-12-15　放置塑料间隙规　　　　图 2-12-16　测量主轴承间隙

2. 连杆轴承油膜间隙检查

（1）将连杆轴颈和连杆轴承的机油清洗干净。

（2）如图 2-12-17 所示，将塑料间隙规切成与轴承宽度相同的长度，然后放在曲柄销上，使其与轴中心线平行。

（3）小心地装上连杆盖，并拧紧螺栓至（15±2）N·m ＋90°。

（4）将连杆盖小心地拆下。

（5）如图 2-12-18 所示，使用印在塑料规材料包装上的量规，测量塑料规材料被压最宽部分的宽度。

标准值：0.014～0.059mm。极限值：0.1mm。

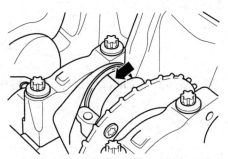 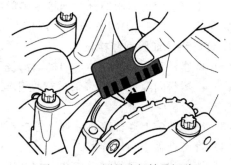

图 2-12-17　放置塑料间隙规　　　　图 2-12-18　测量连杆轴承间隙

3. 曲轴主轴承的选配

（1）依据气缸体底部表面上的识别记号（图 2-12-19）和表 2-12-3 选择曲轴上轴承。

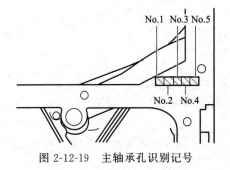

图 2-12-19　主轴承孔识别记号

表 2-12-3　曲轴上轴承选配表

主轴承孔 识别记号	主轴承孔 直径/mm	上轴承 识别颜色
1	50.000～50.005	蓝色
2	50.005～50.010	黄色
3	50.010～50.015	红色
4	50.015～50.020	绿色

（2）依据曲轴后端的识别记号（图 2-12-20）和表 2-12-4 选择曲轴下轴承。

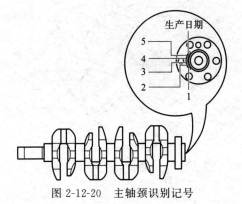

图 2-12-20　主轴颈识别记号

表 2-12-4　曲轴下轴承选配表

主轴颈 识别记号	主轴颈 直径/mm	下轴承 识别颜色
Y	46.019～46.024	蓝色
N	46.014～46.019	红色
W	46.009～46.014	绿色
B	46.004～46.009	紫色

四、北汽威旺/幻速（1.5L BJ415A/BJ415B）

1. 主轴承油膜间隙检查

（1）擦去曲轴主轴颈和轴承内表面上所有的机油。

（2）安装主轴承。

（3）将塑料间隙规沿轴向放在曲轴主轴颈上。

（4）安装曲轴主轴承盖，并拧紧固定螺栓至(78±2.5)N·m。

（5）拆下螺栓，小心地拆下主轴承盖。

（6）使用包装上印刷的刻度测量塑料间隙规被压宽部分的宽度。

标准值：0.020～0.040mm。极限值：0.08mm。

2. 连杆轴承油膜间隙检查

（1）将连杆轴颈和连杆轴承的机油清洗干净。

（2）将塑料间隙规切成与轴承宽度相同的长度，然后放在曲柄销上，使其与轴中心线平行。

（3）小心地装上连杆盖，并拧紧螺栓至(60±2)N·m。

（4）将连杆盖小心地拆下。

（5）使用印在塑料规材料包装上的量规，测量塑料规材料被压最宽部分的宽度。

标准值：0.020～0.040mm。极限值：0.08mm。

3. 主轴瓦的选配

曲轴主轴瓦的选配如表 2-12-5 所示。

表 2-12-5 曲轴主轴瓦选配表　　　　　　单位：mm

主轴孔、曲轴主轴颈、主轴瓦的尺寸					
1号主轴	52.000～52.006	1号主轴颈直径	47.994～48.000	1号轴瓦厚度	1.998～2.002
2号主轴	52.006～52.012	2号主轴颈直径	47.988～47.994	2号轴瓦厚度	1.995～1.999
3号主轴	52.012～52.018	3号主轴颈直径	47.982～47.988	3号轴瓦厚度	1.992～1.996
				4号轴瓦厚度	1.989～1.993
				5号轴瓦厚度	1.986～1.990

主轴孔—曲轴主轴颈—主轴瓦的配合间隙					
	主轴颈号1		主轴颈号2		主轴颈号3
主轴孔号1	轴瓦号5	0.020～0.040	轴瓦号4	0.020～0.040	轴瓦号3	0.020～
主轴孔号2	轴瓦号4	0.020～0.040	轴瓦号3	0.020～0.040	轴瓦号2	0.020～
主轴孔号3	轴瓦号3	0.020～0.040	轴瓦号2	0.020～0.040	轴瓦号1	0.020～

注：1. 主轴瓦厚度指主轴瓦轴向中心处的壁厚。

2. 选配方法为，7－（主轴孔号＋主轴颈号）＝主轴瓦号。

3. 标准间隙为 0.020～0.040mm，极限间隙为 0.08mm。

4. 连杆轴瓦的选配

连杆轴瓦的选配如表 2-12-6 所示。

表 2-12-6 连杆轴瓦选配表　　　　　　单位：mm

连杆大孔、曲轴连杆颈、连杆轴瓦的尺寸					
1号连杆孔直径	43.000～43.006	1号连杆颈直径	39.994～40.000	1号轴瓦厚度	1.498～1.502
2号连杆孔直径	43.006～43.012	2号连杆颈直径	39.988～39.994	2号轴瓦厚度	1.495～1.499
3号连杆孔直径	43.012～43.018	3号连杆颈直径	39.982～39.988	3号轴瓦厚度	1.492～1.496
				4号轴瓦厚度	1.489～1.493
				5号轴瓦厚度	1.486～1.490

连杆大头孔—曲轴连杆颈—连杆轴瓦的配合间隙					
	连杆颈号1		连杆颈号2		连杆颈号3
连杆大孔号1	轴瓦号5	0.020～0.040	轴瓦号4	0.020～0.040	轴瓦号3	0.020～0.040
连杆大孔号2	轴瓦号4	0.020～0.040	轴瓦号3	0.020～0.040	轴瓦号2	0.020～0.040
连杆大孔号3	轴瓦号3	0.020～0.040	轴瓦号2	0.020～0.040	轴瓦号1	0.020～0.040

注：1. 连杆轴瓦厚度指连杆轴瓦轴向中心处的壁厚。

2. 选配方法为，7－（连杆大孔号＋连杆颈号）＝连杆轴瓦号。

3. 标准间隙为 0.020～0.040mm，极限间隙为 0.08mm。

第十三节　广汽传祺汽车

一、传祺 GS4/GS3/GA3S 视界（1.3T 4A13M1）

1. 活塞的选配

（1）活塞顶部标记"A"或"1"为 A 等级或 1 等级，标记"B"或"2"为 B 等级或 2

等级，标记"C"或"3"为C等级或3等级。

（2）直接根据"缸孔直径等级号"选择相同的活塞等级，如表2-13-1所示。

表 2-13-1　活塞选配表

序号	缸体		活塞	
	缸孔直径/mm	缸孔等级	活塞直径/mm	活塞等级
1	75.000～75.010	A 或 1	74.965～74.975	A 或 1
2	75.010～75.020	B 或 2	74.975～74.985	B 或 2
3	75.020～75.030	C 或 3	74.985～74.995	C 或 3

（3）活塞与气缸之间的配合间隙如下：

标准间隙：0.025～0.045mm。维修极限：0.08mm。

2. 主轴瓦的选配

（1）通过曲轴主轴颈直径等级和缸体主轴孔直径等级，按表2-13-2选配主轴瓦。

表 2-13-2　曲轴主轴瓦选配表

曲轴主轴颈直径/mm			主轴孔直径/mm													
			50.000	50.001	50.002	50.003	50.004	50.005	50.006	50.007	50.008	50.009	50.010	50.011	50.012	50.013
Class A或1	45.982															
	45.983															
	45.984			黄-蓝					黄-蓝						黄-黄		
	45.985															
	45.986															
Class B或2	45.987															
	45.988															
	45.989			蓝-红					蓝-蓝						黄-蓝		
	45.990															
	45.991															
	45.992															
Class C或3	45.993															
	45.994															
	45.995			红-红					蓝-红						蓝-蓝		
	45.996															
	45.997															

（2）曲轴主轴瓦的标准油隙为0.020～0.042mm。

（3）缸体主轴孔（主轴承孔）的分级如表2-13-3所示。

表 2-13-3　缸体主轴孔分级表

名称	缸体主轴孔直径及分级								
等级	01	02	03	04	05	06	…	12	13
直径/mm	50.001	50.002	50.003	50.004	50.005	50.006	…	50.012	50.013

（4）曲轴主轴瓦的等级、颜色如表 2-13-4 所示。

表 2-13-4　主轴瓦分级表

序号	轴瓦厚度/mm	颜色	等级
1	1.995～2.001	黄	3 或 C
2	1.990～1.996	蓝	2 或 B
3	1.985～1.991	红	1 或 A

3. 连杆轴瓦的选配

（1）曲轴主轴颈直径等级、连杆轴颈直径等级号位于曲轴后端。

（2）连杆大孔直径等级号位于连杆与连杆轴承盖结合面。

（3）通过连杆轴颈直径等级和连杆大孔直径等级，按表 2-13-5 选配连杆轴瓦。

表 2-13-5　连杆轴瓦选配表

		连杆大孔直径/mm											
		43.000	43.001	43.002	43.003	43.004	43.005	43.006	43.007	43.008	43.009	43.010	43.011	43.012
曲轴连杆颈直径/mm	Class A或1	39.982												
		39.983												
		39.984		蓝-蓝				黄-蓝					黄-黄	
		39.985												
		39.986												
	Class B或2	39.987												
		39.988												
		39.989		蓝-红				蓝-蓝					黄-蓝	
		39.990												
		39.991												
		39.992												
	Class C或3	39.993												
		39.994												
		39.995		红-红				蓝-红					蓝-蓝	
		39.996												
		39.997												

（4）连杆轴瓦的标准油隙为 0.020～0.042mm。

（5）连杆轴瓦的厚度、等级、颜色如表 2-13-6 所示。

表 2-13-6　连杆轴瓦分级表

序号	轴瓦厚度/mm	颜色	等级
1	1.495～1.501	黄	3 或 C
2	1.490～1.496	蓝	2 或 B
3	1.485～1.491	红	1 或 A

（6）连杆轴颈直径等级如表 2-13-7 所示。

表 2-13-7　连杆轴颈分级表

序号	连杆轴颈直径/mm	等级
1	39.982～39.986	A 或 1
2	39.987～39.992	B 或 2
3	39.993～39.997	C 或 3

4. 缸体、曲轴条码说明

（1）图 2-13-1 箭头所指为缸体条码粘贴位置。

（2）缸体条码示例如图 2-13-2 所示，其中：

A：缸孔识别码、缸孔直径等级、机型标识、生产流水号。

B：曲轴孔识别码、曲轴孔分组等级。

C：各主轴颈分组等级、各连杆颈分组等级、机型标识、生产线识别码、生产年月日、流水号。

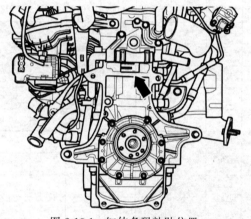

图 2-13-1　缸体条码粘贴位置

图 2-13-2　缸体条码示例

（3）缸孔直径分级及流水号条形码示例如图 2-13-3 所示。

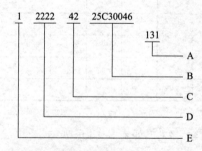

图 2-13-3　缸孔直径分级条形码示例

A—机型；B—生产流水号，共 8 位；C—机型标识，共 2 位；D—缸孔直径等级；E—缸孔识别码

缸孔直径等级中，第 1 位为 1 缸缸孔等级（等级 2），第 2 位为 2 缸缸孔等级（等级 2），第 3 位为 3 缸缸孔等级（等级 2），第 4 位为 4 缸缸孔等级（等级 2）。

（4）曲轴主轴颈孔分组等级条码示例如图 2-13-4 所示。在曲轴孔识别码中，第 1、2 位为第 1 道曲轴孔直径尺寸为 50.008mm，等级 08；第 3、4 位为第 2 道曲轴孔直径尺寸为

50.006mm，等级 06；第 5、6 位为第 3 道曲轴孔直径尺寸为 50.008mm，等级 08；第 7、8 位为第 4 道曲轴孔直径尺寸为 50.007mm，等级 07；第 9、10 位为第 5 道曲轴孔直径尺寸为 50.007mm，等级 07。

（5）连杆轴颈、曲轴主轴颈等级条形码示例如图 2-13-5 所示。

各连杆颈分组等级中，第 1 位为 1 缸曲轴连杆轴直径等级（2 级），第 2 位为 2 缸曲轴连杆轴直径等级（2 级），第 3 位为 3 缸曲轴连杆轴直径等级（2 级），第 4 位为 4 缸曲轴连杆轴直径等级（2 级）。

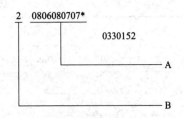

图 2-13-4 主轴孔分组等级条码示例
A—曲轴孔分组等级；B—曲轴孔识别码

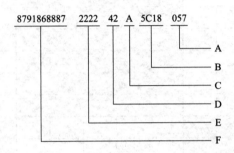

图 2-13-5 曲轴等级条形码示例
A—流水号（001～999）；B—生产年（1 位数字）月（1 位字母）日（2 位数字）；C—生产线识别码；
D—机型标识，共 2 位；E—各连杆颈分组等级；F—各主轴颈分组等级

各主轴颈分组等级中，第 1、2 位为第 1 道曲轴主轴颈尺寸 45.987mm，等级（2 级），第 3、4 位为第 2 道曲轴主轴颈尺寸 45.991mm，等级（2 级），第 5、6 位为第 3 道曲轴主轴颈尺寸 45.986mm，等级（1 级），第 7、8 位为第 4 道曲轴主轴颈尺寸 45.988mm，等级（2 级），第 9、10 位为第 5 道曲轴主轴颈尺寸 45.987mm，等级（2 级）。

二、传祺 GS4/GS5/GA6（1.5T 4A15）

1. 活塞的选配

（1）活塞顶部标记"A"或"1"为 A 等级或 1 等级；标记"B"或"2"为 B 等级或 2 等级；标记"C"或"3"为 C 等级或 3 等级。

（2）直接根据"缸孔直径等级号"选择相同的活塞等级，如表 2-13-8 所示。

表 2-13-8 活塞选配表

序号	缸体		活塞	
	缸孔直径/mm	缸孔等级	活塞直径/mm	活塞等级
1	75.00～75.01	A	74.965～74.975	A
2	75.01～75.02	B	74.975～74.985	B
3	75.02～75.03	C	74.985～74.995	C

（3）活塞与气缸之间的配合间隙：

标准间隙：0.025～0.045mm。维修极限：0.05mm。

2. 主轴瓦的选配

（1）根据曲轴主轴颈直径等级和缸体主轴孔直径等级，按表 2-13-9 选配主轴瓦。

表 2-13-9　曲轴主轴瓦选配表

曲轴主轴颈直径/mm		主轴孔直径/mm													
		50.000	50.001	50.002	50.003	50.004	50.005	50.006	50.007	50.008	50.009	50.010	50.011	50.012	50.013
Class A或1	45.982														
	45.983														
	45.984	黄-蓝						黄-蓝					黄-黄		
	45.985														
	45.986														
Class B或2	45.987														
	45.988														
	45.989	蓝-红						蓝-蓝					黄-蓝		
	45.990														
	45.991														
	45.992														
Class C或3	45.993														
	45.994														
	45.995	红-红						蓝-红					蓝-蓝		
	45.996														
	45.997														

（2）曲轴主轴瓦的标准油隙为 0.020～0.042mm。

（3）缸体主轴孔（主轴承孔）的分级如表 2-13-10 所示。

表 2-13-10　缸体主轴孔分级表

名称	缸体主轴孔直径及分级								
等级	01	02	03	04	05	06	…	12	13
直径/mm	50.001	50.002	50.003	50.004	50.005	50.006	…	50.012	50.013

（4）曲轴主轴瓦的等级、颜色如表 2-13-11 所示。

表 2-13-11　主轴瓦分级表

序号	轴瓦厚度/mm	颜色	等级
1	1.995～2.001	黄	3
2	1.990～1.996	蓝	2
3	1.985～1.991	红	1

3. 连杆轴瓦的选配

（1）曲轴主轴颈直径、连杆直径等级号位于曲轴后端。

（2）连杆大孔直径等级号位于连杆与连杆轴承盖结合面。如，"2"代表等级 2（48.004～48.008mm）。

（3）根据连杆轴颈直径等级和连杆大孔直径等级，按表 2-13-12 选配连杆轴瓦。

表 2-13-12　连杆轴瓦选配表

		连杆大孔直径/mm												
		48.000	48.001	48.002	48.003	48.004	48.005	48.006	48.007	48.008	48.009	48.010	48.011	48.012
曲轴连杆颈直径/mm	Class A或1 44.982													
	44.983													
	44.984	蓝-蓝						黄-蓝			黄-黄			
	44.985													
	44.986													
	Class B或2 44.987													
	44.988													
	44.989	蓝-红						蓝-蓝			黄-蓝			
	44.990													
	44.991													
	44.992													
	Class C或3 44.993													
	44.994													
	44.995	红-红						蓝-红			蓝-蓝			
	44.996													
	44.997													

（4）连杆轴瓦的标准油隙为 0.020～0.042mm。

（5）连杆轴瓦的厚度、等级、颜色如表 2-13-13 所示。

表 2-13-13　连杆轴瓦分级表

序号	轴瓦厚度/mm	颜色	等级
1	1.485～1.491	红	1
2	1.490～1.496	蓝	2
3	1.495～1.501	黄	3

（6）连杆轴颈直径等级如表 2-13-14 所示。

表 2-13-14　连杆轴颈分级表

序号	连杆轴颈直径/mm	等级
1	44.982～44.986	1
2	44.987～44.992	2
3	44.993～44.997	3

三、传祺 GA3/GA3S 视界（1.6L 4B16K1）

1. 活塞的选配

（1）活塞顶部标记"A"或"1"为 A 等级或 1 等级，标记"B"或"2"为 B 等级或 2 等级，标记"C"或"3"为 C 等级或 3 等级。

（2）直接根据"缸孔直径等级号"选择相同的活塞等级，如表 2-13-15 所示。

表 2-13-15　活塞选配表

序号	缸体		活塞	
	缸孔直径/mm	缸孔等级	活塞直径/mm	活塞等级
1	82.000～82.010	A 或 1	81.952～81.961	A 或 1
2	82.010～82.020	B 或 2	81.962～81.971	B 或 2
3	82.020～82.030	C 或 3	81.972～81.981	C 或 3

（3）活塞与气缸之间的配合间隙：

标准间隙：0.039～0.059mm。维修极限：0.08mm。

2. 主轴瓦的选配

（1）根据曲轴主轴颈直径等级和缸体主轴孔直径等级，按表 2-13-16 选配主轴瓦。

表 2-13-16　曲轴主轴瓦选配表

		缸体主轴孔直径/mm													
		56.705	56.706	56.707	56.708	56.709	56.710	56.711	56.712	56.713	56.714	56.715	56.716	56.717	56.718
曲轴主轴颈直径/mm	**Class A 或 1**	53.000													
		52.999													
		52.998 红-红													
		52.997													
		52.996													
		52.995													
		52.994													
	Class B 或 2	52.993 红-蓝													
		52.992													
		52.991													
		52.990 蓝-蓝													
		52.989													
		52.988 蓝-黄													
	Class C 或 3	52.987													
		52.986													
		52.985													
		52.984 黄-黄													
		52.983													
		52.982													

（2）曲轴主轴瓦的标准油隙为 0.031～0.062mm。

（3）缸体主轴孔（主轴承孔）的分级如表 2-13-17 所示。

表 2-13-17　缸体主轴孔分级表

名称	缸体主轴孔直径（56.705～56.718mm）及分级								
等级	05	06	07	08	09	10	…	17	18
直径/mm	56.705	56.706	56.707	56.708	56.709	56.710	…	56.717	56.718

（4）曲轴主轴瓦的等级、颜色如表 2-13-18 所示。

表 2-13-18　主轴瓦分级表

序号	轴瓦厚度/mm	颜色	等级
1	1.843～1.849	黄	3 或 C
2	1.836～1.844	蓝	2 或 B
3	1.831～1.837	红	1 或 A

3. 连杆轴瓦的选配

（1）根据连杆轴颈直径等级，按表 2-13-19 选配连杆轴瓦。

表 2-13-19　连杆轴瓦选配表

连杆轴颈等级	连杆轴颈直径/mm	连杆轴瓦颜色
C 或 3	40.872～40.878	黄-黄
B 或 2	40.878～40.884	蓝-蓝
A 或 1	40.884～40.890	红-红

（2）连杆大头孔直径为 44.000～44.012mm。

（3）连杆轴瓦的标准油隙为 0.030～0.056mm。

（4）连杆轴瓦的厚度、等级、颜色如表 2-13-20 所示。

表 2-13-20　连杆轴瓦分级表

序号	轴瓦厚度/mm	颜色	等级
1	1.542～1.546	黄	3 或 C
2	1.539～1.543	蓝	2 或 B
3	1.536～1.540	红	1 或 A

四、传祺 GS5/GA5（1.8L 4B18K1/2.0L 4B20K2）

1. 活塞的选配

（1）活塞顶部有一个圆形标识的为 2.0 发动机所配活塞，圆形标识朝向正时侧。

（2）活塞顶部有两个圆形标识的为 1.8 发动机所配活塞，圆形标识朝向正时侧。

（3）活塞顶部标记"A"或"1"为 A 等级或 1 等级，标记"B"或"2"为 B 等级或 2 等级，标记"C"或"3"为 C 等级或 3 等级。

（4）直接根据"缸孔直径等级号"选择相同的活塞等级。

① 1.8L 发动机的活塞选配方法如表 2-13-21 所示。

表 2-13-21　活塞选配表（1.8L 发动机）

序号	缸体		活塞	
	缸孔直径/mm	缸孔等级	活塞直径/mm	活塞等级
1	82.000～82.010	A 或 1	81.952～81.961	A 或 1
2	82.010～82.020	B 或 2	81.962～81.971	B 或 2

续表

序号	缸体		活塞	
	缸孔直径/mm	缸孔等级	活塞直径/mm	活塞等级
3	82.020~82.030	C 或 3	81.972~81.981	C 或 3

② 2.0L 发动机的活塞选配方法如表 2-13-22 所示。

表 2-13-22　活塞选配表 (2.0L 发动机)

序号	缸体		活塞	
	缸孔直径/mm	缸孔等级	活塞直径/mm	活塞等级
1	83.000~83.010	A 或 1	82.952~82.961	A 或 1
2	83.010~83.020	B 或 2	82.962~82.971	B 或 2
3	83.020~83.030	C 或 3	82.972~82.981	C 或 3

2. 主轴瓦的选配

(1) 通过曲轴主轴颈直径等级和缸体主轴孔直径等级，按表 2-13-16 选配主轴瓦。

(2) 曲轴主轴瓦的标准油隙为 0.031~0.062mm。

(3) 缸体主轴孔（主轴承孔）的分级如表 2-13-23 所示。

表 2-13-23　缸体主轴孔分级表

名称	缸体主轴孔直径(56.705~56.718mm)及分级								
等级	05	06	07	08	09	10	…	17	18
直径/mm	56.705	56.706	56.707	56.708	56.709	56.710	…	56.717	56.718

(4) 曲轴主轴瓦的等级、颜色如表 2-13-24 所示。

表 2-13-24　主轴瓦分级表

序号	轴瓦厚度/mm	颜色	等级
1	1.843~1.849	黄	3 或 C
2	1.836~1.844	蓝	2 或 B
3	1.831~1.837	红	1 或 A

3. 连杆轴瓦的选配

(1) 根据连杆轴颈直径等级，按表 2-13-25 选配连杆轴瓦。

表 2-13-25　连杆轴瓦选配表

连杆轴颈等级	连杆轴颈直径/mm	连杆轴瓦颜色
A 或 1	50.787~50.793	黄-黄
B 或 2	50.793~50.799	蓝-蓝
C 或 3	50.799~52.805	红-红

(2) 连杆大头孔直径为 53.897~53.909mm。

(3) 连杆轴瓦的标准油隙为 0.030~0.056mm。

(4) 连杆轴瓦的厚度、等级、颜色如表 2-13-26 所示。

表 2-13-26 连杆轴瓦分级表

序号	轴瓦厚度/mm	颜色	等级
1	1.533～1.537	黄	3 或 C
2	1.530～1.534	蓝	2 或 B
3	1.527～1.531	红	1 或 A

五、传祺 GS5/GA6（1.8T 4B18M1）

1. 活塞的选配

（1）活塞顶部有一个圆形标识的一侧朝向正时侧。

（2）活塞顶部标记"A"或"1"为 A 等级或 1 等级，标记"B"或"2"为 B 等级或 2 等级，标记"C"或"3"为 C 等级或 3 等级。

（3）直接根据"缸孔直径等级号"选择相同的活塞等级，如表 2-13-27 所示。

表 2-13-27 活塞选配表

序号	缸体		活塞	
	缸孔直径/mm	缸孔等级	活塞直径/mm	活塞等级
1	82.000～82.010	A 或 1	81.960～81.970	A 或 1
2	82.010～82.020	B 或 2	81.971～81.980	B 或 2
3	82.020～82.030	C 或 3	81.981～81.990	C 或 3

（4）活塞与气缸之间的配合间隙：

标准间隙：0.010～0.035mm。维修极限：0.05mm。

2. 主轴瓦的选配

（1）通过曲轴主轴颈直径等级和缸体主轴孔直径等级，按表 2-13-16 选配主轴瓦。

（2）曲轴主轴瓦的标准油隙为 0.025～0.045mm。

（3）缸体主轴孔（主轴承孔）的分级如表 2-13-28 所示。

表 2-13-28 缸体主轴孔分级表

名称	缸体主轴孔直径(56.705～56.718mm)及分级								
等级	05	06	07	08	09	10	…	17	18
直径/mm	56.705	56.706	56.707	56.708	56.709	56.710	…	56.717	56.718

（4）曲轴主轴瓦的等级、颜色如表 2-13-29 所示。

表 2-13-29 主轴瓦分级表

序号	轴瓦厚度/mm	颜色	等级
1	1.846～1.852	黄	3 或 C
2	1.839～1.847	蓝	2 或 B
3	1.834～1.840	红	1 或 A

3. 连杆轴瓦的选配

（1）通过连杆轴颈直径等级，按表 2-13-30 选配连杆轴瓦。

表 2-13-30　连杆轴瓦选配表

连杆轴颈等级	连杆轴颈直径/mm	连杆轴瓦颜色
A 或 1	50.787～50.793	黄-黄
B 或 2	50.793～50.799	蓝-蓝
C 或 3	50.799～52.805	红-红

（2）连杆大头孔直径为 53.901～53.913mm。

（3）连杆轴瓦的标准油隙为 0.020～0.048mm。

（4）连杆轴瓦的厚度、等级、颜色如表 2-13-31 所示。

表 2-13-31　连杆轴瓦分级表

序号	轴瓦厚度/mm	颜色	等级
1	1.539～1.543	黄	3 或 C
2	1.536～1.540	蓝	2 或 B
3	1.533～1.537	红	1 或 A

4. 平衡轴轴瓦的选配

通过平衡轴轴孔等级，按表 2-13-32 选配平衡轴轴瓦。

表 2-13-32　平衡轴轴瓦选配表

轴孔等级	轴孔直径/mm	轴瓦厚度/mm	轴瓦组别
3	26.012～26.018	1.492～1.495	3
2	26.006～26.011	1.489～1.492	2
1	26.000～26.005	1.486～1.489	1

六、传祺 GS8/GS7/M8（2.0T 4B20M1）

1. 活塞的选配

（1）活塞顶部有一个圆形标识的一侧朝向正时侧。

（2）活塞顶部标记"A"或"1"为 A 等级或 1 等级；标记"B"或"2"为 B 等级或 2 等级；标记"C"或"3"为 C 等级或 3 等级。

（3）直接根据"缸孔直径等级号"选择相同的活塞等级，如表 2-13-33 所示。

表 2-13-33　活塞选配表

序号	缸体		活塞	
	缸孔直径/mm	缸孔等级	活塞直径/mm	活塞等级
1	83.000～83.010	A 或 1	82.965～82.975	A 或 1
2	83.010～83.020	B 或 2	82.975～82.985	B 或 2
3	83.020～83.030	C 或 3	82.985～82.995	C 或 3

（4）活塞与气缸之间的配合间隙：

标准间隙：0.025～0.045mm。维修极限：0.06mm。

2. 主轴瓦的选配

（1）通过曲轴主轴颈直径等级和缸体主轴孔直径等级，按表 2-13-34 选配主轴瓦。

表 2-13-34　曲轴主轴瓦选配表

		缸体曲轴孔直径/mm													
		C				B					A				
		55.000	55.001	55.002	55.003	55.004	55.005	55.006	55.007	55.008	55.009	55.010	55.011	55.012	55.013
A	49.982														
	49.983														
	49.984	蓝-蓝					黄-蓝						黄-黄		
	49.985														
	49.986														
B	49.987														
	49.988														
	49.989														
	49.990	蓝-红					蓝-蓝						黄-蓝		
	49.991														
	49.992														
C	49.993														
	49.994														
	49.995	红-红					蓝-红						蓝-蓝		
	49.996														
	49.997														

（左侧竖排标注：曲轴主轴颈直径/mm）

（2）曲轴主轴瓦的标准油隙为 0.020～0.041mm。

（3）缸体主轴孔（主轴承孔）的分级如表 2-13-35 所示。

表 2-13-35　缸体主轴孔分级表

名称	缸体主轴孔直径及分级									
等级	00	01	02	03	04	05	06	…	12	13
直径/mm	55.000	55.001	55.002	55.003	55.004	55.005	55.006	…	55.012	55.013

（4）曲轴主轴瓦的等级、颜色如表 2-13-36 所示。

表 2-13-36　主轴瓦分级表

序号	轴瓦厚度/mm	颜色	等级
1	2.495～2.501	黄	3 或 C
2	2.490～2.496	蓝	2 或 B
3	2.485～2.491	红	1 或 A

3. 连杆轴瓦的选配

（1）通过连杆轴颈直径等级和连杆大孔直径等级，按表 2-13-37 选配连杆轴瓦。

表 2-13-37　连杆轴瓦选配表

曲轴连杆颈直径/mm		连杆大头孔直径/mm												
		3				2					1			
		53.000	53.001	53.002	53.003	53.004	53.005	53.006	53.007	53.008	53.009	53.010	53.011	53.012
1	49.982													
	49.983													
	49.984		蓝-蓝				黄-蓝						黄-黄		
	49.985													
	49.986													
2	49.987													
	49.988													
	49.989		蓝-红				蓝-蓝						黄-蓝		
	49.990													
	49.991													
	49.992													
3	49.993													
	49.994													
	49.995		红-红				蓝-红						蓝-蓝		
	49.996													
	49.997													

(2) 连杆轴瓦的标准油隙为 0.020～0.041mm。

(3) 连杆轴瓦的厚度、等级、颜色如表 2-13-38 所示。

表 2-13-38　连杆轴瓦分级表

序号	轴瓦厚度/mm	颜色	等级
1	1.495～1.501	黄	3 或 C
2	1.490～1.496	蓝	2 或 B
3	1.485～1.491	红	1 或 A

4. 平衡轴轴瓦的选配

通过平衡轴轴孔等级，按表 2-13-39 选配平衡轴轴瓦。

表 2-13-39　平衡轴轴瓦选配表

轴孔等级	轴孔直径/mm	轴瓦厚度/mm	轴瓦组别
3	26.012～26.018	1.492～1.495	3
2	26.006～26.011	1.489～1.492	2
1	26.000～26.005	1.486～1.489	1

第十四节　众泰汽车

一、众泰 T300/T600/T500/Z500/Z560（1.5T TNN4G15T）

1. 连杆轴瓦间隙的检查

（1）擦去轴颈和轴承座内表面上所有的机油。

（2）如图 2-14-1 所示，切下与轴承宽度相同长度的塑料规材料，将其放置曲柄销上，与销平行。

（3）小心地在塑料规上方安装连杆盖，并且拧紧螺栓至(15±2)N·m+(90～94)°。

（4）拆下螺栓，慢慢地拆下连杆盖。

（5）如图 2-14-2 所示，使用印在塑料规包装上的量规，测量塑料规被压至最宽部分的宽度。

标准值：0.020～0.042mm。极限值：0.10mm。

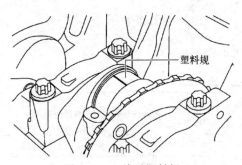

图 2-14-1　放置塑料规

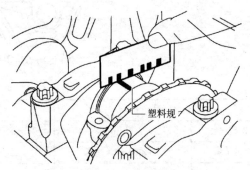

图 2-14-2　测量连杆轴瓦间隙

（6）如果间隙超过最大值，更换连杆轴瓦或研磨曲柄销，并使用适应减小曲柄销尺寸的轴瓦以适合标准间隙。

2. 主轴承间隙的检查

（1）擦去曲轴主轴颈和轴承内表面上所有的机油。

（2）安装主轴承。

（3）把塑料间隙规的长度切成与轴承宽度相匹配，然后沿轴颈的轴线方向将它放在主轴颈上。

（4）轻轻地装上主轴承盖，并将螺栓拧紧到规定力矩。

（5）拆下螺栓，小心地拆下主轴承盖。

（6）用印刷在塑料间隙规袋上的量尺，在最宽点测量塑料间隙规的被挤压部分。

标准值：0.014～0.034mm。极限值：0.10mm。

3. 连杆轴瓦的选配

（1）依据曲轴后端的曲柄销识别记号和表 2-14-1 来选配连杆轴瓦。

（2）将选择的轴承安装在连杆大端和轴承盖上。

4. 主轴瓦的选配

（1）曲轴主轴承孔的识别记号位于气缸体底部表面，如图 2-14-3 所示。

（2）根据表 2-14-2 选择主轴承上瓦。

表 2-14-1 连杆轴瓦选配表

曲柄销分组及尺寸		曲柄销分组及尺寸		轴瓦间隙/mm
分组号	直径/mm	分组号	厚度/mm	
1	43.994<φ≤44.000	1	1.487<d≤1.490	0.032<d≤0.035
2	43.988<φ≤43.994	2	1.490<d≤1.493	0.032<d≤0.035
3	43.982<φ≤43.988	3	1.493<d≤1.496	0.032<d≤0.035

配瓦方案:1→1,2→2,3→3。连杆大头孔尺寸:φ47(0,−0.015)。

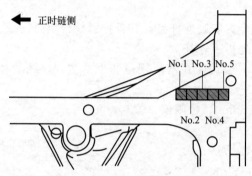

图 2-14-3 主轴承孔识别记号

表 2-14-2 主轴承上瓦选配表

缸体主轴承孔		上瓦分组及尺寸		轴瓦间隙/mm
识别记号	直径/mm	识别记号	厚度/mm	
1	50.000~50.005	1	2(−0.024,−0.019)	0.014~0.034
2	50.005~50.010	2	2(−0.019,−0.014)	0.014~0.034
3	50.010~50.015	3	2(−0.014,−0.009)	0.014~0.034

(3) 曲轴主轴颈的识别记号如图 2-14-4 所示。

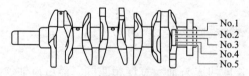

图 2-14-4 曲轴主轴颈识别记号

(4) 根据表 2-14-3 选择主轴承下瓦。

表 2-14-3 主轴承下瓦选配表

缸体主轴承孔		上瓦分组及尺寸		轴瓦间隙/mm
识别记号	直径/mm	识别记号	厚度/mm	
1	46.024~46.029	1	2(−0.029,−0.024)	0.014~0.034
2	46.019~46.024	2	2(−0.024,−0.019)	0.014~0.034
3	46.014~46.019	3	2(−0.019,−0.014)	0.014~0.034
4	46.009~46.014	4	2(−0.014,−0.009)	0.014~0.034
5	46.004~46.009	5	2(−0.009,−0.004)	0.014~0.034

二、众泰 T600/Z700/大迈 X7（1.8T TN4G18T）

1. 连杆轴瓦间隙的检查

（1）擦去轴颈和轴承座内表面上所有的机油。

（2）如图 2-14-5 所示，切下与轴承宽度相同长度的塑料规材料，将其放置曲柄销上，与销平行。

（3）小心地在塑料规上安装连杆盖，并且拧紧螺栓至$(19.6\pm2.45)N\cdot m+(90\pm5)°$。

（4）拆下螺栓，慢慢地拆下连杆盖。

（5）如图 2-14-6 所示，使用印在塑料规包装上的量规，测量塑料规被压至最宽部分的宽度。

标准值：$0.022\sim0.041mm$。

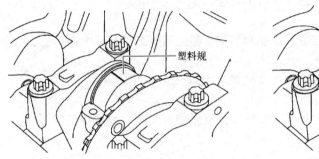

图 2-14-5　放置塑料规

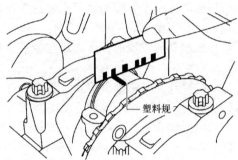

图 2-14-6　测量连杆轴瓦间隙

（6）如果间隙超过最大值，更换连杆轴瓦或研磨曲柄销，并使用适应减小曲柄销尺寸的轴瓦以配合标准间隙。

2. 主轴承间隙的检查

（1）擦去曲轴主轴颈和轴承内表面上所有的机油。

（2）安装主轴承。

（3）把塑料间隙规的长度切成与轴承宽度相匹配，然后沿轴颈的轴线方向将它放在主轴颈上。

（4）轻轻地装上主轴承盖，并将螺栓拧紧至 $25N\cdot m+90°$。

（5）拆下螺栓，小心地拆下主轴承盖。

（6）用印刷在塑料间隙规袋上的量尺，在最宽点测量塑料间隙规的被挤压部分。

标准值：$0.022\sim0.041mm$。

3. 平衡轴总成的检查

（1）平衡轴仍装配在油底壳上体时，前后移动平衡轴，用百分表测量止推间隙。

标准止推间隙：$0.05\sim0.09mm$。

若止推间隙不符合标准，则更换平衡轴下体和轴瓦，必要时更换平衡轴。

（2）拆卸平衡轴和轴瓦，清洁轴瓦和轴颈，检查轴瓦和轴颈是否有点蚀或刮痕，如果轴瓦和轴颈损坏，则更换轴瓦，必要时更换平衡轴。

（3）将平衡轴放回油底壳上体，将塑料间隙规横跨放置在轴颈上，安装平衡轴下体，拧紧螺栓至 $15N\cdot m+38N\cdot m$。然后拆卸平衡轴，检测塑料间隙规最大宽点。

标准间隙：$0.018\sim0.045mm$。

如果间隙不满足要求，则更换轴瓦，必要时更换平衡轴。

三、众泰 T600/大迈 X7/SR9（2.0T 4G63S4T）

1. 连杆轴瓦间隙的检查

（1）擦掉连杆轴颈和连杆轴瓦上的所有机油。

（2）在连杆轴颈上放置塑料间隙规，将它切成与轴瓦宽度相同的长度。塑料间隙规必须位于连杆轴颈的中心，并与其轴线平行。

（3）轻轻地把连杆盖放置在其位置上，并将螺栓拧紧到规定力矩。

（4）拆下螺栓，慢慢地拆下连杆盖。

（5）用印刷在塑料间隙规包装袋上的量尺，在最宽点测量塑料间隙规的被挤压部分。

标准值：0.02～0.05mm。极限值：0.1mm。

2. 主轴承间隙的检查

（1）擦去曲轴主轴颈和轴承内表面上所有的机油。

（2）安装主轴承。

（3）把塑料间隙规的长度切成与轴承宽度相匹配，然后沿轴颈的轴线方向将它放在主轴颈上。

（4）轻轻地装上主轴承盖，并将螺栓拧紧到规定力矩。

（5）拆下螺栓，小心地拆下主轴承盖。

（6）用印刷在塑料间隙规袋上的量尺，在最宽点测量塑料间隙规的被挤压部分。

标准值：0.02～0.04mm。极限值：0.1mm。

3. 连杆轴瓦的选配

（1）测量曲柄销（连杆轴颈）外径，根据表 2-14-4 确定其组别，作为维修件的曲轴，在图 2-14-7 所示位置用油漆颜色进行了尺寸区分。

表 2-14-4　连杆轴瓦选配表

曲柄销			连杆轴承		
组别	识别颜色	外径/mm	识别记号	识别颜色	厚度/mm
Ⅰ	黄	44.995～45.000	1	黄	1.487～1.491
Ⅱ	无	44.985～44.995	2	无	1.491～1.495
Ⅲ	白	44.980～44.985	3	蓝	1.495～1.499

（2）连杆轴承的识别记号位于轴瓦背面，如图 2-14-8 所示。

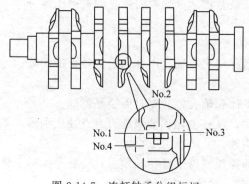

图 2-14-7　连杆轴承分组标记

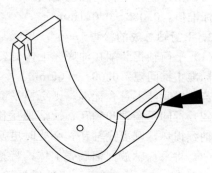

图 2-14-8　连杆轴承识别记号

连杆大端孔径：48.000~48.015mm。

（3）按照（1）和（2）确定的组别，从上表选择轴承。

例如，曲轴销外径的测量值为44.996mm，则为上表中的1组。假如更换曲轴用维修件，检查涂在新曲轴销上的识别颜色。如果为黄色，曲轴销即为1组，此时应选择识别记号为1的连杆轴承。

4. 主轴瓦的选配

（1）按表2-14-5选择尺寸符合曲轴主轴颈的主轴瓦。

表 2-14-5　曲轴主轴瓦选配表

曲轴主轴颈			主轴承孔	主轴瓦识别记号	
组别	识别颜色	主轴颈直径/mm	识别记号	第1、2、4、5主轴承	第3主轴承
Ⅰ	黄	56.994~57.000	0	1、绿	0、黑
			1	2、黄	1、绿
			2	3、无	2、黄
Ⅱ	无	56.988~56.994	0	2、黄	1、绿
			1	3、无	2、黄
			2	4、蓝	3、无
Ⅲ	白	56.982~56.988	0	3、无	2、黄
			1	4、蓝	3、无
			2	5、红	4、蓝

（2）主轴瓦选择例方法：

① 如果曲轴主轴颈识别颜色为黄，主轴孔径识别记号为1，则选择识别记号为2、颜色为黄的第1、2、4、5轴承及识别记号为1、识别颜色为绿的第3轴承。

② 如果曲轴上无识别颜色漆，则测量主轴颈并根据测量值选择相应组别的轴承。

（3）将有沟槽的轴承安装在气缸体一侧。

（4）将无沟槽的轴承安装在主轴承盖一侧。

第一节　大众车系

一、速腾/宝来/朗逸（1.4T CFBA）

1. 检查活塞直径和气缸内径

（1）如图 3-1-1 所示，使用外径千分尺在垂直于活塞销中心线的止推面处，测量活塞裙底部上方 12mm 处的活塞直径。

提示：与额定尺寸的偏差最大 0.04mm。

（2）用气缸缸径表测量气缸孔直径。

提示：与额定尺寸的偏差最大 0.08mm。

（3）活塞和气缸尺寸如表 3-1-1 所示。

图 3-1-1　测量活塞直径

表 3-1-1　活塞和气缸尺寸

研磨尺寸	活塞直径/mm	气缸内径/mm
基本尺寸	76.460	76.51
等级 I	76.710	76.76
等级 II	76.960	77.01

2. 检查连杆轴承间隙

（1）切下长度与轴承宽度相同的塑料间隙规，与轴颈平行放在连杆轴颈与轴承之间，注意避开油孔。

（2）安装连杆盖和连杆轴承。测量连杆轴承间隙时，只能用 30N·m 的力矩拧紧连杆盖螺栓，之后不得继续旋转。

注意：测量间隙时不能转动曲轴。

（3）拆下连杆盖和轴承。

（4）测量连杆轴承间隙。用量尺测量塑料间隙规的宽度，得出连杆轴颈与轴承间隙。必要时更换轴承或相关零件。

标准连杆轴承间隙：0.020～0.060mm。磨损极限：0.090mm。

3. 检查主轴承间隙

（1）切下长度与轴承宽度相同的塑料间隙规，与轴颈平行放在曲轴主轴颈与轴承之间，注意避开油孔。

（2）安装曲轴主轴承盖。测量曲轴主轴承间隙时，只能用50N·m的力矩拧紧曲轴，不得继续旋转。

注意：测量间隙时不能转动曲轴。

（3）拆下主轴承盖和主轴承。

（4）测量曲轴主轴承间隙。用量尺测量塑料间隙规的宽度即为间隙，若超过标准值则更换主轴承以获得合适的间隙。

标准主轴承间隙：0.03～0.05mm。磨损极限：0.13mm。

4. 曲轴尺寸

该发动机的曲轴尺寸如表3-1-2所示。

表3-1-2　曲轴尺寸

尺寸等级	主轴颈直径/mm	连杆轴颈直径/mm
基本尺寸	50.00(−0.022,−0.037)	47.80(−0.022,−0.037)
等级Ⅰ	49.75(−0.022,−0.037)	47.55(−0.022,−0.037)
等级Ⅱ	—	47.30(−0.022,−0.037)

二、速腾/宝来/朗逸（1.6L CLRA）

1. 检查活塞直径和气缸内径

（1）如图3-1-2所示，使用外径千分尺在垂直于活塞销中心线的止推面处，测量活塞裙底部上方12mm处的活塞直径。

提示：与额定尺寸的偏差最大0.04mm。

（2）用气缸缸径表测量气缸孔直径。

提示：与额定尺寸的偏差最大0.08mm。

（3）活塞和气缸尺寸如表3-1-3所示。

图3-1-2　测量活塞直径

表3-1-3　活塞和气缸尺寸

研磨尺寸	活塞直径/mm	气缸内径/mm
基本尺寸	76.470	76.51
等级Ⅰ	76.720	76.76
等级Ⅱ	76.970	77.01

2. 检查连杆轴承间隙

（1）切下长度与轴承宽度相同的塑料间隙规，与轴颈平行放在连杆轴颈与轴承之间，注意避开油孔。

（2）安装连杆盖和连杆轴承。测量连杆轴承间隙时，只能用20N·m的力矩拧紧连杆盖螺栓，之后不得继续旋转。

注意：测量间隙时不能转动曲轴。

（3）拆下连杆盖和轴承。

（4）测量连杆轴承间隙。用量尺测量塑料间隙规的宽度，得出连杆轴颈与轴承间隙。必要时更换轴承或相关零件。

标准连杆轴承间隙：0.020～0.061mm。磨损极限：0.091mm。

3. 检查主轴承间隙

（1）切下长度与轴承宽度相同的塑料间隙规，与轴颈平行放在曲轴主轴颈与轴承之间，注意避开油孔。

（2）安装曲轴主轴承盖。测量曲轴主轴承间隙时，只能用50N·m的力矩拧紧曲轴，不得继续旋转。

注意：测量间隙时不能转动曲轴。

（3）拆下主轴承盖和主轴承。

（4）测量曲轴主轴承间隙。用量尺测量塑料间隙规的宽度即为间隙，若超过标准值则更换主轴承以获得合适的间隙。

标准主轴承间隙：0.03～0.08mm。磨损极限：0.15mm。

4. 曲轴尺寸

该发动机的曲轴尺寸如表3-1-4所示。

表 3-1-4　曲轴尺寸

尺寸等级	主轴颈直径/mm	连杆轴颈直径/mm
基本尺寸	50.00（-0.022，-0.037）	47.80（-0.022，-0.037）
等级Ⅰ	49.75（-0.022，-0.037）	47.55（-0.022，-0.037）
等级Ⅱ	—	47.30（-0.022，-0.037）

三、速腾/迈腾/途观/帕萨特（1.8T CEA/2.0T CGM）

1. 检查活塞直径和气缸内径

（1）如图 3-1-3 所示，使用外径千分尺在垂直于活塞销中心线的止推面处，测量活塞裙底部上方 10mm 处的活塞直径。

提示：与额定尺寸的偏差最大 0.04mm。

（2）用气缸缸径表，在气缸孔深度 50mm 处测量气缸孔直径。

提示：与额定尺寸的偏差最大 0.08mm。

（3）活塞和气缸尺寸如表 3-1-5 所示。

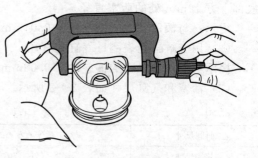

图 3-1-3　测量活塞直径

表 3-1-5　活塞和气缸尺寸

研磨尺寸	活塞直径/mm	气缸内径/mm
基本尺寸	82.465 无石墨层（厚度 0.02mm）	82.51

2. 检查连杆轴承间隙

（1）切下长度与轴承宽度相同的塑料间隙规，与轴颈平行放在连杆轴颈与轴承之间，注意避开油孔。

（2）安装连杆盖和连杆轴承。测量连杆轴承间隙时，只能用 30N·m（M8 螺栓）或 45N·m（M9 螺栓）的力矩拧紧连杆盖螺栓，之后不得继续旋转 90°。

注意：测量间隙时不能转动曲轴。

（3）拆下连杆盖和轴承。

（4）测量连杆轴承间隙。用量尺测量塑料间隙规的宽度，得出连杆轴颈与轴承间隙。必要时更换轴承或相关零件。

标准连杆轴承间隙：0.020～0.060mm。磨损极限：0.090mm。

3. 检查主轴承间隙

（1）拆卸主轴承盖并清洁轴承盖和轴颈。

（2）将塑料间隙规根据轴承的宽度放置在轴颈上和轴瓦内。

提示：塑料间隙规必须位于轴瓦中央。

（3）装上主轴承盖并用 60N·m 的扭矩拧紧，不要转动曲轴。

（4）重新拆卸主轴承盖。

（5）比较塑料间隙规的宽度与测量刻度。

标准主轴承间隙：0.017～0.037mm。磨损极限：0.15mm。

4. 曲轴主轴瓦的选配

（1）曲轴主轴瓦上的彩色点表示轴瓦厚度。

（2）在下部密封面或气缸体正面上，用字母标记了气缸体（上部轴瓦）上各轴瓦的安装位置。在曲轴上用字母标记了气缸体（下部轴瓦）上各轴瓦的安装位置。

（3）第一个字母表示轴承盖 1，第二个字母表示轴承盖 2，依此类推。

（4）气缸体上的标记也可能刻在油底壳密封面上或气缸体正面（变速箱侧）。

（5）如图 3-1-4 所示，气缸体上的标记表示上部轴瓦 1～5（气缸体轴瓦）的位置。记下这些字母，并找出字母表示的颜色。（S—黑色、R—红色、G—黄色、B—蓝色、W—白色）

（6）如图 3-1-5 所示，曲轴上的标记表示下部轴瓦 1～5（轴承盖轴瓦）的位置。记下这些字母，并找出字母表示的颜色。（S—黑色、R—红色、G—黄色、B—蓝色、W—白色）

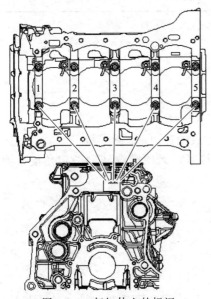

图 3-1-4　气缸体上的标记

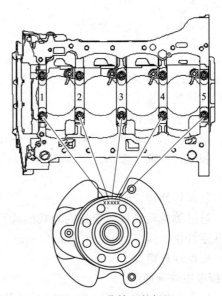

图 3-1-5　曲轴上的标记

5. 曲轴尺寸

该发动机的曲轴尺寸如表 3-1-6 所示。

表 3-1-6　曲轴尺寸

尺寸等级	主轴颈直径/mm	连杆轴颈直径/mm
基本尺寸	54.00(−0.017,−0.037)	47.80(−0.022,−0.042)
等级Ⅰ	53.75(−0.017,−0.037)	47.55(−0.022,−0.042)
等级Ⅱ	53.50(−0.017,−0.037)	47.30(−0.022,−0.042)
等级Ⅲ	53.25(−0.017,−0.037)	47.05(−0.022,−0.042)

四、捷达/桑塔纳/高尔夫（1.4L CKA/1.6L CPD）

1. 检查活塞直径和气缸内径

（1）如图 3-1-6 所示，使用外径千分尺在垂直于活塞销中心线的止推面处，测量活塞裙底部上方 12mm 处的活塞直径。

提示：与额定尺寸的偏差最大 0.04mm。

（2）用气缸缸径表测量气缸孔直径。

提示：与额定尺寸的偏差最大 0.08mm。

（3）活塞和气缸尺寸如表 3-1-7 所示。

图 3-1-6　测量活塞直径

表 3-1-7　活塞和气缸尺寸

研磨尺寸	活塞直径/mm	气缸内径/mm
基本尺寸 (1.6MPI)	76.485	76.5(+0.015,+0.005)
基本尺寸 (1.4MPI)	74.485	74.5(+0.015,+0.005)

2. 检查连杆轴承间隙

（1）拆卸连杆轴承盖。

（2）清洁轴承盖和轴颈。

（3）根据轴承宽度将塑料间隙规置于轴颈上方或轴瓦内部。

（4）装上连杆轴承盖，并以 30N·m 的力矩拧紧，无须继续转动一定角度，同时不要扭转曲轴。

（5）重新拆卸连杆轴承盖。

（6）通过测量刻度比较塑料间隙规的线宽。

标准连杆轴承间隙：0.028～0.065mm。

（7）更换连杆螺栓。

3. 检查主轴承间隙

（1）切下长度与轴承宽度相同的塑料间隙规，与轴颈平行放在曲轴主轴颈与轴承之间，注意避开油孔。

（2）安装曲轴主轴承盖。测量曲轴主轴承间隙时，只能用50N·m的力矩拧紧曲轴，不得继续旋转。

注意： 测量间隙时不能转动曲轴。

（3）拆下主轴承盖和主轴承。

（4）测量曲轴主轴承间隙。用量尺测量塑料间隙规的宽度即为间隙，若超过标准值则更换主轴承以获得合适的间隙。

标准主轴承间隙：0.03～0.06mm。

第二节　奥迪车系

一、奥迪 Q5/A4L/A6L（2.0T EA888）

1. 检查活塞直径和气缸内径

（1）如图3-2-1所示，使用外径千分尺在垂直于活塞销中心线的止推面处，测量活塞裙底部上方15mm处的活塞直径。

提示： 与额定尺寸的偏差最大0.04mm。

（2）用气缸缸径表，在气缸孔深度50mm处测量气缸孔直径。

提示： 与额定尺寸的偏差最大0.08mm。

注意： 当气缸体固定在发动机和变速箱支架上时，不允许测量缸径，因为测量可能会出现错误。

图 3-2-1　测量活塞直径

（3）活塞和气缸尺寸如表3-2-1所示。

表 3-2-1　活塞和气缸尺寸

尺寸	活塞直径/mm	气缸内径/mm
基本尺寸	82.42 不带涂层（厚度0.02mm）	82.51

2. 检查连杆轴承间隙

提示： 测量连杆轴承间隙（径向间隙）时应使用旧螺栓。

（1）拆卸连杆轴承盖。

（2）清洁轴承盖和轴颈。

（3）根据轴承宽度将塑料间隙规置于轴颈上方或轴瓦中。

（4）装上连杆轴承盖，并以45N·m的力矩拧紧，不要扭转曲轴。

（5）重新拆卸连杆轴承盖。

（6）通过测量刻度比较塑料间隙规的线宽。

标准连杆轴承间隙：0.020～0.060mm。磨损极限：0.090mm。

（7）在最后进行安装时更换连杆螺栓。

3. 检查主轴承间隙

提示： 测量主轴承间隙（径向间隙）时应使用旧螺栓。

（1）拆卸主轴承盖并清洁轴承盖和轴颈。

（2）将塑料间隙规根据轴承的宽度放置在轴颈上和轴瓦内。

提示：塑料间隙规必须位于轴瓦中央。

（3）装上主轴承盖并用 60N·m 的扭矩拧紧，不要转动曲轴。

（4）重新拆卸主轴承盖。

（5）比较塑料间隙规的宽度与测量刻度。

标准主轴承间隙：0.017～0.037mm。磨损极限：0.15mm。

（6）在最后进行安装时更换连杆螺栓。

4. 曲轴主轴瓦的选配

（1）曲轴主轴瓦上的彩色点表示轴瓦厚度。

（2）在下部密封面或气缸体正面上，用字母标记了气缸体上各轴瓦（上部轴瓦）的安装位置。在曲轴上用字母标记了下部轴瓦的安装位置。

（3）第一个字母表示轴承盖 1，第二个字母表示轴承盖 2，依此类推。

（4）气缸体上的标记也可能刻在油底壳密封面上或气缸体正面（变速箱侧）。

（5）如图 3-2-2 所示，气缸体上的标记表示上部轴瓦（气缸体轴瓦）安装位置。记下这些字母，并找出字母表示的颜色。（S—黑色、R—红色、G—黄色、B—蓝色、V—紫色、W—白色）

（6）如图 3-2-3 所示，曲轴上的标记表示下部轴瓦（轴承盖轴瓦）安装位置。记下这些字母，并找出字母表示的颜色。（R—红色、G—黄色、B—蓝色、W—白色、V—紫色、S—黑色）

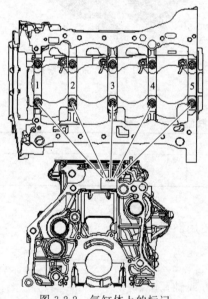

图 3-2-2　气缸体上的标记

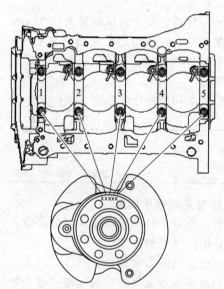

图 3-2-3　曲轴上的标记

5. 曲轴尺寸

该发动机的曲轴尺寸如表 3-2-2 所示。

表 3-2-2　曲轴尺寸

尺寸等级	主轴颈直径/mm	连杆轴颈直径/mm
功率等级 1、2	48.00	47.80
功率等级 3	52.00	47.80

二、奥迪 Q3/A1/A3（1.4T EA211）

1. 检查活塞直径和气缸内径

（1）如图 3-2-4 所示，使用外径千分尺在垂直于活塞销中心线的止推面处，测量活塞裙底部上方 10mm 处的活塞直径。

提示：与额定尺寸的偏差最大 0.04mm。

（2）用气缸缸径表测量气缸孔直径。

提示：与额定尺寸的偏差最大 0.08mm。

注意：当气缸体固定在发动机和变速箱支架上时，不允许测量缸径，因为测量可能会出现错误。

（3）活塞和气缸尺寸如表 3-2-3 所示。

图 3-2-4　测量活塞直径

表 3-2-3　活塞和气缸尺寸

尺寸	活塞直径/mm	气缸内径/mm
基本尺寸	74.42 不带涂层(厚度 0.018mm)	74.50(+0.015,+0.005)

2. 检查连杆轴承间隙

提示：测量连杆轴承间隙（径向间隙）时应使用旧螺栓。

（1）拆卸连杆轴承盖。

（2）清洁轴承盖和轴颈。

（3）根据轴承宽度将塑料间隙规置于轴颈上方或轴瓦中。

（4）装上连杆轴承盖，并以 30N·m 的力矩拧紧，不要扭转曲轴。

（5）重新拆卸连杆轴承盖。

（6）通过测量刻度比较塑料间隙规的线宽。

标准连杆轴承间隙：0.028～0.065mm。

（7）在最后进行安装时更换连杆螺栓。

3. 曲轴尺寸

该发动机的曲轴尺寸如表 3-2-4 所示。

表 3-2-4　曲轴尺寸

研磨尺寸	连杆轴颈直径/mm
基本尺寸	48.00(−0.022,−0.042)

三、奥迪 A6L/A7（3.0T CGWB/CGWD/CGXB/CHMA/CTTA/CTUA）

1. 检查活塞直径和气缸内径

（1）如图 3-2-5 所示，使用外径千分尺在垂直于活塞销中心线的止推面处，测量活塞裙底部上方 15mm 处的活塞直径。

提示：与额定尺寸的偏差最大 0.03mm。

（2）用气缸缸径表，在气缸孔深度 50mm 处测量气缸孔直径。

提示：与额定尺寸的偏差最大 0.08mm。

注意：当气缸体固定在发动机和变速箱支架上时，不允许测量缸径，因为测量可能会出现错误。

（3）活塞和气缸尺寸如表 3-2-5 所示。

图 3-2-5　测量活塞直径

表 3-2-5　活塞和气缸尺寸

尺寸	活塞直径/mm	气缸内径/mm
基本尺寸	84.49 包括涂层（厚度 0.02mm）	84.51

2. 检查连杆轴承间隙

提示：测量连杆轴承间隙（径向间隙）时应使用旧螺栓。

（1）拆卸连杆轴承盖。

（2）清洁轴承盖和轴颈。

（3）根据轴承宽度将塑料间隙规置于轴颈上方或轴瓦中。

（4）装上连杆轴承盖，并以 30N·m 的力矩拧紧原有的螺栓，不要扭转曲轴。

（5）重新拆卸连杆轴承盖。

（6）通过测量刻度比较塑料间隙规的线宽。

标准连杆轴承间隙：0.010～0.052mm。磨损极限：0.120mm。

（7）在最后进行安装时更换螺栓。

3. 检查主轴承间隙

提示：测量主轴承间隙（径向间隙）时应使用旧螺栓。

（1）拆卸梯形架，清洁轴颈。

（2）将塑料间隙规根据轴承的宽度放置在轴颈上和轴瓦内。

提示：塑料间隙规必须位于轴瓦中央。

（3）装上梯形架并用 30N·m 的力矩拧紧原有的螺栓，不要转动曲轴。

（4）重新拆卸梯形架。

（5）比较塑料间隙规的宽度与测量刻度。

标准主轴承间隙：0.015～0.055mm。磨损极限：0.080mm。

（6）在最后进行安装时更换螺栓。

4. 曲轴主轴承的选配

（1）曲轴主轴瓦侧面的颜色可用于识别轴瓦厚度。

（2）在梯形架的轴承上，用字母标记了气缸体上各轴瓦（上部轴瓦）的配置。在曲轴上用字母标记了主轴颈下部轴瓦的安装位置。

（3）第一个字母表示轴承 1，第二个字母表示轴承 2，依此类推。

（4）如图 3-2-6 所示，在梯形架的轴承上标出了气缸体轴瓦的配置。（R—红色、G—黄色、B—蓝色、S—黑色）

（5）如图 3-2-7 所示，曲轴一端的标记表示主轴颈下部轴瓦的位置。记下这些字母，并找出字母表示的颜色。（R—红色、G—黄色、B—蓝色、S—黑色）

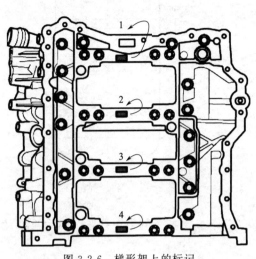

图 3-2-6　梯形架上的标记　　　　　图 3-2-7　曲轴上的标记

5. 曲轴尺寸

该发动机的曲轴尺寸如表 3-2-6 所示。

表 3-2-6　曲轴尺寸

研磨尺寸	主轴颈直径/mm	连杆轴颈直径/mm
基本尺寸	65.00(−0.022, −0.042)	56.00(−0.022, −0.042)

第三节　宝沃汽车

一、宝沃 BX6/BX7（2.0T BWE420B）

1. 检查活塞直径和气缸内径

（1）检查活塞有无磨损或裂缝，如有损坏则更换活塞。

（2）如图 3-3-1 所示，使用外径千分尺在垂直于活塞销中心线的止推面处，测量活塞裙底部上方 12mm 处的活塞大点直径。

活塞大点直径标准：(81.975±0.009)mm。

（3）观察气缸壁有无明显的刮痕、凸凹不平或隆起。如果气缸壁非常粗糙、有刮痕或凸凹不平，则更换气缸体。

（4）如图 3-3-2 所示，分别在①、②、③位置及 A、B 方向使用量缸表测量气缸体直径，规定直径为 82.005～82.015mm。如超出规定值则更换气缸体。

2. 测量主轴承间隙

提示：不要混淆运转过的轴瓦，已经磨损到镍层的轴瓦必须更换。

（1）拆卸主轴承盖并清洁轴承盖和轴颈。

（2）将塑料间隙规根据轴承的宽度放置在轴颈上和轴瓦内。

提示：塑料间隙规必须位于轴瓦中央。

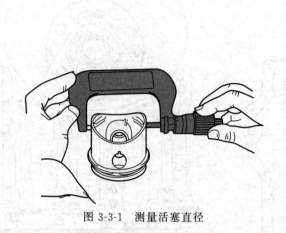

图 3-3-1 测量活塞直径

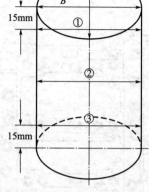

图 3-3-2 测量气缸直径

（3）安装主轴承盖和主轴承盖固定螺栓并以 65N·m±15％的力矩拧紧，然后再继续旋转 90°±15％，不要转动曲轴。

（4）重新拆卸主轴承盖。

（5）如图 3-3-3 所示，将标尺①放在塑料厚薄规②的面上，在间隙最宽点测量塑料厚薄规的宽度。

标准主轴承间隙：0.022～0.054mm。

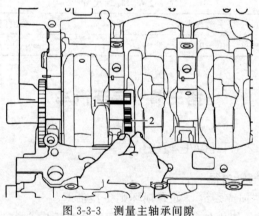

图 3-3-3 测量主轴承间隙

3. 曲轴主轴承的选配

（1）如图 3-3-4 所示，在缸体后端面用字母标记了气缸体上部轴瓦的颜色和安装位置。

第一个字母表示轴承盖 1，第二个字母表示轴承盖 2，依此类推。

（2）记下这些字母，并根据下列字母找出对应的颜色：

R=红色。B=蓝色。

R 主轴瓦厚度标准：2.491～2.497mm。

B 主轴瓦厚度标准：2.497～2.503mm。

（3）如图 3-3-5 所示，在曲轴第一平衡块上用字母标记了气缸体下部轴瓦的颜色和安装位置。

第一个字母表示轴承盖 1，第二个字母表示轴承盖 2，依此类推。

（4）记下这些字母，并根据下列字母找出对应的颜色：

R＝红色。B＝蓝色。

R 主轴瓦厚度标准：2.491～2.497mm。

B 主轴瓦厚度标准：2.497～2.503mm。

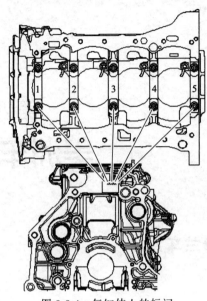

图 3-3-4　气缸体上的标记

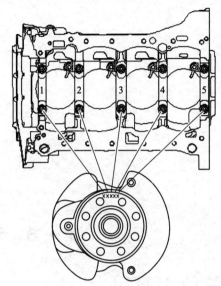

图 3-3-5　曲轴上的标记

4. 曲轴尺寸

该发动机的曲轴尺寸如表 3-3-1 所示。

表 3-3-1　曲轴尺寸

连杆轴颈直径/mm	连杆轴承间隙/mm	主轴承间隙/mm
47.758～47.778	0.020～0.064	0.022～0.054

第四章

美洲车系

第一节　雪佛兰车系

一、创酷（1.4T LFF）

1. 检查活塞间隙

（1）如图 4-1-1 所示，使用外径千分尺在垂直于活塞销中心线的止推面处，测量活塞裙底部上方 14mm 处的活塞外径。

标准值：73.773～73.787mm。

（2）用气缸缸径表测量气缸孔直径。

标准值：73.8mm。

（3）用气缸孔直径减去活塞直径，得到活塞至气缸孔的间隙。

标准值：0.023～0.047mm。

如超过标准值，必要时更换相关零件。

2. 主轴承的选配

（1）检查并测量发动机气缸体主轴承孔，并记录分类信息。

① 将曲轴主轴承盖安装到发动机气缸体轴承盘上，并将螺栓紧固至 30N·m＋80°。

② 如图 4-1-2 所示，错开 90°，在多处测量主轴承孔内径，计算测量值的平均值。

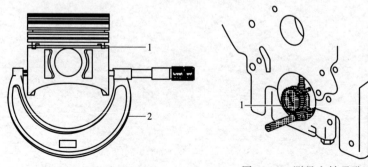

图 4-1-1　测量活塞外径
1—活塞；2—外径千分尺

图 4-1-2　测量主轴承孔内径

③ 根据测量值的平均值，利用以下规则分类轴承孔：53.005～53.010mm 为 0 类，53.010～53.015mm 为 1 类。

（2）检测并测量曲轴轴颈，并记录等级信息。

① 错开 90°，用千分尺在多处测量曲轴主轴颈直径，计算测量值的平均值。

② 根据测量值的平均值，利用以下规则分类曲轴主轴颈：48.989～48.995mm 为 0 类，48.983～48.989mm 为 1 类。

（3）曲轴主轴承具有两类。一类为本色，厚度范围为 1.991～1.996mm；另一类为绿色，厚度范围为 1.996～2.001mm。根据轴承孔和曲轴轴颈的分类组合，选择适合的曲轴主轴承，参见表 4-1-1。

表 4-1-1　曲轴主轴承选配表

曲轴主轴颈	气缸体主轴承孔	
	0	1
0	本色(1.991～1.996mm)	绿色(1.996～2.001mm)
1	绿色(1.996～2.001mm)	绿色(1.996～2.001mm)

（4）检查曲轴主轴承间隙，曲轴主轴承间隙应在规定范围内，参见表 4-1-2。

表 4-1-2　曲轴主轴承间隙

曲轴主轴颈	气缸体主轴承孔及轴承间隙	
	0	1
0	本色(0.018～0.039mm)	绿色(0.019～0.040mm)
1	绿色(0.014～0.035mm)	绿色(0.013～0.034mm)

3. 连杆轴承间隙

（1）安装新连杆轴承，注意轴承和连杆的位置。

（2）安装新的连杆螺栓。将连杆螺栓紧固至 20N·m＋90°。

（3）连杆轴承间隙标准值为 0.01～0.026mm。

二、赛欧（1.3L LEW）/科沃兹/科鲁兹/乐风 RV/赛欧（1.5L L2B）

1. 检查活塞间隙

（1）如图 4-1-3 所示，测量从活塞底部往上 15mm 处的活塞外径。

L2B 活塞外径：(74.663±0.007)mm。

LEW 活塞外径：(73.765±0.007)mm。

如低于标准值，必要时更换活塞。

（2）测量从缸体表面向下 50mm 处的气缸内径：

L2B 气缸内径：(74.71±0.013)mm。

LEW 气缸内径：(73.815±0.005)mm。

如超过标准值，必要时更换。

（3）用气缸内径减去活塞外径，得到活塞至气缸孔的间隙。

L2B 活塞与缸孔间隙：0.015～0.034mm。

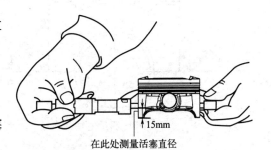

在此处测量活塞直径

图 4-1-3　测量活塞外径

LEW 活塞与缸孔间隙：0.019～0.031mm。

如超过标准值，必要时更换相关零件。

2. 测量连杆轴颈与连杆轴瓦间隙

方法一：

（1）先测量并记录连杆装配好轴瓦时的内径，如图 4-1-4 所示。

（2）再测量并记录连杆轴颈直径。

标准值：39.983～39.995mm。

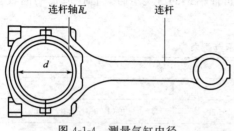

图 4-1-4　测量气缸内径

若超过标准值，必要时更换曲轴。

（3）用步骤（1）的测量数据减去步骤（2）的测量数据，得到连杆轴颈与连杆轴瓦间隙。

标准值：0.018～0.050mm。

必要时更换轴瓦，直到间隙在规定范围内。

方法二：

（1）在连杆轴颈与轴瓦上涂少许机油，切下长度与轴瓦宽度相同的塑料测量条，与轴颈平行放在连杆轴颈与轴瓦之间，注意避开油孔。

（2）安装连杆盖和连杆轴瓦，拧紧连杆螺栓至 20N·m＋90°。

（3）拆下连杆盖和轴瓦，用提供的量尺测量塑料测量条的宽度得出连杆轴颈与轴瓦间隙。必要时更换轴瓦或相关零件。

3. 测量主轴颈与主轴瓦间隙

（1）测量主轴颈直径。

标准值：48.983～48.995mm。

（2）方法一：如图 4-1-5 所示，将曲轴主轴承盖、上下主轴瓦安装到缸体上，拧紧主轴承盖螺栓至 30N·m＋30°，测量主轴瓦内径，主轴瓦内径与相应的主轴颈直径差值即为主轴颈与主轴瓦间隙。

标准值：0.018～0.050mm。

若超过标准值则更换主轴瓦以获得合适的间隙。

（3）方法二：如图 4-1-6 所示，在主轴颈与主轴瓦上涂少许机油，切下长度与轴瓦宽度相同的塑料测量条，与轴颈平行放在主轴颈与主轴瓦之间（注意避开油孔），安装主轴承盖，拧紧主轴承盖螺栓至 30N·m＋30°，拆下主轴承盖和主轴瓦，用量尺测量塑料测量条的宽度即为间隙，若超过标准值更换主轴瓦以获得合适的间隙。

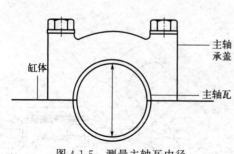

图 4-1-5　测量主轴瓦内径

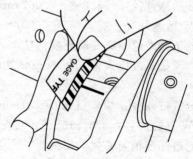

图 4-1-6　测量主轴间隙

三、 科鲁兹（1.4T LE2/1.5L L3G）/迈锐宝（1.5T LFV）/探界者（1.5T LYX）

1. 检查活塞间隙

（1）如图 4-1-7 所示，在活塞顶部下面 30mm 处的活塞止推面，垂直于活塞销中心线处，用外径千分尺测量活塞外径。

标准值：73.957～73.971mm。

（2）用气缸缸径表测量缸体顶面垂直于曲轴中心线向下 35mm 处的气缸孔直径。

标准值：73.992～74.008mm。

如果气缸孔直径超过规格，必须更换气缸体总成。

（3）用气缸孔直径减去活塞直径，得到活塞至气缸孔的间隙。

标准值：0.021～0.051mm。

如果测得的间隙大于提供的规格，且气缸孔在规格范围内，则更换活塞。

2. 曲轴轴承的选配

（1）测量轴承间隙，以确定更换轴承插件的正确尺寸。有 2 种测量轴承间隙的方法。方法 A 提供更可靠的结果，且是首选。

根据方法 A 提供的测量值可以计算出轴承间隙。

方法 B 直接提供轴承间隙，但不会提供任何轴承跳动量的指示。

注意：在同一轴承孔中，切勿混合不同标称尺寸的轴瓦。

（2）使用方法 A 测量轴承间隙。

① 错开 90°，用千分尺在多处测量曲轴轴颈直径。计算测量值的平均值。

连杆轴颈直径：43.992～44.008mm。

曲轴主轴颈直径：46.992～47.008mm。

② 测量曲轴轴承轴颈的锥度和径向跳动量。

③ 安装下曲轴箱，并将轴承盖螺栓紧固到规定扭矩。

④ 错开 90°，在多处测量轴承内径，计算测量值的平均值。

⑤ 用轴承内径测量值减去轴颈测量值以确定间隙。

⑥ 确定间隙是否在规格之内。

连杆轴承至曲柄销间隙：0.013～0.068mm。

曲轴主轴承间隙－1♯轴承：0.011～0.070mm。

曲轴主轴承间隙－2、3、4 和 5♯轴承：0.012～0.067mm。

⑦ 如果超出规格，则选择不同的轴瓦。

⑧ 用内径千分尺测量与连杆长度方向一致的连杆孔径。

连杆孔径：47.186～47.202mm。

⑨ 使用内径千分尺测量曲轴主轴承孔直径。

曲轴主轴承孔直径：51.868～51.882mm。

（3）使用方法 B 测量轴承间隙。

① 清洁用过的轴瓦。

② 安装用过的轴瓦。

③ 将一根塑料间隙规横放在整个轴承宽度方向上。

④ 安装轴承盖。

为了防止损坏气缸体或曲轴轴承盖，在安装固定螺栓前，使用黄铜锤、铅锤或皮锤将曲轴轴承盖轻轻敲入气缸体腔内。切勿使用固定螺栓将曲轴轴承盖拉至座内。

⑤ 将轴承盖螺栓拧紧至规定扭矩。

注意： 切勿转动曲轴。

⑥ 拆下轴承盖，并将堵塞塑料留在原位。塑料间隙规是黏附在轴颈上还是轴承盖上并不重要。

⑦ 用印在塑料间隙规包装上的刻度测量间隙规的最宽点，如图4-1-8所示。

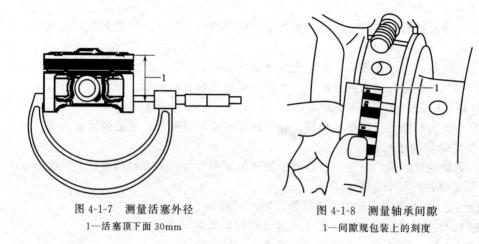

图 4-1-7　测量活塞外径　　　　　　　图 4-1-8　测量轴承间隙
1—活塞顶下面 30mm　　　　　　　　1—间隙规包装上的刻度

四、迈锐宝/科鲁兹（1.6L LDE LED LFJ LGE LLU LXV）/（1.8L 2H0 LFH LUW LWE）

1. 检查连杆轴承间隙

（1）在连杆轴颈与轴承上涂少许机油，切下长度与轴承宽度相同的塑料测量条，与轴颈平行放在连杆轴颈与轴承之间，注意避开油孔。

（2）安装连杆盖和连杆轴承，分3遍拧紧2个螺栓：

① 第一遍紧固至 35N·m。

② 第二遍再紧固至 45°。

③ 第三遍再紧固至 15°。

（3）拆下连杆盖和轴承。

（4）测量连杆轴承间隙。用量尺测量塑料测量条的宽度，得出连杆轴颈与轴承间隙。必要时更换轴承或相关零件。

允许的连杆轴承间隙：0.019～0.071mm。

2. 检查主轴承间隙

方法一：

（1）将曲轴主轴承盖、主轴承瓦安装至气缸体。

（2）分三遍拧紧2个曲轴轴承盖螺栓。

① 第一遍紧固至 50N·m。

② 第二遍紧固至 45°。

③ 第三遍紧固至 15°。

（3）安装内侧触针并用千分尺校准。

（4）如图4-1-9所示，在3个点测量曲轴主轴承直径。

① 使用内径测量装置测量点 A、B 和 C。

② 计算平均曲轴主轴承直径。

（5）如图 4-1-10 所示，在 2 点测量曲轴主轴颈直径（用千分尺测量点Ⅰ和Ⅱ）。

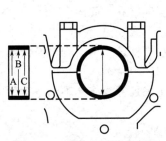

图 4-1-9　测量主轴承内直径

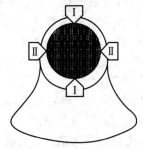

图 4-1-10　测量主轴颈直径

（6）计算平均曲轴主轴颈直径。

（7）确定曲轴主轴承间隙。

计算公式：平均曲轴轴承直径减去平均曲轴轴颈直径。

允许的曲轴主轴承间隙：0.005～0.059mm。

方法二：

（1）如图 4-1-11 所示，布置塑料间隙规 1。

（2）安装曲轴主轴承盖，分三遍拧紧 2 个曲轴轴承盖螺栓。

① 第一遍紧固至 50N·m。

② 第二遍紧固至 45°。

③ 第三遍紧固至 15°。

（3）拆下主轴承盖和主轴承。

（4）如图 4-1-12 所示，测量曲轴主轴承间隙。用量尺 1 测量塑料测量条的宽度即为间隙，若超过标准值则更换主轴承以获得合适的间隙。

允许的曲轴主轴承间隙：0.005～0.059mm。

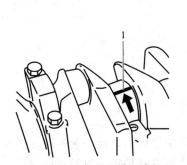

图 4-1-11　布置塑料间隙规

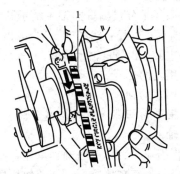

图 4-1-12　测量主轴承间隙

五、迈锐宝/探界者（2.0L LTD）

1. 检查活塞间隙

（1）如图 4-1-13 所示，在距离活塞裙底部 14mm，垂直于活塞销中心线处，用外径千分尺测量活塞直径。

标准值：85.967～85.982mm。

（2）用气缸缸径表在距离气缸孔顶部 64mm 的位置测量气缸孔直径。

标准值：85.992～86.008mm。

如果气缸孔直径超过规格，必须更换气缸体总成。

（3）用气缸孔直径减去活塞直径，得到活塞至气缸孔的间隙。

标准值：0.010～0.041mm。

如果测得的间隙大于提供的规格，且气缸孔在规格范围内，则更换活塞。

2. 曲轴轴承的选配

（1）测量轴承间隙，以确定更换轴承插件的正确尺寸。有 2 种测量轴承间隙的方法。方法 A 提供更可靠的结果，且是首选。

根据方法 A 提供的测量值可以计算出轴承间隙。

方法 B 直接提供轴承间隙，但不会提供任何轴承跳动量的指示。

注意：在同一轴承孔中，切勿混合不同标称尺寸的轴瓦。

（2）使用方法 A 测量轴承间隙。

① 错开 90°，用千分尺在多处测量曲轴轴颈直径。计算测量值的平均值。

连杆轴颈直径：49.000～49.014mm。

曲轴主轴颈直径：55.994～56.008mm。

② 测量曲轴轴承轴颈的锥度和径向跳动量。

③ 安装下曲轴箱，并将轴承盖螺栓紧固到规定扭矩。

④ 错开 90°，在多处测量轴承内径，计算测量值的平均值。

⑤ 用轴承内径测量值减去轴颈测量值以确定间隙。

⑥ 确定间隙是否在规格之内。

连杆轴承间隙：0.029～0.073mm。

曲轴主轴承间隙：0.031～0.067mm。

⑦ 如果超出规格，则选择不同的轴瓦。

⑧ 用内径千分尺测量与连杆长度方向一致的连杆孔径。

连杆孔径：52.118～52.134mm。

⑨ 使用内径千分尺测量曲轴主轴承孔直径。

曲轴主轴承孔直径：64.068～64.082mm。

（3）使用方法 B 测量轴承间隙。

① 清洁用过的轴瓦。

② 安装用过的轴瓦。

③ 将一根塑料间隙规横放在整个轴承宽度方向上。

④ 安装轴承盖。

为了防止损坏气缸体或曲轴轴承盖，在安装固定螺栓前，使用黄铜锤、铅锤或皮锤将曲轴轴承盖轻轻敲入气缸体腔内。切勿使用固定螺栓将曲轴轴承盖拉至座内。

⑤ 将轴承盖螺栓拧紧至规定扭矩。

注意：切勿转动曲轴。

⑥ 拆下轴承盖，并将堵塞塑料留在原位。塑料间隙规是黏附在轴颈上还是轴承盖上并不重要。

⑦ 用印在塑料间隙规包装上的刻度测量间隙规的最宽点，如图 4-1-14 所示。

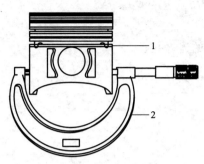

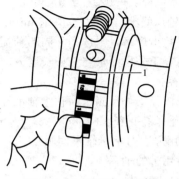

图 4-1-13　测量活塞直径　　　　　　　图 4-1-14　测量轴承间隙
1—活塞；2—千分尺　　　　　　　　　　1—间隙规包装上的刻度

六、迈锐宝（2.4L LAF）

1. 检查活塞间隙

（1）如图 4-1-15 所示，在距离活塞裙底部 14mm，垂直于活塞销中心线处，用外径千分尺测量活塞直径。

标准值：87.967～87.982mm。

（2）用气缸缸径表在距离气缸孔顶部 64mm 的位置测量气缸孔直径。

标准值：87.992～88.008mm。

如果气缸孔直径超过规格，必须更换气缸体总成。

（3）用气缸孔直径减去活塞直径，得到活塞至气缸孔的间隙。

标准值：0.010～0.041mm。

如果测得的间隙大于提供的规格，且气缸孔在规格范围内，则更换活塞。

图 4-1-15　测量活塞直径
1—活塞；2—千分尺

2. 曲轴轴承的选配

（1）测量轴承间隙，以确定更换轴承插件的正确尺寸。有 2 种测量轴承间隙的方法。方法 A 提供更可靠的结果，且是首选。

根据方法 A 提供的测量值可以计算出轴承间隙。

方法 B 直接提供轴承间隙，但不会提供任何轴承跳动量的指示。

注意：在同一轴承孔中，切勿混合不同标称尺寸的轴瓦。

（2）使用方法 A 测量轴承间隙。

① 错开 90°，用千分尺在多处测量曲轴轴颈直径。计算测量值的平均值。

连杆轴颈直径：48.999～49.015mm。

曲轴主轴颈直径：55.993～56.009mm。

② 测量曲轴轴承轴颈的锥度和径向跳动量。

③ 安装下曲轴箱，并将轴承盖螺栓紧固到规定扭矩。

④ 错开 90°，在多处测量轴承内径，计算测量值的平均值。

⑤ 用轴承内径测量值减去轴颈测量值以确定间隙。

⑥ 确定间隙是否在规格之内。

连杆轴承间隙：0.029～0.073mm。

曲轴主轴承间隙：0.031～0.067mm。

⑦ 如果超出规格，则选择不同的轴瓦。

⑧ 用内径千分尺测量与连杆长度方向一致的连杆孔径。

连杆孔径：52.118～52.134mm。

⑨ 使用内径千分尺测量曲轴主轴承孔直径。

曲轴主轴承孔直径：64.068～64.082mm。

（3）使用方法 B 测量轴承间隙。

① 清洁用过的轴瓦。

② 安装用过的轴瓦。

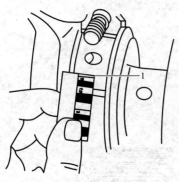

③ 将一根塑料间隙规横放在整个轴承宽度方向上。

④ 安装轴承盖。

为了防止损坏气缸体或曲轴轴承盖，在安装固定螺栓前，使用黄铜锤、铅锤或皮锤将曲轴轴承盖轻轻敲入气缸体腔内。切勿使用固定螺栓将曲轴轴承盖拉至座内。

⑤ 将轴承盖螺栓安装至规格。

注意：切勿转动曲轴。

⑥ 拆下轴承盖，并将堵塞塑料留在原位。塑料间隙规是黏附在轴颈上还是轴承盖上并不重要。

⑦ 用印在塑料间隙规包装上的刻度测量间隙规的最宽点，如图 4-1-16 所示。

图 4-1-16　测量轴承间隙
1—间隙规包装上的刻度

第二节　别克车系

一、凯越/英朗（1.5L L2B）

内容同第四章第一节雪佛兰车系"二、赛欧（1.3L LEW）/科沃兹/科鲁兹/乐风 RV/赛欧（1.5L L2B）"中的 L2B 发动机。

二、凯越（1.6L L91）

1. 检查连杆轴承间隙

（1）将连杆轴承涂上发动机机油。

（2）将连杆上轴瓦装入连杆轴颈里。

（3）将连杆下轴瓦装入连杆轴承盖。

（4）用塑料测量条测量所有连杆轴承间隙。

（5）按轴承宽度切割塑料测量条长度。将塑料条沿轴向放在连杆轴颈和连杆轴承之间。

（6）安装连杆轴承盖。

（7）将连杆轴承盖螺栓紧固至 25N·m。将曲轴轴承盖螺栓紧固 30°，再加 15°。

（8）拆卸连杆轴承盖。

（9）使用塑料测量包装上印制的刻度尺，测量展平后的塑料测量条的宽度。

（10）检查轴承间隙是否符合容许公差范围。

2. 检查主轴承间隙

（1）给曲轴轴承涂上发动机机油。

（2）将曲轴上轴瓦装入发动机机身。

（3）将曲轴下轴瓦装入曲轴轴承盖。

（4）安装曲轴。

（5）用市面上的塑料测量条测量所有曲轴轴承间隙。

（6）按轴承宽度，切割塑料测量条长度。将塑料条沿轴向放在曲轴轴颈和曲轴轴承之间，如图 4-2-1 所示。

（7）安装曲轴轴承盖。

（8）将曲轴轴承盖螺栓紧固至 50N·m。将曲轴轴承盖螺栓紧固 45°，再加 15°。

（9）拆卸曲轴轴承盖。

（10）用尺子测量展平后的塑料测量条宽度，如图 4-2-2 所示。

（11）检查轴承间隙是否符合容许公差范围。

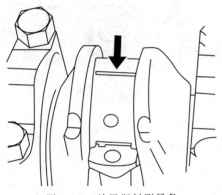

图 4-2-1　放置塑料测量条

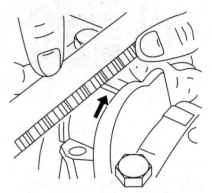

图 4-2-2　测量主轴承间隙

三、英朗/阅朗/GL6（1.0T LJI）

1. 检查活塞间隙

（1）如图 4-2-3 所示，在活塞裙底部上方 12mm，垂直于活塞销中心线的活塞止推面处，用外径千分尺测量活塞直径。

标准值：72.543～72.557mm。

（2）用气缸缸径表在距离气缸孔顶部 48mm 的位置测量气缸孔直径。

标准值：72.95～73.25mm。

（3）用气缸孔直径减去活塞直径，得到活塞至气缸孔的间隙。

标准值：0.05～0.08mm。

如果测得的间隙大于提供的规格，且气缸孔在规格范围内，则更换活塞。

2. 曲轴轴承的选配

（1）检查并测量发动机气缸体主轴承孔，根据图 4-2-4 中缸体曲轴孔径标记选择曲轴主轴承上瓦，并记录分类信息。

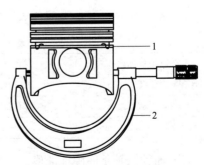

图 4-2-3　测量活塞直径
1—活塞；2—千分尺

（2）曲轴主轴承上瓦的选配如表 4-2-1 所示。

表 4-2-1　曲轴主轴承上瓦的选配

缸体曲轴孔径标记	棕色（B）	绿色（G）	紫罗兰色（V）
缸体曲轴孔径/mm	48.878～48.884	48.872～48.878	48.866～48.872
曲轴主轴承上瓦	棕色（B）	绿色（G）	紫罗兰色（V）

（3）检测并测量曲轴主轴颈，根据图 4-2-5 中曲轴后端标记 M 选择曲轴轴承下瓦，并记录等级信息。

图 4-2-4　缸体曲轴孔径标记

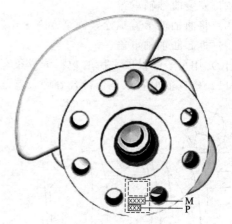

图 4-2-5　曲轴轴颈标记

M—主轴颈标记；P—连杆轴颈标记

注意：标记顺序从左至右对应第一缸到最后一缸。

（4）检测并测量曲轴连杆轴颈，根据图 4-2-5 中曲轴后端标记 P 选择连杆轴承下瓦，并记录等级信息。

注意：曲轴连杆轴承下瓦分组，上瓦不分组。

（5）曲轴主轴承下瓦的选配如表 4-2-2 所示。

表 4-2-2　曲轴主轴承下瓦的选配

曲轴主轴颈标记	棕色（B）	绿色（G）	紫罗兰色（V）
主轴颈分组尺寸/mm	43.991～43.997	43.997～44.003	44.003～44.009
曲轴主轴承下瓦	棕色（B）	绿色（G）	紫罗兰色（V）

（6）连杆轴承下瓦的选配如表 4-2-3 所示。

表 4-2-3　连杆轴承下瓦的选配

连杆轴颈标记	棕色（B）	绿色（G）	紫罗兰色（V）
连杆轴颈分组尺寸/mm	41.991～41.997	41.997～42.003	42.003～42.009
连杆轴承下瓦	棕色（B）	绿色（G）	紫罗兰色（V）
连杆下瓦分组尺寸/mm	1.589～1.595	1.583～1.589	1.577～1.583

（7）曲轴主轴承间隙标准值：0.023～0.047mm。

（8）连杆轴承间隙标准值：0.025～0.059mm。

四、英朗/阅朗/GL6（1.3T LI6）

1. 检查活塞间隙

（1）如图 4-2-6 所示，在活塞裙底部上方 12mm，垂直于活塞销中心线的活塞止推面处，用外径千分尺测量活塞直径。

标准值：79.930～79.940mm。

（2）用气缸缸径表在距离气缸孔顶部 48 mm 的位置测量气缸孔直径。

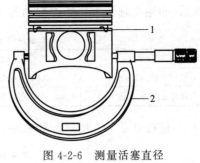

图 4-2-6　测量活塞直径
1—活塞；2—千分尺

标准值：79.992 ～ 80.008mm（止推面），79.989～80.011（非止推面）。

（3）用气缸孔直径减去活塞直径，得到活塞至气缸孔的间隙。

标准值：0.052～0.078mm。

如果测得的间隙大于提供的规格，且气缸孔在规格范围内，则更换活塞。

2. 曲轴轴承的选配

（1）检查并测量发动机气缸体主轴承孔，根据图 4-2-7 中缸体曲轴孔径标记选择曲轴主轴承上瓦，并记录分类信息。

（2）曲轴主轴承上瓦的选配如表 4-2-4 所示。

表 4-2-4　曲轴主轴承上瓦的选配

缸体曲轴孔径标记	棕色（B）	绿色（G）	紫罗兰色（V）
缸体曲轴孔径/mm	48.878～48.884	48.872～48.878	48.866～48.872
曲轴主轴承上瓦	棕色（B）	绿色（G）	紫罗兰色（V）

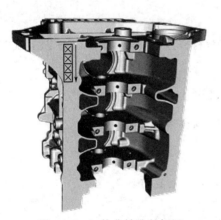

图 4-2-7　缸体曲轴孔径标记

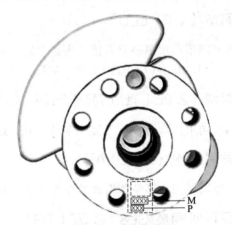

图 4-2-8　曲轴轴颈标记
M—主轴颈标记；P—连杆轴颈标记

（3）检测并测量曲轴主轴颈，根据图 4-2-8 中曲轴后端标记 M 选择曲轴轴承下瓦，并记录等级信息。

注意：标记顺序从左至右对应第一缸到最后一缸。

（4）检测并测量曲轴连杆轴颈，根据图 4-2-8 中曲轴后端标记 P 选择连杆轴承下瓦，并记录等级信息。

注意： 曲轴连杆轴承下瓦分组，上瓦不分组。

（5）曲轴主轴承下瓦的选配如表 4-2-5 所示。

表 4-2-5　曲轴主轴承下瓦的选配

曲轴主轴颈标记	棕色（B）	绿色（G）	紫罗兰色（V）
主轴颈分组尺寸/mm	43.991～43.997	43.997～44.003	44.003～44.009
曲轴主轴承下瓦	棕色（B）	绿色（G）	紫罗兰色（V）

（6）连杆轴承下瓦的选配如表 4-2-6 所示。

表 4-2-6　连杆轴承下瓦的选配

连杆轴颈标记	棕色（B）	绿色（G）	紫罗兰色（V）
连杆轴颈分组尺寸/mm	43.991～43.997	43.997～44.003	44.003～44.009
连杆轴承下瓦	棕色（B）	绿色（G）	紫罗兰色（V）
连杆下瓦分组尺寸/mm	1.589～1.595	1.583～1.589	1.577～1.583

（7）曲轴主轴承间隙标准值：0.023～0.047mm。

（8）连杆轴承间隙标准值：0.025～0.059mm。

五、昂科拉（1.4T LEF）

内容同第四章第一节雪佛兰车系"一、创酷（1.4T LFF）"。

六、威朗/君威/君越/昂科威（1.5T LFV）/威朗（1.5L L3G）

内容同第四章第一节雪佛兰车系"三、科鲁兹（1.4T LE2/1.5L L3G）/迈锐宝（1.5T LFV）/探界者（1.5T LYX）"。

七、君威（1.6T LLU）

内容同第四章第一节雪佛兰车系"四、迈锐宝/科鲁兹（1.6L LDE LED LFJ LGE LLU LXV）/（1.8L 2H0 LFH LUW LWE）"。

八、君威（2.0L LTD）/君威/君越（2.0T LDK）

内容同第四章第一节雪佛兰车系"五、迈锐宝/探界者（2.0L LTD）"。

九、君威/君越（2.4L LAF）

内容同第四章第一节雪佛兰车系"六、迈锐宝（2.4L LAF）"。

十、昂科威/君威/GL8（2.0T LTG）

1. 检查活塞间隙

（1）如图 4-2-9 所示，在活塞裙底部上方 14mm，垂直于活塞销中心线的活塞止推面处，用外径千分尺测量活塞直径。

标准值：85.968～85.982mm。

（2）用气缸缸径表在距离气缸孔顶部 64mm 的位置测量气缸孔直径。

标准值：85.992～86.008mm。

（3）用气缸孔直径减去活塞直径，得到活塞至气缸孔的间隙。

标准值：0.010～0.041mm。

如果测得的间隙大于提供的规格，且气缸孔在规格范围内，则更换活塞。

2. 曲轴轴承的选配

（1）测量轴承间隙，以确定更换轴承插件的正确尺寸。有2种测量轴承间隙的方法。方法 A 提供更可靠的结果，且是首选。

根据方法 A 提供的测量值可以计算出轴承间隙。

方法 B 直接提供轴承间隙，但不会提供任何轴承跳动量的指示。

注意：在同一轴承孔中，切勿混合不同标称尺寸的轴瓦。

（2）使用方法 A 测量轴承间隙。

① 错开90°，用千分尺在多处测量曲轴轴颈直径。计算测量值的平均值。

连杆轴颈直径：48.999～49.015mm。

曲轴主轴颈直径：55.993～56.009mm。

② 测量曲轴轴承轴颈的锥度和径向跳动量。

③ 安装下曲轴箱，并将轴承盖螺栓紧固到规定扭矩。

④ 错开90°，在多处测量轴承内径，计算测量值的平均值。

⑤ 用轴承内径测量值减去轴颈测量值以确定间隙。

⑥ 确定间隙是否在规格之内。

连杆轴承间隙：0.030～0.073mm。

曲轴主轴承间隙：0.020～0.048mm。

⑦ 如果超出规格，则选择不同的轴瓦。

⑧ 用内径千分尺测量与连杆长度方向一致的连杆孔径。

连杆孔径：52.118～52.134mm。

⑨ 使用内径千分尺测量曲轴主轴承孔直径。

曲轴主轴承孔直径：60.862～60.876mm。

（3）使用方法 B 测量轴承间隙。

① 清洁用过的轴瓦。

② 安装用过的轴瓦。

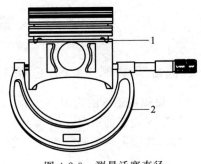

图 4-2-9　测量活塞直径
1—活塞；2—千分尺

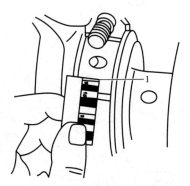

图 4-2-10　测量轴承间隙
1—间隙规包装上的刻度

③ 将一根塑料间隙规横放在整个轴承宽度方向上。

④ 安装轴承盖。

为了防止损坏气缸体或曲轴轴承盖，在安装固定螺栓前，使用黄铜锤、铅锤或皮锤将曲轴轴承盖轻轻敲入气缸体腔内。切勿使用固定螺栓将曲轴轴承盖拉至座内。

⑤ 将轴承盖螺栓拧紧至规定扭矩。

注意：切勿转动曲轴。

⑥ 拆下轴承盖，并将堵塞塑料留在原位。塑料间隙规是黏附在轴颈上还是轴承盖上并不重要。

⑦ 用印在塑料间隙规包装上的刻度测量间隙规的最宽点，如图 4-2-10 所示。

第三节　福特车系

一、福睿斯/翼搏（1.5L CAF479Q1）

1. 曲轴主轴承的选配

（1）安装新轴承时，根据表 4-3-1 选择合适的上部主轴承和下部主轴承。

（2）曲轴主轴承间隙为 0.022～0.044mm。

表 4-3-1　曲轴主轴承的选配

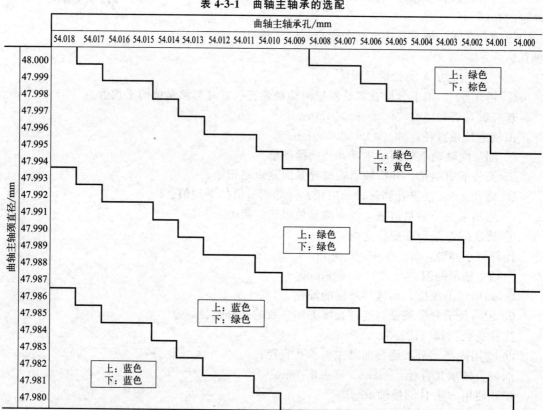

2. 连杆轴承的选配

（1）安装新轴承时，根据表 4-3-2 选择合适的连杆上轴承和连杆下轴承。

（2）连杆轴承间隙为 0.024～0.044mm。

二、蒙迪欧/福克斯/翼虎（1.5T CAF479WQ1）

1. 连杆轴承间隙的测量

（1）在轴承表面定位一个塑料间隙规，如图 4-3-1 所示。

（2）按规范拧紧连杆轴承盖螺栓，然后拆下连杆轴承盖。

拧紧扭矩和步骤：18N·m＋45°＋45°。

注意：在这一步不要转动曲轴。

（3）如图 4-3-2 所示，测量塑料间隙规，以获得连杆轴承间隙。

标准间隙：0.024～0.044mm。

表 4-3-2　连杆轴承的选配

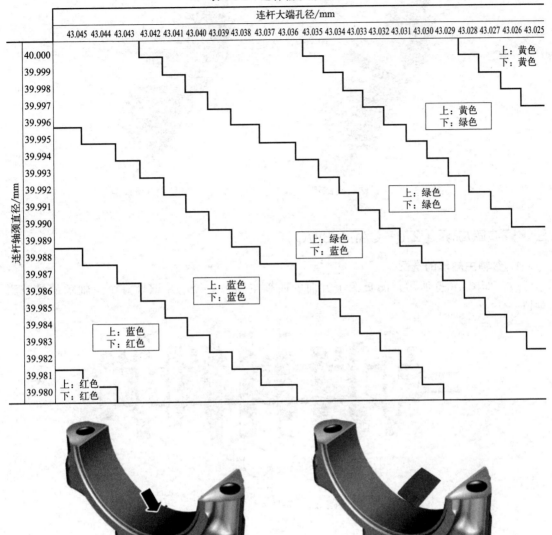

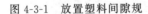

图 4-3-1　放置塑料间隙规

图 4-3-2　测量连杆轴承间隙

塑料间隙规应光滑、平整。变化的宽度表示一个锥形或损坏的连杆或连杆轴承。

2. 曲轴主轴承间隙的测量

（1）拆除曲轴主轴承盖和主轴承。

（2）在主轴承表面定位一个塑料间隙规，如图 4-3-3 所示。

（3）按规范拧紧主轴承盖螺栓，然后拆下主轴承盖。

拧紧扭矩和步骤：$30N \cdot m + 50N \cdot m + 45° + 45°$。

注意：不要转动曲轴。

（4）如图 4-3-4 所示，测量塑料间隙规，以获得主轴承间隙。

标准间隙：$0.024 \sim 0.052mm$。

塑料间隙规应光滑、平整。变化的宽度表示一个锥形或损坏的曲轴或主轴承。

图 4-3-3　放置塑料间隙规　　　　　图 4-3-4　测量主轴承间隙

三、蒙迪欧/锐界（2.0T CAF488WQ）

1. 曲轴主轴承的选配

（1）如图 4-3-5 所示，测量两个方向的曲轴主轴颈直径，并记录每个主轴颈的最小测量值。

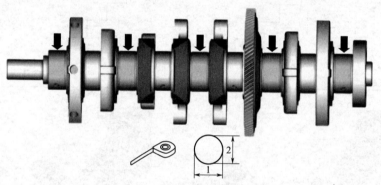

图 4-3-5　测量主轴颈直径
1—x 方向；2—y 方向

（2）安装整体形式主轴承盖，并用手指紧固。

（3）按图 4-3-6 所示的顺序和规定扭矩拧紧主轴承盖螺栓。

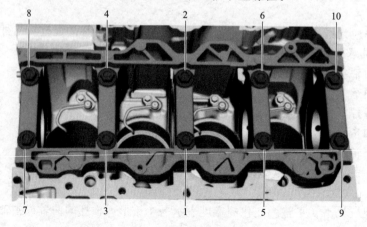

图 4-3-6　主轴承盖螺栓拧紧顺序

规定扭矩和步骤：5N·m＋25N·m＋90°。

（4）测量每一个主轴承孔直径。

（5）根据表 4-3-3 选择合适的上部主轴承和下部主轴承。

（6）曲轴主轴承间隙为 0.016～0.046mm。

表 4-3-3　曲轴主轴承的选配

主轴承孔标记及孔径/mm

列标	A	B	C	D	E	F	G	H	I	J	K	L	M	N	O	P	Q	R	S
孔径	57.018	.019	.020	.021	.022	.023	.024	.025	.026	.027	.028	.029	.030	.031	.032	.033	.034	.035	.036 .037 .038 .039 .040

曲轴主轴颈标记及直径/mm（左列）：U .980 / T .981 / S .982 / R .983 / Q .984 / P .985 / O .986 / N .987 / M .988 / L .989 / K .990 / J .991 / I .992 / H .993 / G .994 / F .995 / E .996 / D .997 / C .998 / B .999 / A 52.000 / .001 / .002；上方 51.978 / .979。

选配对角线标记（从右上至左下）：

- 上：蓝/绿7　下：蓝/绿7
- 上：蓝/绿7　下：黑6
- 上：黑6　下：黑6
- 上：黑6　下：黄5
- 上：黄5　下：黄5
- 上：黄5　下：黄5
- 上：棕4　下：棕4
- 上：棕4　下：红3
- 上：红3　下：红3
- 上：红3　下：蓝2
- 上：蓝2　下：蓝2
- 上：蓝2　下：绿1
- 上：绿1　下：绿1

2. 连杆轴承的选配

（1）安装连杆盖，按规定的扭矩拧紧。

规定扭矩和步骤：10N·m＋29N·m＋90°。

（2）如图 4-3-7 所示，测量两个方向的连杆大端孔径，并记录每个孔径的最小测量值。

（3）如图 4-3-8 所示，测量两个方向的连杆轴颈直径，并记录每个连杆轴颈的最小测量值。

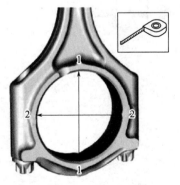

图 4-3-7　测量连杆大端孔径

1—y 方向；2—x 方向

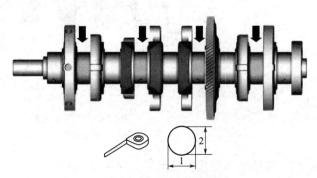

图 4-3-8　测量连杆轴颈直径

1—x 方向；2—y 方向

（4）根据表 4-3-4 选择合适的连杆上轴承和连杆下轴承。

（5）连杆轴承间隙为 0.027～0.052mm。

表 4-3-4　连杆轴承的选配

连杆轴颈标记及直径/mm	连杆大端孔径/mm

连杆大端孔径/mm: 55.023 .024 .025 .026 .027 .028 .029 .030 .031 .032 .033 .034 .035 .036 .037 .038 .039 .040 .041 .042 .043 .044 .045 .046 .047

连杆轴颈标记及直径/mm:
U / 51.978
T / .979
S / .980
R / .981
Q / .982
P / .983
O / .984
N / .985
M / .986
L / .987
K / .988
J / .989
I / .990
H / .991
G / .992
F / .993
E / .994
D / .995
C / .996
B / .997
A / .998 / .999 / 52.000 / .001 / .002

选配区域标记：
- 绿色/1　绿色/1
- 绿色/1　蓝色/2
- 蓝色/2　蓝色/2
- 红色/3　蓝色/2
- 红色/3　红色/3

四、探险者（2.3T CAF488WQG）

1. 曲轴主轴承的选配

（1）如图 4-3-9 所示，测量两个方向的曲轴主轴颈直径，并记录每个主轴颈的最小测量值。

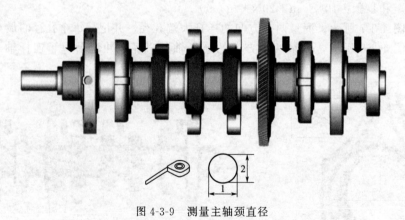

图 4-3-9　测量主轴颈直径

1—x 方向；2—y 方向

（2）安装整体形式主轴承盖，并用手指紧固。

（3）按图 4-3-10 所示的顺序和规定扭矩拧紧主轴承盖螺栓。

规定扭矩和步骤：5N·m＋25N·m＋90°。

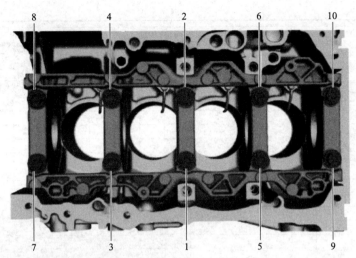

图 4-3-10　主轴承盖螺栓拧紧顺序

（4）测量每一个主轴承孔直径。

（5）根据表 4-3-5 选择合适的 1 号、2 号、4 号和 5 号上部主轴承和下部主轴承。

注意： 轴承颜色对应着轴承上标记的数字。

（6）根据表 4-3-6 选择合适的 3 号上部主轴承和下部主轴承。

表 4-3-5　曲轴主轴承（1、2、4、5 号）的选配

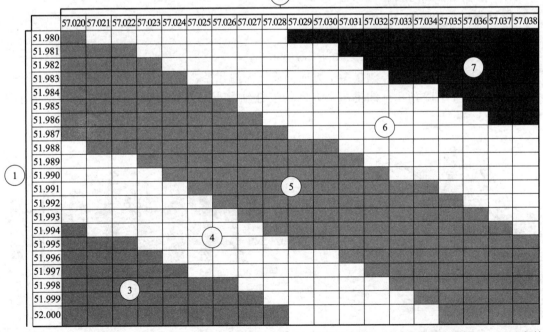

1—曲轴主轴颈直径/mm；2—气缸体主轴承孔孔径/mm；3—上部轴承为绿色、1，下部轴承为绿色、1；4—上部轴承为蓝色、2，下部轴承为绿色、1；5—上部轴承为蓝色、2，下部轴承为蓝色、2；6—上部轴承为红色、3，下部轴承为蓝色、2；7—上部轴承为红色、3，下部轴承为红色、3

表 4-3-6 曲轴主轴承（3 号）的选配

（2）

① \ ②	57.020	57.021	57.022	57.023	57.024	57.025	57.026	57.027	57.028	57.029	57.030	57.031	57.032	57.033	57.034	57.035	57.036	57.037	57.038
51.980																			
51.981																			
51.982																			
51.983																	⑦		
51.984																			
51.985																			
51.986																			
51.987														⑥					
51.988																			
51.989																			
51.990																			
51.991									⑤										
51.992																			
51.993																			
51.994																			
51.995						④													
51.996																			
51.997																			
51.998			③																
51.999																			
52.000																			

1—曲轴主轴颈直径/mm；2—气缸体主轴承孔径/mm；3—上部轴承为蓝色、2，下部轴承为绿色、1；4—上部轴承为棕色、4，下部轴承为绿色、1；5—上部轴承为棕色、4，下部轴承为蓝色、2；6—上部轴承为棕色、4，下部轴承为红色、3；7—上部轴承为黑色、6，下部轴承为红色、3

（7）曲轴主轴承间隙为 0.016～0.046mm。

2. 连杆轴承的选配

（1）安装连杆盖，按规定的扭矩拧紧。

规定扭矩和步骤：20N·m+40N·m+90°。

（2）如图 4-3-11 所示，测量两个方向的连杆大端孔径，并记录每个孔径的最小测量值。

（3）如图 4-3-12 所示，测量两个方向的连杆轴颈直径，并记录每个连杆轴颈的最小测量值。

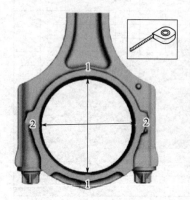

图 4-3-11 测量连杆大端孔径
1—y 方向；2—x 方向

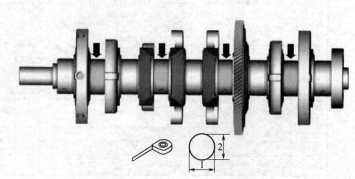

图 4-3-12 测量连杆轴颈直径
1—x 方向；2—y 方向

（4）根据表 4-3-7 选择合适的连杆上轴承和连杆下轴承。

（5）连杆轴承间隙为 0.027～0.052mm。

表 4-3-7　连杆轴承的选配

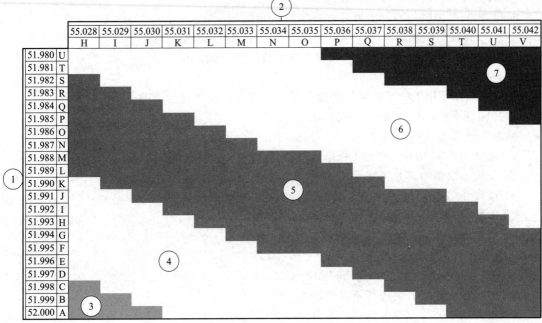

1—连杆轴颈直径/mm；2—连杆大端孔径/mm；3—上部轴承为绿色、1，下部轴承为绿色、1；4—上部轴承为绿色、1，下部轴承为蓝色、2；5—上部轴承为蓝色、2，下部轴承为蓝色、2；6—上部轴承为蓝色、2，下部轴承为红色、3；7—上部轴承为红色、3，下部轴承为红色、3

第四节　凯迪拉克车系

一、ATS/ATS-L/CT6/XTS（2.0T LTG）

内容同第四章第二节别克车系"十、昂科威/君威/GL8（2.0T LTG）"。

二、CT6（3.0T LGW）

1. 检查活塞间隙

（1）如图 4-4-1 所示，在活塞顶部下面 30mm，垂直于活塞销中心线的活塞止推面处，用外径千分尺测量活塞直径。

标准值：85.968～85.982mm。

（2）用气缸缸径表在距离气缸孔顶部 37mm 的位置测量气缸孔直径。

标准值：85.992～86.008mm。

（3）用气缸孔直径减去活塞直径，得到活塞至气缸孔的间隙。

标准值：0.022～0.032mm。极限值：0.050mm。

如果测得的间隙大于提供的规格，且气缸孔在规格范围内，则更换活塞。

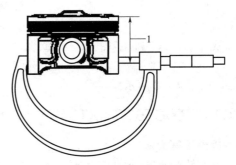

图 4-4-1　测量活塞外径
1—活塞顶下面 30mm

2. 曲轴轴承的选配

（1）测量轴承间隙，以确定更换轴承插件的正确尺寸。有2种测量轴承间隙的方法。方法 A 提供更可靠的结果，且是首选。

根据方法 A 提供的测量值可以计算出轴承间隙。

方法 B 直接提供轴承间隙，但不会提供任何轴承跳动量的指示。

注意：在同一轴承孔中，切勿混合不同标称尺寸的轴瓦。

（2）使用方法 A 测量轴承间隙。

① 错开90°，用千分尺在多处测量曲轴轴颈直径。计算测量值的平均值。

连杆轴颈直径：57.292～57.308mm。

曲轴主轴颈直径：70.992～71.008mm。

② 测量曲轴轴承轴颈的锥度和径向跳动量。

③ 安装下曲轴箱，并将轴承盖螺栓紧固到规定扭矩。

④ 错开90°，在多处测量轴承内径，计算测量值的平均值。

⑤ 用轴承内径测量值减去轴颈测量值以确定间隙。

⑥ 确定间隙是否在规格之内。

连杆轴承间隙：0.010～0.070mm。

曲轴主轴承间隙：0.028～0.063mm。

⑦ 如果超出规格，则选择不同的轴瓦。

⑧ 用内径千分尺测量与连杆长度方向一致的连杆孔径。

连杆孔径：60.920～60.936mm。

⑨ 使用内径千分尺测量曲轴主轴承孔直径。

曲轴主轴承孔直径：76.021～76.035mm。

（3）使用方法 B 测量轴承间隙。

① 清洁用过的轴瓦。

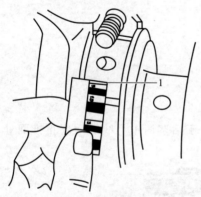

图 4-4-2　测量轴承间隙
1—间隙规包装上的刻度

② 安装用过的轴瓦。

③ 将一根塑料间隙规横放在整个轴承宽度方向上。

④ 安装轴承盖。

为了防止损坏气缸体或曲轴轴承盖，在安装固定螺栓前，使用黄铜锤、铅锤或皮锤将曲轴轴承盖轻轻敲入气缸体腔内。切勿使用固定螺栓将曲轴轴承盖拉至座内。

⑤ 将轴承盖螺栓安装至规格。

注意：切勿转动曲轴。

⑥ 拆下轴承盖，并将堵塞塑料留在原位。塑料间隙规是黏附在轴颈上还是轴承盖上并不重要。

⑦ 用印在塑料间隙规包装上的刻度测量间隙规的最宽点，如图 4-4-2 所示。

三、CT4/CT5/CT6/XT4/XT5/XT6（2.0T LSY）

1. 检查活塞间隙

（1）如图 4-4-3 所示，在活塞顶部下面 30mm，垂直于活塞销中心线的活塞止推面处，用外径千分尺测量活塞直径。

标准值：82.968～82.982mm。

（2）用气缸缸径表在距离气缸孔顶部37mm的位置测量气缸孔直径。

标准值：82.992～83.008mm。

（3）用气缸孔直径减去活塞直径，得到活塞至气缸孔的间隙。

标准值：0.022～0.032mm。极限值：0.050mm。

如果测得的间隙大于提供的规格，且气缸孔在规格范围内，则更换活塞。

图 4-4-3　测量活塞直径

1—活塞；2—千分尺

2. 检查连杆轴承间隙

（1）安装连杆轴承和连杆轴承盖。

（2）按以下顺序紧固连杆轴承盖螺栓：

第一遍：25N·m。

最后一遍：75°。

（3）在图4-4-4所示1的3个位置测量连杆轴承直径。

（4）计算平均连杆轴承内径。

（5）如图4-4-5所示，使用千分尺在1和3、2和4之间的2点处测量连杆轴颈直径。

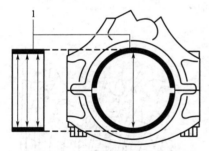

图 4-4-4　测量连杆轴承直径

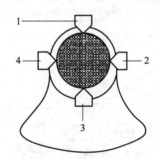

图 4-4-5　测量连杆轴颈直径

（6）计算平均连杆轴颈直径。

（7）用平均连杆轴承直径减去平均连杆轴颈直径，以确定连杆轴承间隙。

标准连杆轴承间隙：0.019～0.071mm。

3. 检查主轴承间隙

方法一：

（1）将曲轴主轴承盖、主轴承瓦安装至气缸体。

（2）分两遍拧紧2个曲轴轴承盖螺栓。

① 第一遍紧固至20N·m。

② 第二遍紧固至120°。

（3）如图4-4-6所示，用缸径规1测量曲轴主轴承直径。

（4）如图4-4-7所示，在2点测量曲轴主轴颈直径（用千分尺测量点Ⅰ和Ⅱ）。

（5）计算平均曲轴主轴颈直径。

（6）确定曲轴主轴承间隙。

计算公式：平均曲轴轴承直径减去平均曲轴轴颈直径。

允许的曲轴主轴承间隙：0.005～0.059mm。

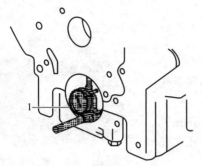

图 4-4-6　测量主轴承内直径

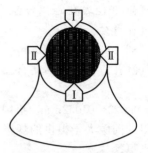

图 4-4-7　测量主轴颈直径

方法二：

（1）　如图 4-4-8 所示，布置塑料间隙规 1。

（2）　安装曲轴主轴承盖，分两遍拧紧 2 个曲轴轴承盖螺栓。

①　第一遍紧固至 20N·m。

②　第二遍紧固至 120°。

（3）　拆下主轴承盖和主轴承。

（4）　如图 4-4-9 所示，测量曲轴主轴承间隙。用量尺 1 测量塑料测量条的宽度即为间隙，若超过标准值则更换主轴承以获得合适的间隙。

允许的曲轴主轴承间隙：0.005～0.059mm。

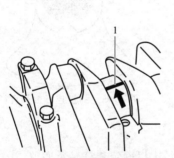

图 4-4-8　布置塑料间隙规

图 4-4-9　测量主轴承间隙